21世纪高等职业教育精品教材·人力资源管理专业

ZUZHI XINGWEI FENXI

组织行为分析

全细珍　主　编
龙云兰　谢 幸　副主编

东北财经大学出版社 | 大连
Dongbei University of Finance & Economics Press

图书在版编目（CIP）数据

组织行为分析 / 全细珍主编. —大连：东北财经大学出版社，
2025.2. —（21世纪高等职业教育精品教材·人力资源管理专业）.
ISBN 978-7-5654-5534-6

Ⅰ．C936

中国国家版本馆CIP数据核字第2025R0N430号

东北财经大学出版社出版

（大连市黑石礁尖山街217号　邮政编码　116025）

网　址：http://www.dufep.cn

读者信箱：dufep@dufe.edu.cn

大连永盛印业有限公司印刷　东北财经大学出版社发行

幅面尺寸：185mm×260mm　　字数：373千字　　印张：17.5

2025年2月第1版　　　　　　2025年2月第1次印刷

责任编辑：郭海雷　张爱华　　　　责任校对：魏　巍

封面设计：原　皓　　　　　　　　版式设计：原　皓

定价：42.00元

前言

事业发展出题目，深化改革做文章。党的二十届三中全会审议通过的《中共中央关于进一步全面深化改革、推进中国式现代化的决定》，围绕健全推动经济高质量发展体制机制做出重大部署，强调"必须以新发展理念引领改革，立足新发展阶段，深化供给侧结构性改革，完善推动高质量发展激励约束机制，塑造发展新动能新优势"。高质量发展是全面建设社会主义现代化国家的首要任务。高等学校作为培养未来社会栋梁的重要阵地，肩负着提升学生综合素质和培养人才、推动高质量发展的重要使命。为了积极响应时代号召，我们精心编写了《组织行为分析》教材，旨在通过科学、系统的教学内容，为培养具备高素质、高技能的人才提供有力支撑。

本教材作为校级精品课程"组织行为分析"的配套教材，深入贯彻落实新发展理念，紧密围绕高质量发展的核心目标，以创新和品质为双翼，从个体分析、群体分析、组织分析三个层次，设计了四个模块共十个学习单元。模块一，围绕组织内部行为规律，提高组织效能和员工满意度，深入介绍组织行为分析的方法，旨在帮助学生建立对组织、组织行为以及组织行为分析方法的正确认知，为后续学习奠定坚实基础；模块二，聚焦于个体层面的行为和心理过程，详细阐述人的个性与能力识别、价值观与态度的识别、情绪管理和压力缓解、人职匹配方法，以及员工行为动机和激励方法等关键内容，学习是个体行为改变的重要途径，还可以通过强化和惩罚等手段，塑造个体的行为，使其符合特定要求或标准，以期提升学生的自我认知与自我管理能力；模块三，聚焦团队建设与行为优化，深入分析团队与群体层面的行为和心理过程，包括管理决策、管理沟通、高效团队建设、冲突管理以及领导力提升等，旨在培养学生的团队协作与领导能力；模块四，聚焦优化组织行为、提高组织效能、促进员工发展和增强组织适应性，深入探讨组织层面的行为和心理过程，重点介绍组织文化建设和组织变革等议题，以增强学生的组织意识与变革管理能力。

在编写过程中，编写团队始终秉持高标准、高质量发展的原则，注重教材的实用性、创新性和趣味性。其一，坚持工具性和人文性相统一，融合了现代管理理念与最新前沿理论，吸纳了业界的最新案例，以增强学生的实践应用能力。其二，注重思想性、科学性、趣味性和灵活性的结合，通过"素养目标""素质提升"专栏，以及丰富的案例研讨、动画案例、讲课视频等教学资源，激发学生的学习兴趣与深入思考，提升学生的政治素质和职业素养。

另外，本教材具有鲜明的创新性。按照人力资源管理的内在逻辑，创新了组织行为分析的内容结构体系，突破了传统教材的编写结构，实现了从个体、群体、组织三个层面的模块化教学。力求彰显"工学结合、理实一体、产教融合"办学理念，精选案例进行研讨，加深学生对知识深层次的理解和把握。在目录中，提纲挈领地列出了每个任务下的知识点，使教材成为一本便于查阅的"手册式"教材。本教材配备了丰富的课程资源，包括课程标准、PPT教学课件、自学测试和课后测试参考答案等，任课教师可登录东北财经大学出版社的网站（http://www.dufep.cn）免费下载使用。

本教材由全细珍任主编，龙云兰、谢幸任副主编。具体编写分工如下：王森编写学习单元一，全细珍编写学习单元二、三、四、六、七，谢幸、李军谕编写学习单元五，龙云兰编写学习单元八，周旖、苏毅华编写学习单元九，陈靖莲、廖延编写学习单元十。

最后，衷心感谢在教材编写过程中，给予我们支持和帮助的所有人员。同时，我们也深知由于编者能力和时间有限，教材中难免存在疏漏和不妥之处。因此，我们诚挚地邀请广大读者提出宝贵的批评和建议，以期不断完善和提升教材质量，为推动我国高等职业教育的高质量发展贡献绵薄之力。

编　者
2025年1月

目录

学习模块一
组织行为分析概述

　　组织行为学是一门研究人类在组织中的行为、态度和价值观的学科。它涉及组织中的个体、团队和组织整体的行为与互动。组织行为分析的范围包括员工动机、工作满意度、决策制定、沟通、团队建设、领导力、组织文化、组织变革等方面。

　　组织行为分析对于组织的管理和发展具有重要的意义，比如，能够帮助管理者掌握组织行为管理的规律性，把管理提高到一个新水平；可以使管理者进一步明确组织管理的职责，增强工作的责任感，有针对性地采取对策，主动争取实现最佳的管理效能；有利于提高管理者的素质，增强做好管理工作的自觉性和提高管理水平。

学习单元一　组织行为分析的内容与方法

▮▮▮➤ 学习目标 ▮▮▮

◆ 知识目标

　　了解组织的内涵及特点；

　　了解组织行为的内涵及模式；

　　掌握组织行为分析的内容和方法。

◆ 能力目标

　　能够阐述组织、组织行为、组织行为分析的方法。

◆ 素养目标

　　树立组织系统观，增强组织公民意识。

▮▮▮➤ 重点难点 ▮▮▮

◆ 教学重点

　　组织行为分析的内容。

◆ 教学难点

　　组织行为分析的方法。

自学任务

（1）了解本单元的学习目标和重点难点，通过线上或线下的方式进行自学，重点关注以下知识点：组织的内涵及特点；组织行为的内涵及模式；组织行为分析的方法。

（2）自学结束后完成本单元的自学测试。

以团队形式开展自学，并由团队负责人组织成员对案例进行讨论，达成一致意见，将得出的结论上传到本课程的学习平台上，供上课时展示使用。以下各单元的"案例研讨"栏目参照此方式进行。

案例研讨

王丽的烦恼

王丽从大学毕业后情绪高涨地开始了她的新工作——联想的销售代表。最初的几个月，她忙得不可开交，参加了大量的正式职业培训，了解将负责销售的产品，还要费力去琢磨她那个高深莫测、性情多变的上司。这天晚上，下班回家的王丽满心困扰，辗转难眠。几周来，她在工作中留意观察，许多问题萦绕脑海：为什么一些同事会比另一些更加成功？在主要用电脑来交流的今天，当我们走出家门、进入工作时，怎样才能在一个团队里共同合作？怎样才能学会应对完成销售额的压力？当我叫同事李华帮忙的时候，他为什么不跟我合作？为什么经理征询我的意见，但随后不理睬我的意见？新的联想文化和旧的有什么差别，联想文化为什么总在不停地变化？

资料来源：李贺，张丹，贾欣宇. 组织行为学：理论、实务、案例、实训［M］. 上海：上海财经大学出版社，2021.

讨论：王丽为什么感到困扰？你能给她一些建议吗？

➡ 知识点学习

一、组织的内涵

（一）组织的含义

任何社会都是一个组织的社会，现代社会更是如此。人们的生活不是彼此互不相干的，而是充满了人与人之间各种形式的交往互动，这就是我们通常所说的"社会生活"。组织既是社会正常运行的基本单位，又是人们进行交往互动的环境和框架。我们的学校是一个组织，学校里的一个学院是一个组织，一个村委会是一个组织，此外政府、工厂、企业、社团等都是各种各样的组织。组织由一些个体组成，众多组织构成了社会。

讲课视频1-1

组织的内涵

我们常常把"组织"作为动词用，指有目的、有系统地把人们集合起来，如组织群众，这不是我们的书名《组织行为分析》中"组织"的含义。

自学课件1-1

组织的内涵

本教材中的"组织"是指人们为了实现一定的目标，运用知识和技能互相协作结合而成的具有一定边界的集体或团体，如党团组织、工会组织、企业、军事组织等。这时我们提到"组织"就是特指人群了。组织是社会的细胞和基本单元，是社会运行的基础。

（二）组织的特点和分类

1.组织的特点

组织的形式各不相同，其共同特点是什么呢？

（1）组织是由个人和群体组成的。从直观的角度看，当我们谈论组织的时候，一般人更容易想到的是代表组织的一些象征，例如建筑物、产品、服务或组织的名字等。实际上，所有这些都不是组织的根本特征。组织的根本特征是由人组成的，正是由于人的存在，才使组织具有了生命的意义。我们不会把一个没有人在其中生活或工作的楼房称为组织，我们也不会把一个只有机器和设备而没有人的车间称为企业。相反，我们可能把一群人称为一个组织，即使他们没有正式的办公地点，但他们有共同的目标，有一致的行为，甚至有相同的观念。所以，组织是由人组成，没有人便没有组织。

（2）组织有自己的目标。组织的存在一定是为了实现目标。当一个目标仅靠一个人无法完成时，组织就出现了。比如，企业组织是为了向顾客提供产品或服务，学校组织是为了向人们提供教育，医院组织是为了向人们提供健康服务等。所以，组织目标是组织存在的第二个重要特征。

（3）组织通过专业分工和协调合作来实现目标。组织的存在是由于个人不能完成所有的活动或功能，而这些活动或功能对于实现其目标又是必需的。为了完成这些活动或功能，组织中的人就需要有所分工，每个人或一部分人都在实现复杂目标的过程中承担一部分工作或任务。一旦工作被分割开来，每个人就在做自己专业化的工作，组织就需要一定的方法来协调组织成员的活动，以保证这些成员能够最终实现组织的目标。

2.组织的分类

我们可以按不同的标准对组织进行分类。

（1）按规模大小，组织可分为小型组织、中型组织和大型组织。比如，同是企业组织，就有小型企业、中型企业和大型企业；同是医院组织，就有个人诊所、小型医院和大型医院；同是行政组织，就有小单位、中等单位和大单位。按规模大小进行分类是具有普遍性的，是对组织现象的表面认识。

（2）按社会职能不同，组织可分为文化性组织、经济性组织和政治性组织。文化性组织是一种人们之间可以相互沟通思想、联络感情、传递知识和文化的社会组织，各类学校、研究机关、图书馆、艺术团体、博物馆、展览馆、报刊出版单位、电视台等都属于文化性组织。文化性组织一般不追求经济效益，属于非营利组织。经济性组织是一种专门追求社会物质财富的社会组织，存在于生产、交换、分配、消费等不同领域，工厂、商贸公司、银行、财团、保险公司等社会组织都属于经济性组织。政治性组织是一种为了某个阶级的政治利益而服务的社会组织，国家的立法机关、司法机关、行政机关、政党、监狱、军队等都属于政治性组织。

（3）按内部是否有正式分工关系，组织可分为正式组织和非正式组织。如果一个组织内部存在正式的组织任务分工、组织人员分工和正式的组织制度等，那么它属于正式组织；反之，则属于非正式组织。非正式组织可以是一个独立的团体，比如学术沙龙、文化沙龙、业余俱乐部等，也可以是一个存在于正式组织之中的无名有实的团体。这是一种事实上存在的社会组织，这种组织正日益受到重视。在一个正式组织的管理活动中，应特别注意非正式组织的影响作用。对这种组织的处理，将会影响组织任务的完成和组织运行的效率。

（三）组织的系统观

1.组织是一个整体，由要素组成

从广义上来讲，组织是个系统，要研究组织，就需要分析组织的要素。

组织的系统观是20世纪60年代末提出的，首先强调组织中各要素的相互作用和相互依存的关系。组织作为一个整体如果要有效运作，其中的每一个要素就必须依赖其他的要素。在组织中，我们可以看到拥有不同技能和专长的人分别在为其所负责的任务而工作，而组织结构则是协调所有成员不同活动的基础。

2.组织与其外部环境之间发生相互作用

组织不是存在于真空中，而是受到其所处的社会、政治、经济、文化等环境的影响，并在这些环境之中从事实现自己目标的活动。

组织与环境间的作用主要体现在以下两个方面：

（1）组织要从环境中获得投入，也就是资源，例如资金、劳动力、原材料等。如果一个组织不能吸引人才，就无法使组织存在下去；如果一个组织无法获得必需的原材料或必要的资金等，也就无法为社会提供产品或服务。

（2）组织为环境提供产出。无论是产品还是服务，都需要有需求者。如果组织提供的产品或服务没有需求者，那么组织难以生存下去。同样，只要环境中有人需要组织所提供的产品或服务，组织就能生存下去。

组织的作用就在于通过转换投入和产出的关系或形态，实现组织的目标。因此，组织的系统观强调：组织必须掌握关键的影响因素、把握因素之间的相互依存关系并认识组织所处的环境。为了更有效地完成转换过程，组织内部必须通过人员的有效配置、技术的有效利用、结构的有效协调等来保证其相互依赖的关系，并通过调整组织与环境的相互适应，有效利用环境资源，来保证组织的正常发展。

3.社会的各级组织都是一个协作的系统

切斯特·巴纳德认为，社会的各级组织都是一个协作的系统，都是社会这个大协作系统的子系统。这些协作组织是正式组织，包含三个要素：协作的意愿、共同的目标和信息联系。

一个协作系统是由相互协作的许多人组成的。个人可以对是否参与某一协作系统做出选择，这取决于个人的需求、目标和愿望，组织则通过其影响和控制的职能来协调个人的行为与动机。对于个人目标和组织目标不一致的问题，巴纳德提出了有效性和能率两条原则。当一个组织系统协作得很成功，能够实现组织目标时，这个系统就是有效的，这是系统存在的必要条件。系统的个人能率是指系统成员个人目标的满足程度，协作能率是个人能率综合作用的结果。这样，他就把正式组织的要求同个人的需求结合起来，这在管理思想上是一个重大突破。

二、组织行为的模式

（一）组织行为的定义

组织是由人组成的，人是组织研究中的基本分析单位。组织管理中对人的关注，较少关注人的生理机制和体质结构，更多地关注人的行为。组织行为主要关注人的外在行为，也就是一个人的所作所为的原因、规律和模式等，以便利用这些规律等。

组织中的人不仅包括个体，还包括群体成员，所以定义中的人是广义的，包括个体和群体。

组织中的人受到很多因素的制约，包括制度、文化、组织结构、领导等。同时，每个组织都受参与者的各种个人因素的影响。比如，成员的价值观和对组织的认识就深深影响了其在组织中的表现。组织中的成员都有各自的目标，这些目标可能互不相同，包括心理的、社会的以及经济的等。在行动上，组织中的成员又可能表现为个人主义或是集体主义。这些不同的利益和目标以及其他的很多因素都会影响组织中的成员行为。组织行为学研究的这些内容在管理中扮演着重要的角色，都对组织的最终绩效产生影响。

组织行为是相对于个人行为和群体行为而言的。

组织行为是指人们作为组织成员时表现出来的，体现在个体、群体、组织三个层面上的行为。

讲课视频 1-2

组织行为的
模式

自学课件 1-2

组织行为的
模式

1.个体行为

个体行为是指人作为个体表现出来的行为，如人的正常工作行为、知觉行为、归因行为、学习行为、决策行为等。

2.群体行为

群体行为是指人们作为群体成员整体表现出来的行为，如群体的正常工作行为，群体中的人际互动行为（包括沟通、谈判、冲突处理、领导等），群体压力导致的从众行为，群体之间的沟通、谈判和冲突处理等。

3.组织行为

组织行为是指人们作为组织成员整体表现出来的行为，如组织的正常运作，组织中的信息流动，组织决策，组织中的政治行为，组织学习，组织发展，组织变革，组织之间的交流、合作、谈判和冲突处理等。

（二）组织行为系统

组织中的行为并不是互不关联和散乱的，是一个系统，系统内的因素间存在各种相互关系和相互作用。这个系统我们可以用图1-1简单地表示出来。

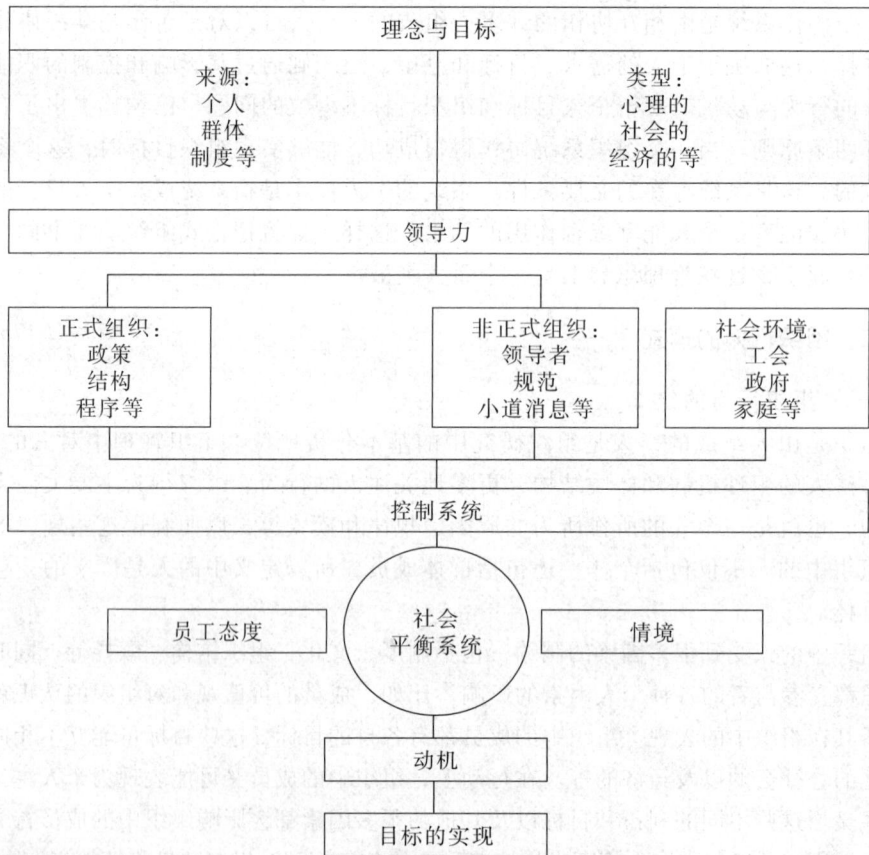

资料来源：孙健敏，李原. 组织行为学［M］. 上海：复旦大学出版社，2005.

图1-1　组织行为系统

组织的控制系统、员工态度以及情境因素三者之间的交互作用形成了某个特定时间阶段的特定动机。如果三者中的任何一个因素——控制、员工态度或情境改变了，动机也将会不同，它们之间的关系是随机的。例如，如果组织对成员的控制加强，而成员的态度和情境没有改变，人们的动机就会改变并产生不同的结果。

比如，某个建筑公司在项目进展的后期才发现可能不能按时完成合同规定的任务了，于是决定加强对员工的时间控制，并对员工的绩效提出了更高的要求。但是，如果这个公司的员工对工作自由非常在意，这样的决定很可能导致员工降低工作效率而不是提高绩效。这时，管理者处理这个系统的操作就是失败的。

一个有效的组织行为系统能够激发员工工作的动机。而这种动机将会带来高于平均水平的绩效，建立起管理者与员工之间的双向联系，使他们既能互相影响又能互相受益。管理者对于员工是授权而不是控制他们，而这种效果是单向操作无法达到的。

（三）组织行为模式

在不同组织中，组织行为的形式是不同的。研究者发现，一个主要的原因是在不同的组织中，管理者对组织行为模式的认识是不同的。这种认识一般源于管理者本人对人性的基本假设，而如何假设又决定了管理者如何解释一个事件。例如，一个员工迟到了，员工解释的原因是母亲病了需要照顾，如果管理者假设人是趋乐避苦和喜欢为自己的错误辩护的，他可能会猜测这个员工是为出门晚了找借口；反之，如果管理者相信多数人是诚实的、尽职的，他就会原谅这个员工的迟到，并对他表示同情。管理者的这些观念常常是无意识的，时刻影响着管理者的行为。所以，研究组织行为的模式对于理解组织行为是极其重要的。

研究发现，组织行为模式主要可以归为四类，即独裁的、监护的、支持的和共同的。按照被提及的次序，它们代表了在过去的100年或更长的时间里管理实践的历史进化的概貌。虽然几种模式在同一时期会同时存在，但每一种模式曾在一定的历史阶段中占据着主导的地位。

1.独裁模式

独裁模式的历史渊源可以追溯到工业革命时期。它依赖于权力，那些处于发号施令位置的人必须拥有可以对他人命令的权力，他们会说"你做这个，做那个"，而不服从命令的员工将会受到惩罚。这种模式认为管理者做的是思考的事情，员工则应该遵循命令。我们可以想象到，这种模式导致的管理者行为就是对员工的严密控制。

在独裁模式下，由于雇主具有雇用、解聘、奖励员工的权力，所以员工对雇主有所依赖，这成为其工作的动力之一。而仅仅出于这样的动机工作时员工的绩效产出可能是很低的，所以雇主向员工支付最低的工资。员工给予很低的绩效，有时也很不情愿——因为他们必须通过工作为他们自己及其家庭获得起码的生活保障。有些员工出于内在的成就动机而表现出较高的绩效，因为他们喜欢其雇主，或者因为其雇主是个"天生的领导者"，或是其他的原因，但他们中的绝大部分只是表现出很低的绩效。

就完成工作本身而言，独裁模式的管理是一种有用的方式，不是一种彻底失败的方式。有些独裁模式的管理只是向我们展示了一个极端的方面。事实上，在某些组织情境下，独裁模式的管理可能是有利于任务完成的，比如工程浩大的铁路系统建设，规模巨大的钢铁企业生产。

2.监护模式

当管理者开始研究员工的时候，他们很快意识到虽然那些被强制性管理的员工不会跟雇主当面顶嘴，但是他们在心里一定会有不满的情绪。这样的员工没有安全感，情绪沮丧，对雇主充满反抗性。如果他们的这种情绪得不到很好的发泄，就会转移到家庭或者邻居等，对他们的工作生活造成影响。

对于成功的雇主来说，他们会想方设法为员工提供较高的工作满意度和安全感。如果能够消除不安全感、沮丧和逆反的情绪，员工将会有一个高质量的工作生活环境。

一个成功的监护模式依赖于组织较好的财力。如果一个组织没有财力去提供养老金和其他的福利，就不能采取这种监护模式。当员工在生理方面的需求已经得到很好的满足时，雇主应该把员工对安全感的需求等作为一种激励动力。

监护模式导致员工把对雇主的依赖转移到对组织提供的福利和安全感的依赖，员工绩效水平一般。

3.支持模式

支持模式依赖于"领导"而不是权力或者金钱。通过领导，管理者提供了一种氛围来帮助员工成长，使其在组织中完成其感兴趣并且有能力做的事情。管理者认为，员工并不是天生被动和有抵触心理的，而是因为在工作中没有得到足够的支持。如果能够给他们机会，他们会主动承担责任、做出贡献并努力提高自己的水平。因此，管理的导向应该是为员工的工作绩效提供支持，而不是简单地为员工提供类似于监管模式中的福利等那样的支持。

由于管理者在工作中对员工的支持，员工在心理上产生种"参与其中"的感觉。当提到他们的组织的时候，他们会用"我们"，而不是"他们"。由于支持模式能够满足员工的地位需要和被认可的需求，会比以前的模式有更大的激励作用，员工绩效高。

支持性行为不只是用金钱的支持，而是日常工作的一部分，会影响管理者与人交往的方式。管理者的角色是帮助员工解决问题和完成工作。

4.共同模式

共同模式是支持模式的一种有益扩展，通常指一些有着共同目标的人，是一个团队的模式。这种模式对类似研究实验室的工作环境尤其有效，也渐渐地扩展到其他一些工作情境。

共同模式对生产流水线作用不大，因为严格的工作情境使得人们很难去发展这种模式。共同模式更适用于一些缺乏计划性、富有智力性和具有足够的工作自由度的工作情境，而在其他一些工作情景中，另外一些模式则会更加适用。

共同模式依赖于管理者建立起一种同员工是合作伙伴的感觉。这样员工会感觉自己是被需要和有用的。他们会觉得与管理者同样为组织贡献，因此会很容易接受并且尊敬管理者在组织中的角色，管理者被看成做出贡献的合作伙伴而不是老板。

在这种模式下，管理的导向是建立工作团队。管理者负责建立更好的团队，而员工做出的反应则是对组织的责任感。例如，员工高质量地完成工作，不是因为管理者告诉他们这么做，或者是因为有监督人员对他们进行了监督，而是因为他们从内心感觉自己有责任高质量地完成工作，同时他们感觉自己有责任提高完成工作质量的标准，来为公司和自己的工作赢得信誉。对于员工来说，共同模式在心理上产生的结果是一种自我约束。由于感受到了责任，员工会约束自己在团队中的工作表现，创造出高绩效。在这样的模式中，员工会体会到一定程度的满足感，认为值得为团队做贡献，同时体会到自我实现感。

三、组织行为分析的方法

组织行为分析的方法是系统性分析，即通过系统的观测和分析得出管理的各个变量之间的关系。

对于组织行为的分析，不同的学科有着不同的视角。无论什么视角，都有一个基本的共同点，我们可以从不同层次来分析组织行为：第一个层次是在个体水平上的，也就是把组织看成为某个共同目标而努力的一群个体的集合。第二个层次是在群体水平上，把重点放在组织中的部门、群体或小组的活动上。第三个层次是在组织的水平上，把组织作为一个整体来分析和研究。每一个层次都有自己独特的概念，随着讨论的不断深入，我们对组织行为的理解会越来越系统。这三种分析层次就像建筑砖块，每一层次都是建立在前一层次的基础之上。群体的概念来自对个体行为的讨论，而组织行为的讨论则来自我们对个体和群体行为的分析。

变量是组织行为研究的最基本要素，也是研究的基础。

变量是指针对某个被考查对象的一种一般特征，这种特征可以在数量、强度等方面发生变化。在个体层面，变量可以是一个人的人口统计特征、态度、能力、个性等；在群体层面，变量可以是团队冲突、凝聚力、团队产出等；在组织层面，变量可以是组织文化、组织层级、组织结构类型等。

变量分为自变量和因变量。

（一）自变量

自变量是引起其他变量变化的原因变量。在组织行为研究中，自变量通常是一些个人工作特征，比如能力、个性、主动性、动机等。对自变量的分析研究也应该首先从个体行为开始。

1.个体水平的变量

组织是由人组成的。我们可以从单个组织成员的角度来研究组织问题。每个人在进入组织之前都有着不同的经历，而管理者面对的正是这些有着不同社会经历的人，而不是新生儿。这告诉我们，人们是带着各自不同的特征进入组织的，这些特征将影响他们工作中的行为。比较明显的特征是那些个人的特征，如年龄、性别、婚姻情况、人格特征、价值观与态度、基本的能力水平等。一旦个体进入劳动力范畴，这些特征基本上是完整的，很难改变的。这些特征对员工的行为会有非常大的影响。因此，需要把每一个因素——人格、价值观和态度以及能力等都作为自变量进行讨论。

另外，个体水平的其他变量会影响员工的行为，动机、知觉、个人决策等因素在学习单元三、四中进行讨论。

自学课件 1-3

组织行为分析
的方法

讲课视频 1-3

组织行为分析
的方法

2.群体水平的变量

人们在组织中很少是单枪匹马工作，大多数工作是通过组织成员的协调合作完成的。组织目标的实现，不大可能只靠一两个个体的行为。人们在一起工作的组织方式一般是小组、团队部门、车间或委员会等。而个体在群体中的行为远比个体单独活动的总和要复杂。如果我们考虑一个人在群体中的行为与他独处时的行为不一样时，我们的模型就变得更加复杂了。因此，理解组织行为的下一步是研究群体行为。

学习单元三为理解群体行为动机打下了基础。这个单元讨论群体中的个体受到别人期望时所表现出来的行为模式受何影响，群体认为可接受的行为标准是什么，群体成员相互吸引的程度。学习单元六让我们把对群体的理解应用到有效的工作团队的设计中。学习单元五、七、八展示沟通模式、群体间关系和冲突水平、领导方式如何影响群体行为。

3.组织水平的变量

当我们把组织系统加到前面有关个体和群体的认知中时，组织行为就到达了其复杂性的最高水平。在对组织系统的研究中，组织行为研究者把整个组织作为其研究目标，他们试图从组织与环境之间的关系来分析组织的有效性，其研究的重点在于组织结构和组织设计如何影响组织的效率，组织的规模、所应用的技术、组织的年限等也是这个思路所强调的，组织的人力资源政策和实践（即选拔过程、培训项目、绩效评估方法等）、内部文化、组织变革等也对组织有影响。这些因素在学习单元九、十进行了讨论。

（二）因变量

因变量是受自变量影响而产生反应的变量。在组织行为分析中，学者们倾向于分析生产率、缺勤、流动、组织公民行为和工作满意度五个因素。

1.生产率

组织生产率的高低是参考组织实现其目标的情况来衡量的。要实现高的生产率，就必须以较低的成本完成输入和输出的转换。这样，生产率就意味着对效果和效率两方面的关注。

例如，如果学校成功地向学生传授了知识并能使他们将知识应用于实践，就是有效果的，如果能以较低的成本做到这一点，就是有效率的，如果学校的校长想在现有教师的基础上通过减少授课的平均时间或者通过先进的教辅设备等增加每一位老师所能教授学生的数量，我们就可以说这所学校的生产效率是比较高的。

要提高一家销售公司的生产率，我们不仅要保证实现其销售目标或市场份额目标，而且要保证以一定的效率实现目标，而用来测量效率的指标，可以是投资回报率、单位销售额的盈利、人均单位时间的产出等。

当然，我们也可以从个体的角度来考虑生产率问题。举个例子：A和B两人都是一家房地产公司的楼盘推销员。假设他们要在一个月的时间把50套房子推销出去，如果他们能在规定的时间内完成任务，那么就是有效果的。但是，生产率的测量要考虑为完成目标所付出的成本，这就是效率的来历。假设A用3个星期的时间完成了推销任务，平均每天的推销成本（包括车费、餐费、礼品费等）为40元，而B也用3个星期的时间完成了任务，平均每天的推销成本为35元。A和B都有效果，因为他们都完成了目标，但是B的效率比A高，因为后者的推销成本更低，也就是说，B以较低的成本实现了同样的目标。

总而言之，生产率是组织行为学所关心的基本问题之一，我们也希望知道什么因素会影响个体、群体及整个组织的效果和效率。

2.缺勤

管理者都有这样的感受，当员工出现缺勤情况的时候，总是会或多或少感到不适，缺勤对组织的整体绩效可能最终会产生消极的影响。据估计，由于缺勤所导致的每年的花费，美国的公司为400亿美元，加拿大的公司高达120亿加元，这些数字进一步说明，降低缺勤率对组织来说是十分重要的。

很明显，一个组织要想使生产平稳地进行，需要员工按时上班；否则，组织要想实现其目标是很困难的。比如，在以生产线为主的组织里，较高的缺勤率就不只是影响正常生产了，可能导致产品质量的严重下滑，有时可能使生产设备完全瘫痪。而在知识型的企业中，有的缺勤会导致某些工作流程被打断，致使重要的决策不得不推迟。一般来讲，任何组织的缺勤程度若超出正常范围，都会对组织的效果和效率产生直接影响。

3.流动

组织中的高流动率通常意味着招募、甄选和培训等费用的提高。同时，流动会对组织的有效运作产生影响，因为我们必须重新找到能够替代的人来补充空缺的岗位并承担其责任。对于组织来说，一定程度的员工流动是正常的，也是必需的。如果离开组织的人是无用的，或者说是不胜任的话，那么流动可能会是好事，因为这样可以使没有能力的人离开组织，使有能力的人找到适合自己的位置，增加组织内部晋升的机会，给组织添加新生力量。但是如果离开组织的人恰恰是组织的核心员工和优秀员工，那么这时的流动可能会是一个破坏因素，会妨碍组织的有效运作，甚至造成更大的损失。世界著名的英特尔公司曾经历过这样的一个教训。公司创业初期，天才设计师费德里科·法金设计的第一代微处理器8080一炮打响，该产品给公司开创了巨大的市场。意想不到的是，法金在关键时刻离开了公司，并带走了另两名重要的技术人才，在外面重组了一个新公司，推出了比8080还要先进的新产品，很快将英特尔公司的市场抢去。这个沉重的打击，使英特尔公司几乎一败涂地。若干年后，英特尔公司才重新崛起。

4.组织公民行为

组织公民行为是指员工的一种自由的、非正式的工作所要求的行为。有效的组织公民行为能够提高组织的有效性。

可以想到的组织公民行为包括：对工作群体和组织的建设性的陈述；帮助团队中的其他人；主动承担额外的工作任务；关心组织的财产；遵守组织的规章制度和惯例；能够接受临时的强制性任务等。

5.工作满意度

我们把工作满意度定义为个体对工作的总体态度，与员工实际得到的报酬数量和其认为自己应得数量之间的差异有关。

与前面其他变量不同，工作满意度代表的是态度而不是行为。那么，为什么工作满意度成为一个主要的因变量呢？原因有两点：首先，工作满意度与员工的绩效有关，因而成为管理者的兴趣所在；其次，组织行为研究者的价值偏爱。

许多年来，管理者有一种信念：满意的员工比不满意的员工生产率要高。虽然许多证据对这个假设的因果关系提出了怀疑，但我们仍然可以争辩：现代社会不应该只关心生活数量，应该既关心高生产率和物质的获得，还关心生活质量。尤其是面对当前的知识型员工，我们需要对组织中的工作满意度问题更加关注。工作满意度与缺勤和流动是负相关的，组织有责任给员工提供富有挑战性的工作，使员工从工作中获得满足。因此，虽然工作满意度代表的是态度，而不是行为，组织行为研究者仍然把它看成重要的因变量。

素质提升

联系地、系统地看问题的方法

学习唯物辩证法的基本观点，就是要在实践中学会辩证观察问题的方法，克服和避免形而上学观察问题的方法。形而上学的观点，把世界上的事物都看作彼此孤立、毫不相干的，只看到一个个事物，看不到事物的相互联系。用这样的方法看问题，就会造成"只见树木，不见森林""头痛医头，脚痛医脚"，顾此失彼，给实际工作带来危害。唯物辩证法与此相对立，认为世界上事物是相互联系的，联系是有系统性的，因而辩证观察问题的方法是用联系的观点、系统的观点来看事物。

第一，要揭示事物本身所固有的、客观的、真实的联系，而不是凭主观臆想出来的虚假的联系。这也就是要实事求是地按照事物联系的本来面目来认识联系，切忌把主观臆想的虚假的联系，当成客观真实的联系。例如，目前有的广告把喝营养口服液与提高学生的学习成绩机械地联系起来，甚至说"喝了×××，就得100分"。这样的联系就不是客观的、真实的联系，并且只能是对学生的一种误导，不利于学生刻苦学习。

第二，要努力把握事物的一切联系。世界上的事物都处于普遍联系之中，因此当我们从事某一项工作时，就应该考虑该项工作的一切联系，既要考虑其自身内在各方面的联系，又要考虑该项工作与先前工作的联系、与今后工作的联系。努力做到对这项工作的各个方面的联系有一个较为全面正确的认识，做到"识大体，顾大局""全面规划，统筹兼顾"。

第三，要对事物的联系做具体的分析。世界上事物的联系多种多样，各有不同的性质、内容、地位和作用，因此对事物多种多样的联系要做具体分析、区别对待，避免把联系单一化、简单化，把不同的联系同等对待，甚至主次颠倒。例如，产品的销售与产品的质量、包装、价格及广告等都有联系，对这些联系要具体分析，产品销售与产品的质量的联系是主要的，质量过不了关，片面追求包装，或一概压低价格，或只是在广告宣传上下功夫，最终还是不能打开销路，占领市场。

整体性是系统的基本特征。用系统的观点看问题，最基本的是要从整体性的角度来观察分析事物。从整体与部分、整体与环境之间的相互联系、相互制约中，综合地认识事物，立足整体，统筹全局，择优选取整体上最有利的方案，以达到最佳的处理问题效果。在全局（整体）与局部关系处理上，有些事情从局部看是有利的，而从全局看不利，这时就要求局部服从全局。当然，这绝不是说局部无足轻重，但是必须在立足整体、总揽全局的前提下，认识和处理局部的事情。许多事情的解决，例如，控制物价上涨幅度、改善社会治安状态、惩治腐败等，都要通盘系统考虑，采取多方面的强有力措施，进行综合配套治理才行。

资料来源：桑志达，于双庆. 马克思主义原理教程［M］. 上海：上海人民出版社，1995.

➡ **自学测试**

一、选择题

1.下列属于组织的是（　　　）。

A.党团组织　　　　　B.工会组织　　　　　C.企业　　　　　D.军事组织

自学测试1-1

2.组织行为研究的层次有（　　　）。

A.高水平　　　　　B.个体水平　　　　　C.群体水平　　　　　D.组织系统水平

3.组织行为模式的类别有（　　　）。

A.独裁的　　　　　B.监护的　　　　　C.支持的　　　　　D.共同的

4.组织的共同特点是（　　　）。

A.组织是由个人和群体组成的　　　　　B.组织有自己的目标

C.组织通过专业分工和协调合作来实现目标

D.组织是由个人组成的

5.组织的分类有（　　　）。

A.按组织的规模可分为小型组织、中型组织和大型组织

B.按组织的社会职能不同可分为文化性组织、经济性组织和政治性组织

C.按组织内部是否有正式分工关系可分为正式组织和非正式组织

D.按组织内外分为内部组织与外部组织

二、判断题

1.组织是指按照一定的宗旨和目标建立起来的集体。　　　　　（　　　）

2.因变量是引起其他变量变化的原因变量。　　　　　（　　　）

3.社会的各级组织都是一个协作的系统。　　　　　（　　　）

4.组织是一个整体，由要素组成。　　　　　（　　　）

➡ **课后测试**

一、选择题

1.下列属于组织行为研究的因变量的有（　　　）。

A.生产率　　　　　B.缺勤　　　　　C.流动

D.组织公民行为　　　　　E.工作满意度

2.组织行为包括（　　）。

A.个体的行为　　　　　　　　B.群体的行为　　　　　　　　C.组织的行为

二、判断题

1组织行为研究的根本目的是要提高组织的有效性。　　　　　　　　　（　　）

2.组织中的人是指个体。　　　　　　　　　　　　　　　　　　　　（　　）

3.组织行为是指人们作为组织成员时表现出来的，体现在个体、群体、组织三个层面上的行为。　　　　　　　　　　　　　　　　　　　　　　　　　（　　）

4.组织公民行为是指组织中公民的行为。　　　　　　　　　　　　　（　　）

三、思考题

1.什么是组织？它有什么特点？

2.请用身边的例子解释组织的系统观。

3.如何判断一个组织是否有效？

4.什么是组织行为？组织行为有哪几种模式？各自有什么特点？

5.组织行为研究中有哪些层次的自变量？请举例说明。

四、案例分析题

黄某的管理经验

黄某在浙江省的某个县城创办了一家连锁式的中式快餐店，这几年业务发展稳步上升。闲聊的时候他谈到了对员工选拔与管理的一些认识：

中式快餐业务与西式快餐并不一样，由于老百姓对柴米油盐的价格比较了解，中式快餐店不可能有类似肯德基、麦当劳那样的利润空间，很多洋快餐的经验是需要有高利润空间支撑的，因此不可能把其管理思路拿过来就用，而要经过很多改进。比如，对于快餐店员工队伍的管理，基本上可以分为前台服务人员管理和后台支持人员管理。前台服务人员基本上以女性为主，在招聘选择前台服务人员的时候，我倾向于选择30岁左右、已经结婚的女性，而不是20岁左右、没有结婚的女孩。以前我们希望用20岁左右的女孩，认为她们无牵无挂，能够将精力更多地投入到工作中，但是我们的经验表明，这些人首先是工作态度不能过关，她们刚刚进入这个社会，对社会的竞争不了解，觉得我们的工作太辛苦了，也不在乎你给了其多少奖金。有些小女孩才干了3天就打退堂鼓了。但是，一个女孩结婚了就不一样，她有压力，希望挣钱。其实，快餐服务工作没有什么很高的技术含量，不需要一个人很有文化，只要手脚勤快、态度认真、比较善于和人打交道就可以。其次，年轻女孩很容易流动，她们做这个工作只是暂时的，如果有更加合适的工作，她们马上会跳槽，这给我们的管理带来很多麻烦，再加上如果她们认为这个工作只是暂时的，那么她也不会花心思去好好做这个工作。以上是我们选拔前台服务人员的标准。

对于后台支持人员，我们会用一些年纪大些的、稳定性更好的员工。厨师队伍是很关键的队伍，厨师如果跳槽，那么他有可能加入竞争对手的行列，成为你的心腹大患。所以我们想了很多办法，其中一个办法就是把做菜的工序工业化。因为我们的产品是相对标准化的，所以我们用了很多流程来加工产品。客户看到的厨房只是厨房的前端，其实，前端厨房里面的原料都是半成品。每个厨师只熟悉其中的一道工序，其余的东西其是不了解的。这样就可以使厨师的队伍稳定下来。因为他们的水平和工作技能，只能在我们公司发挥作用，在其他公司发挥作用不大。而且，他们不直接和客户打交道，所以稳定和专业是最关键的，形象是次要的。

资料来源：严进. 组织行为学［M］. 北京：北京大学出版社，2009.

请问：在黄某的管理经验中，影响他的连锁式的中式快餐店绩效的因素有哪些？

学习模块二
个体分析

　　组织行为分析的个体层面分析，主要关注个体层面的行为和心理过程。研究内容包括员工的个性特征、动机、价值观、情感、决策、沟通、压力管理等。这一层次的研究目的是了解个体在组织中的行为和相互作用，为提高员工的工作满意度、提高组织绩效提供理论依据。

学习单元二　人的个体差异识别

任务一　人的个性与能力的识别

▶ **学习目标**

◆知识目标

正确理解个性的含义及影响因素；

了解大五模型、A型个性、霍兰德职业个性理论等个性理论；

正确理解能力、情商的含义，了解情商理论及应用。

◆能力目标

能够识别人的个性与能力差异，甄别与岗位要求匹配的人员。

◆素养目标

加强个性修养，提升能力素质。

▶ **重点难点**

◆教学重点

人的个性与能力差异识别。

◆教学难点

个性理论的应用。

自学任务

（1）了解本任务的学习目标和重点难点，通过线上或线下的方式进行自学，重点关注以下知识点：人口统计变量对工作绩效的影响；个性理论的认知与应用；能力的识别。

（2）自学结束后完成本任务的自学测试。

案例研讨

朱彬的困惑

朱彬是一家房地产公司负责销售的副总经理，他把公司最好的推销员李兰提拔为销售部经理。但是李兰在这个职位上干得并不怎么样，她的下属说她待人缺乏耐心，几乎得不到她的指点。李兰本人也不满意这个工作，当推销员时，她做成一笔生意就可以得到奖金，但当了经理以后，她的奖金要根据下属的工作绩效来定，而且要到年终才能够定下来。李兰与过去判若两人，朱彬被搞糊涂了。

资料来源：贾名清，方琳. 管理学［M］. 南京：东南大学出版社，2012.

讨论：

（1）为什么李兰不能够当好这个销售部经理？

（2）作为一个好的销售部经理，应该有什么特点？

▶ 知识点学习

对于组织和个体来说，进行恰当的人职匹配具有非常重要的意义。人职匹配的前提之一是必须对人的个体特性有充分了解和掌握，我们将从人口统计变量、个性、能力等几个方面来分析个体差异。

一、人口统计变量对工作绩效的影响

请比较你和周围的任何一个人，你和其之间有什么差异？

人们生下来就有区别，比如身高、体重、性别等，但是哪些差异会和工作上的表现有联系呢？

相关研究证明，员工的年龄、性别、婚姻状况以及工作年限等都会对员工生产率、缺勤率、流动率和工作满意度等产生影响。其中，性别与年龄是我们当前最为关注的两个人口统计变量。

讲课视频 2-1

人口统计变量对工作绩效的影响

（一）性别对工作绩效的影响

现在，社会对"性别与工作绩效有没有关系"的问题非常敏感，因为这涉及就业歧视和晋升公平性等问题。随着近几年就业难度的增加和用人单位优势地位的不断强化，性别歧视已经成为一些企业心照不宣的做法。

性别歧视是指基于他人的性别差异而人为实行差别待遇的一种现象。在现在竞争激烈的就业市场中，主要表现为企业拒绝录用女性人才，即使录用，也人为实行差别待遇。

自学课件 2-1

人口统计变量对工作绩效的影响

那么性别是否会影响工作绩效呢？

有充分的研究证据表明，男性与女性之间没有什么重要的差异会影响工作绩效。比如，男女在问题解决能力、分析能力、竞争驱动力、动机、社会交往能力及学习能力等方面都未表现出明显差异。虽然不少心理学研究发现女性更倾向于遵从权威，而男性更具有进取心和对成功有更高的预期，但这些差异均不显著。随着越来越多的女性参加工作，以上情况也发生了相当显著的变化。因此，我们有理由认为女性与男性之间在工作生产率方面没有显著差异。同样，没有证据表明员工的性别会对工作满意度造成影响。

那么缺勤率和流动率的情况如何呢？女员工是否不如男员工稳定？

在流动率问题上，不同研究所得的结果并不一致。一些研究发现女性有较高的流动率，而另一些研究结果恰恰相反。目前所获得的信息尚不足以得出一个确定的结论。

　　然而，对于缺勤率的研究完全不同。研究结果一致表明女性相比男性缺勤率更高。

（二）年龄对工作绩效的影响

　　年龄与工作绩效之间的关系体现在用人单位的日常决策当中，现实中也不乏这样的例子。因为年龄直接暗示着一个人的社会经验、工作经验，是未来工作绩效的一种预测尺度。除了天才，每个人的成长和发展都要经历一个循序渐进的过程。一般人从20多岁大学毕业到35岁的这段时间里，基本上处在一个学习社会经验和熟悉专业的过程中。经过摸爬滚打、人海沉浮，35岁后一个人才精通行业领域，处理人情世故的能力也发生了较大的飞跃。大多数人在这个年龄段逐步发挥出灼热的能量和自制能力等，对外部环境的把握能力也得到了长足的进步。如果企业能够适时安排其以合适的职位，为其提供施展才能的舞台，那就好比如鱼得水，他就能为企业带来更大效益。因此，现在当我们评定中青年科学技术人才时，"青年"的标准一般是45岁，这与平常人的青年标准很不一样。35~55岁的人正处于职业的黄金年龄段。他们一接手工作，往往就能熟练操作，减少磨合过程，更重要的是，他们成熟的阅历使他们在面临突发事件时游刃有余。

　　那么年龄到底对员工的流动率、缺勤率、生产率等有何影响呢？

　　研究表明，员工年龄越大，越不愿意离开现有的工作岗位。这是年龄与流动率的关系方面得出的最明显的结论，这很容易理解。首先，员工年龄越大，可供选择的其他工作机会就越少。其次，员工年龄越大，任职时间一般也越长，因而薪水的提升也越快，并可获得更长的休假时间和颇具吸引力的养老等福利待遇。由此似乎可以推断，年龄与缺勤率之间也存在负相关关系，但是情况并不完全如此。因为年龄与缺勤率之间的关系还受缺勤原因的影响。缺勤原因可分为可避免的和不可避免的两种。一般年龄大的员工在可以避免的缺勤原因方面低于年轻的员工，但是在不可避免的缺勤原因方面相对较高，这可能是因为年龄大造成了身体健康状况不佳，或者在疾病及损伤之后需要恢复的时间更长等。

　　对年龄与生产率的关系，普遍的看法是随着年龄的增长，生产率会不断下降，但研究的结果并非如此。一项研究揭示，年龄与工作绩效之间并无相关性，而且对几乎所有类型的工作（专业或非专业型），这一结论均是可靠的。

二、个性理论的认知与应用

（一）个性的含义

　　个性是指人的一组相对稳定的行为特征，这些特征决定个人在各种情况下惯有的行为。

（二）个性的影响因素

　　目前人们普遍认为，一个成人的个性是由遗传和环境两方面因素组成的，同时受到情境的影响。

讲课视频 2-2
个性理论的认知与应用

自学课件 2-2
个性理论的认知与应用

1.遗传

遗传指的是那些受胚胎决定的因素。身材、相貌、性别、性格等特点都全部或至少大部分受到了父母的影响。遗传学观点认为，个体的个性，可以根据染色体上基因的分子结构得到全面的解释。这一观点提供了确凿的证据，支持遗传在决定个体的个性方面起到十分重要的作用。

一些对儿童进行的近期研究，极大地支持了遗传学观点。研究表明，一些特质如害羞、畏惧、不安，在很大程度上是由于内在的基因特点决定的。这说明，基因不仅能影响我们的身高和头发颜色等，也能决定我们的个性。

但这并不意味着个性完全由遗传决定，也就是说，并不意味着个性从个体出生就固定下来，并且在成长的过程不会发生任何改变，个性还会受环境、情境等因素影响。

2.环境

影响我们的个性形成的环境因素包括成长的文化背景，早年的生活条件，家庭、朋友和社会群体的规范，生活经历等。总之，我们所处的环境对于个性塑造起着十分重要的作用。

文化所建构的规范、态度和价值观等一代代流传下来，一直保持着稳定性。

遗传和环境到底谁是个性的首要决定因素？在对各种争论进行细致考察的基础上我们认为，二者均十分重要。遗传提供了前提条件，但个体的总体潜能取决于如何调整自己以适应环境的要求。

3.情境

情境是指在一定时间内各种情况的相对的或结合的境况，包括社会情境、教学情境、学习情境等。情境在遗传和环境对个性的影响中也起着一定的作用。一般来说，个体的个性是稳定的和持久的，但在不同的情境下会有所改变。不同情境要求一个人的个性表现出不同的侧面，因此我们不应该孤立地看待个性模式。所谓多重个性，就是指在不同的情境下，同一个人表现出不同的个性。

（三）个性理论

1.大五模型

大五模型是专门针对工作中的个性特征建立的一个个性的测量模型。在该模型中，个性被划分为五个维度，每个维度的不同极端潜在地包含了大量广泛的具体特征。

（1）外向性：该维度描述的是个体对关系的舒适感程度。外向者倾向于喜欢群居、善于社交和自我判断；内向者倾向于封闭、内向、胆小害羞和安静少语。

（2）相容性：该维度描述的是个体服从别人的倾向性。高相容性的人是合作的、热情的、信赖他人的；低相容性的人是冷淡的、敌对的和不受欢迎的。

（3）责任意识：该维度是对信誉的测量。具有高度责任心的人是负责、有条不紊、值得信赖、持之以恒的；在该维度上得分低的人很容易精力分散，缺乏规划性，且不可信赖。

（4）情绪稳定性：该维度刻画的是个体承受压力的能力。积极的情绪稳定者倾向于平和、自信和安全；消极的情绪稳定者倾向于紧张、焦虑、失望和缺乏安全感。

（5）开放性：该维度描述的是个体对新奇事物的兴趣和热衷程度。开放性高的人富有创造性、凡事好奇，具有艺术的敏感性；处于开放性低的人很保守，对熟悉的事物感到舒适和满足。

在以上维度的研究中，发现一些个性维度与工作绩效之间有着重要关系。调查结果表明，对于所有人来说，责任感可以预测工作绩效；另外，在责任意识上得分较高的个体，也会在工作相关知识方面水平更高；此外，责任意识与组织公民行为之间有着相对较强的稳定关系。

对于其他的人格维度，其预测力取决于绩效标准和职业群两项因素，比如外向性可以预测管理和销售职位的工作绩效。这一点比较容易理解，因为这些职务需要较多的社会交往活动。同样，研究发现，开放性在预测培训效果方面也十分重要。

2.A型个性

A型个性是应用最为广泛的个性模型之一。A型个性的人与我们通常所说的"急性子"有很多相似之处。A型个性者总是不断驱动自己要在最短的时间里干最多的事，对任何事情都有衡量的标准，同时会对阻碍自己努力的其他人或事进行攻击，而且富有进取心，关心自身的物质利益。

与A型个性相对照的是B型个性，其主要特点对比如下：

A型个性：行动迅速、吃饭与步行节奏很快；同时做几件事情；不适应休闲时间。

B型个性：没有时间上的紧迫感；感觉没有必要讨论成就和业绩；充分享受娱乐和休闲。

A型个性的人常处于中度至高度的焦虑状态中。他们不断给自己施加时间压力，总为自己制定最后期限，这些特点导致了一些具体的行为结果。比如，A型个性的人是速度很快的工人，他们对数量的要求高于对质量的要求。从管理角度来看，A型个性的人表现为愿意长时间从事工作，但他们的决策欠佳绝非偶然，因为他们做得太快了。A型个性的人很少有创造性，因为他们关注的是数量和速度，常常依赖过去经验解决自己当前面对的问题。对于一项新工作，无疑需要时间来思考解决它的具体办法，但A型个性的人很少能分配出这种时间。

尽管A型个性的人工作十分勤奋，但是很多高层管理者具有B型个性。最优秀的推销员常常是A型个性，但高级经营管理人员常常是B型个性。为什么？答案在于A型个性的人倾向于放弃对质量的追求，而仅仅追求数量，然而在组织中，晋升常常授予那些睿智而非匆忙、机敏而非敌意、有创造性而非仅有好胜心的人。

3.霍兰德职业个性理论

在考虑个性与工作绩效之间的关系时，还有一个中间变量不能忽略，这就是工作要求，应重视人格特征和工作要求的协调一致。美国职业心理学家霍兰德的人格与工作适应性理论为此提供了较好的解释。

霍兰德认为，人们职业的选择应该和他们的个性相匹配。在这个观点的基础上，他提出了一系列假设：

（1）在现实工作中，可以将个性分为六种类型，即实际型、研究型、艺术型、社会型、企业型与传统型。每一特定个性的人，对相应职业类型中的工作或学习感兴趣。人们的职业类型也可区分为六种类型，对应的也是实际型、研究型、艺术型、社会型、企业型与传统型。

（2）人们寻求能充分施展其能力与价值观的职业环境，所以能够充分发挥其能力和价值观的职业是能够让人们获得工作快乐的。

（3）个人工作行为取决于个体的个性和所处环境的特征之间的相互作用。

在上述理论假设的基础上，霍兰德提出了职业个性类型与职业类型模式。不同职业个性类型的人需要不同职业环境，例如实际型的人需要实际型的职业环境，因为这种职业环境才能给予其所需要的机会与奖励，这种情况即称为匹配。职业个性类型与职业环境不匹配，则该职业环境无法提供个人的能力与兴趣所需的机会和奖励。霍兰德在其所著的《职业决策》一书中描述了六种个性类型的相应职业。

（1）实际型：务实、喜爱具有操作性的工作，偏向于使用一定的体力和操作技能完成工作。适合这种个性的职业包括电工、牙医、外科医生和生物医学工程师等。

（2）研究型：善于分析，头脑灵活，具备科学精神。在做决定前一般喜欢搜集大量信息，质疑没有合理数据支持的观点，喜欢从事需要一定脑力劳动的、进行一定逻辑推断的工作。适合的职业有教授、软件研发人员、经济学家、科学家等。

（3）艺术型：充满创造力和想象力，喜欢从事需要创造力、想象力，具有弹性，适合发挥的工作。适合的职业包括园艺师、美术设计师、导演或制片人、室内装潢设计师、画家和音乐家等。

（4）社会型：拥有乐于助人的个性特点，有耐心和同情心，慷慨大方，具有良好的团队精神，容易与他人达成共识。适合的职业有心理咨询师、社区工作者、中介人员等。

（5）企业型：有竞争力，精力充沛，性格外向，他们往往最终能成为企业家或团队领袖。适合的职业有经理人、销售代表、小企业主等。

（6）传统型：适合从事有条理、有规范、有明确规章制度的，具有一定重复性的，偏于保守和谨慎的工作。适合的职业有银行出纳员、会计、档案管理员等。

职业个性类型与职业类型也并非绝对地一一对应。霍兰德在研究中发现，尽管大多数人的个性类型可以主要地划分为其中某一类型，但个人有着广泛的适应能力，其个性类型在某种程度上相近于另外两种个性类型，则也能适应另外两种职业类型的工作。也就是说，某些个性类型之间存在较多的相关性，每一个性类型又有极为相斥的职业环境类型。霍兰德的六边形模型简明地描述了六种类型之间的关系。

根据霍兰德的个性类型理论，在职业决策中最理想的是个体能够找到与个性类型重合的职业环境，这样容易得到乐趣和内在满足，最有可能充分发挥自己的才能。因此，在职业选拔与职业指导中，首先就要通过一定的测评手段与方法来确定个性类型，然后寻找到与之相匹配的职业类型。

（四）个性理论的应用

个性理论对于组织是否有应用价值，主要看它能否帮助说明、预测和控制一个人的行为与工作绩效之间的关系，一个有成效的组织为了最大限度地调整组织内大多数员工与组织间的关系，就应该尽量适应不同员工的个性需求。

1.选拔员工和安排工作要考虑是否与个体的个性特征匹配

在组织工作中，不同的工作对个体的个性特征的要求是不同的。相对来说，越是高级的职业，对个性的要求越高。在这些岗位上，要求个体不仅具有完成工作任务必需的知识、能力，而且具备理智、独立的品质，还要善于思考，具有解决问题和与人交往的能力，以及决策果断、对组织高度负责的能力等。因此，在管理过程中，管理者应该考虑个体的个性特征问题，在人员安置上，根据员工个性特征进行岗位与个性的匹配，有利于发挥他们的特长，保证人尽其才，提高组织选拔与培养工作的绩效。这是通过运用个性知识提高工作绩效的基本要求，也是现代人力资源管理的基本原则之一。另外，当管理者试图预测员工行为时，分析员工的个性特征也可以带来极大的帮助。比如：有德者不看重金钱，用物质利益很难引诱他，可以让他管理财务；勇敢者蔑视困难，用艰险很难吓倒他，可以让他处理紧急事务；睿智者通达礼数、明于事理，很难欺骗他，可以让他负责要事；贪图钱财者容易被引诱，不可管理财务；重情者容易变换观念，不可让其做决策者等。

2.培养坚定、自信的个性心理品质

研究证明，个性与成就的关系要高于智力与成就的关系。有相同智力条件的个体，并非能达到相同水平的成就，并且这种个体之间的差异主要是个性上的差异。这说明，智力虽然与成就有很大的关系，但个性与成就的关系更为密切。因此，管理者要根据员工的个性特征进行管理，培养员工坚定、自信的个性心理品质，这样才能充分开发人力资源，最大限度地调动员工的工作积极性，做到用其所长、避其所短，实现人尽其才。

三、能力的识别

人的能力各有强弱，这是不争的事实。但是，个体能力发展的不平衡未必就意味着孰优孰劣。从管理的角度来看，了解员工能力的差异，其根本目的在于根据每个员工的能力特点安排其合适的工作，从而充分发挥人力资源。用一句话来概括，就是人尽其才，才尽其用。

（一）能力的概念

心理学家认为，能力指的是一种心理素质，是顺利完成某种活动的心理条件。例如，一位画家要具有色彩分辨和形象记忆能力等，这些是保证他顺利完成绘画活动的心理条件；一名管理人员要具有语言表达能力、逻辑推理能力等，这些是保证他顺利完成管理活动的心理条件。

能力可以反映个体在某一工作中完成各种任务的可能性，是对个体能够做什么的一种现实的评估。人的能力是各种各样的，通常可以分为一般能力、特殊能力和创造能力。一般能力指的是在完成不同种类的活动中都表现出来的能力，如观察力、记忆力、抽象概括力、想象力等，其中抽象概括力是一般能力的核心。平时我们所说的智力，指的就是一般能力。特殊能力指的是适用于某个特殊领域的能力，如弹琴、绘画

讲课视频 2-3

能力的识别

自学课件 2-3

能力的识别

等。创造能力指的是创造新概念、新事物、新产品的能力，是由已知的东西获得未知东西的能力，符合创造活动的要求。

（二）能力的差异性

由于不同能力的内容有差异，所以对它们的测量也采用不同的方法。

下面我们从智力、情商、体质能力和实践智力方面来具体介绍个体差异性。

1. 智力

智力是指普通心理能力，即从事脑力活动所需要的能力，也是我们常说的智商。智力测验就是用于确定个体心理活动的总体能力。

智力测验问世后，要区别智力的差异就变得容易起来。人们发现智商极高的人（IQ 在 130 分以上）和智商极低的人（IQ 在 70 分以下）均为少数，智力中等或接近中等的人（IQ 在 80~120 分）约占全部人口的 80%。智力超过常态，我们称之为智力超常；智力低于常态，我们称之为智力低常。

此外，大学入学考试、研究生入学考试等综合型考试也属于这种类型的测验。通常在这样的考试中，我们可以看到应试者多门学科的分数总和情况决定了其最后能否被录取。这也是智力测验的一种变式。

在智力测验中常有的能力包括以下一些维度：数字计算、语言理解、知觉速度、归纳推理、演绎推理、空间知觉以及记忆力。针对每一个具体的智力测验，测验的子量表和维度都不一样。所谓的智力，是在这些测验分数基础上转换累加以后得出的分数总和。由于心理学家对智力的定义尚未达成完全一致的意见，有一句话充分说明了智力定义的特点："大家都知道智力是什么，只有心理学家不知道。"

不同的工作要求员工运用不同的智力。对于需要进行信息加工的工作来说，较高的总体智力水平和语言理解能力是成功完成此项工作的必要保证。不同职业对智力有不同要求。比如，会计在计算税收时需要数字计算能力；工厂经理在推行企业政策时需要语言理解能力；经理在管理决策时需要归纳推理能力；消防队员在原因调查时需要演绎推理能力；飞行员在方向判断时需要空间知觉能力；销售员在回忆客户时需要记忆力。

很多职业受专业知识能力的限制，例如在审计业务中审计师通常需要取得 CPA 资格证，律师需要取得律师资格证等，这些职业资格证的取得是非常不容易的，从而提高了这些职业的门槛。但取得这些职业资格证的人大多数比没有取得职业资格证的人具有更高的职业能力。是否取得职业资格证是一个非常重要的判断人员是否具备专业能力的信息来源，也是人员选拔的重要标准。

当然，高智商并不是所有工作的前提条件。事实上，在很多工作中，员工的行为十分规范，很少有机会让他们表现出差异，此时，高智商与工作绩效可以说是无关的。同时，智商是多个分数的总和，这使得每一个独立的能力子项的作用都很不明显，所以智商很难普遍预测不同职业的绩效。

2. 情商

情商是指人们有效地认识情绪、管理情绪、调控情绪，并对他人情绪进行影响和管理的一系列情绪的、人格的和人际能力的总和。

现在与情绪智力（即情商）相提并论的EQ概念，是巴昂于1988在他的博士论文中首创的。当时是为了对应于IQ而提出来的，他认为EQ是一系列有助于个体应对日常生活所需要的社会能力和情绪能力，它比IQ更能预测一个人的成功。现在一般用EQ来表示情商的高低。由巴昂编制的巴昂情商量表也被公认世界上第一个标准化的情绪智力量表。

情商的主要理论来源有以下几个方面：

（1）梅耶和萨洛维的理论。1990年，美国心理学家梅耶和萨洛维首次正式使用情绪智力这一概念来描述对成功至关重要的情绪特征。他们把情绪智力看成个体准确、有效地加工情绪信息的能力集合，认为"情绪智力是知觉和表达情绪、情绪促进思维、理解和分析情绪以及调控自己与他人情绪的能力"。据此，概括出了情绪智力所包括的四级能力：

①情绪的知觉、鉴赏和表达能力。从自己的生理状态、情感体验和思想中辨认和表达情绪的能力，从他人、艺术活动、语言中辨认和表达情绪的能力。

②情绪对思维的促进能力。情绪引导思维的能力，情绪影响注意信息的方向，情绪体验如味觉和视觉等对与情绪有关的判断和记忆过程产生作用的能力，心境的起伏影响思考能力，情绪状态影响问题解决等。

③对情绪的理解、分析能力。认识情绪与语言表达之间关系的能力，例如对"爱"与"喜欢"两者区别的认识，理解情绪所传达的意义的能力，理解复杂心情的能力，认识情绪转换可能性的能力等。

④对情绪的成熟调控。根据所获得的信息，判断并成熟地进入或离开某种情绪的能力，觉察自己和他人情绪的能力，调节自己与别人情绪之间的关系等。

（2）戈尔曼的理论。1995年，戈尔曼的《情商》出版，该书系统地论述了情绪智力的内涵、生理机制、对成功的影响及情绪智力的培养等内容，初步形成了其情绪智力的理论体系和基本观点。

戈尔曼将情绪智力界定为五个方面：①认识自己情绪的能力；②妥善管理自己情绪的能力；③自我激励的能力；④理解他人情绪的能力；⑤人际关系的管理能力。

他认为情绪智力对个体成就的作用比智力的作用更大，而且可通过经验和训练得到明显的提高。戈尔曼说："情绪潜能可以说是一种中介能力，决定了我们怎样才能充分而又完美地发挥我们所拥有的各种能力，包括我们的天赋智力。"

此外，1998年，戈尔曼在《工作中的情商》一书中对情绪能力与情绪智力加以区分。他认为情绪能力是以情绪智力为基础的一种习得的能力，而情绪能力又能使人们在工作上取得出色的成绩。

（3）巴昂的理论。1997年，巴昂通过多年的研究和实践提出了自己对情绪智力的定义。他认为，情绪智力是影响人应对环境需要和压力的一系列情绪的、人格的和人际能力的总和。他还认为情绪智力是决定一个人在生活中能否取得成功的重要因素，直接影响人的整个心理健康。

2000年，巴昂进一步指出，情绪智力是影响有效应对环境所需的一系列与情绪有关的社会知识和能力。巴昂还对情绪智力和社会智力进行区分，把情绪智力看成个人管理能力，如冲动控制；而把社会智力看成关系技能。巴昂认为，那些能力强的、成功的和情绪健康的个体是情绪智力高的人。情绪智力是随着人的成长而逐渐发展起来的，并且一生都在变化，通过训练和矫正措施以及治疗干预能够得到改善与提高。情绪智力也与其他一些能成功地应对环境所需要的重要因素相联系，比如基本的人格特质和认知能力。

巴昂也提出了自己的情绪智力模型，该模型由五大维度组成：①个体内部成分；②人际成分；③适应性成分；④压力管理成分；⑤一般心境成分。

这些成分又由十五种子成分构成，并且它们是相关性很强的能力和技能。

个体内部成分包含五个相关的能力：①情绪自我觉察；②自信；③自我尊重；④自我实现；⑤独立性。

人际成分包含三个相关的能力：①移情；②社会责任感；③人际关系。

适应性成分包含三个相关的能力：①现实检验；②问题解决；③灵活性。

压力管理成分包括两个相关的能力：①压力承受；②冲动控制。

一般心境成分包括两个相关结构：①幸福感；②乐观主义。

巴昂根据十余年的研究和统计分析，认为前述十五种子成分是个人应对生活的能力和个人总的情绪幸福的决定因素，因而是情绪智力最有效、最稳定的成分。已有的研究也支持把情绪智力当作个体能否取得成功的总体能力和倾向的综合观点。

3.体质能力

体质能力是指从事体力活动所需要的能力。

为什么姚明的工作不是每个人都能做的？一些工作的成功要求耐力、手指灵活性、腿部力量以及其他相关能力要高，因而需要在工作中确定员工的体质能力水平。对于那些技能要求较少而规范程度较高的工作而言，体质能力对于工作的成功很重要。

研究人员对上百种不同工作要求进行了调查，最后确定在体力活动的工作方面包括九项基本能力。

（1）动态力量。在一段时间里重复和持续运用肌肉力量的能力。

（2）躯干力量。运用躯干部肌肉（尤其是腹部肌肉）以达到一定肌肉强度的能力。

（3）静态力量。产生阻止外部物体力量的能力。

（4）爆发力。在一项或一系列爆发活动中产生最大能量的能力。

（5）广度灵活性。尽可能远地移动躯干和运用背部肌肉的能力。

（6）动态灵活性。进行快速、重复的关节活动的能力。

（7）躯体协调性。躯体不同部分同时活动时相互协调的能力。

（8）平衡性。受到外力作用时依然保持躯体平衡的能力。

（9）耐力。当需要延长努力时间时，保持最高持续性的能力。

4.实践智力

实践智力是指个体解决现实问题的心理能力，表现为针对具体情景的目标导向产生解决方案能力、个体针对现实问题变化的动态调整能力和基于个体内隐知识的判断。

    实践智力这个概念是由美国耶鲁大学的心理学家斯腾伯格提出的。斯腾伯格认为智力是由个体适应、塑造和选择环境所必需的心理能力构成的。他把智力分为三种：分析型智力、创造型智力和实践型智力。他认为，传统主流智力所测得的只是分析型智力。智力测验要能有效预测工作的绩效，就应当重视创造型智力和实践型智力，也就是对我们平时所说的动手能力的评价。

    （三）能力与工作的匹配

    1.能力与职业匹配原则

    人们的能力水平各不相同，并表现在不同的方面。同时，不同的工作对能力有不同的要求。员工的工作绩效取决于两者之间的相互作用。当能力与工作彼此匹配时，不仅能提高工作效率，而且能提高员工对工作的满意感，增加员工的工作热情。员工能力过高或过低均不利于搞好本职工作。如果员工的能力水平超过实际工作的要求，不仅是一种人才浪费，而且会因大材小用而使员工产生消极情绪，有压抑和挫折感，导致消极怠工，甚至离职。相反，如果能力水平低于实际工作要求，无论员工的工作态度多么诚恳或工作积极性多高，最终还是无法胜任工作。一个好的管理者不仅要招揽优秀人才，更重要的是要能合理地组织和使用优秀人才。"量才为用"是自古以来的用人思想，更是现代组织管理的核心。在实际工作中，要根据每个员工的能力特点与差异，扬长避短，尽量把员工安排在有利于发挥其能力特长的岗位，科学安排工作任务，使员工的能力特点与岗位的能力要求相匹配。

    2.能力合理安排原则

    在工作岗位的安置上，除需要考虑能力匹配原则外，要根据个人的兴趣与特长进行合理的安排，这也是能力合理安排原则的要求。个人的兴趣与特长，既取决于个人的基本需求、能力特点，也取决于个人的目标志向以及成就抱负水平等。遵循能力合理安排原则，可以有效激发个体的工作积极性，使其在工作中能够产生内在的工作驱动力。这不仅有利于工作任务的顺利完成，也有利于促进个人自我实现需求的满足。个人的兴趣与特长是不断变化的，在管理上采用积极的奖励、教育、培训等措施，将有利于促进个人的兴趣与特长向组织目标转化。

    3.能力互补原则

    能力互补是从群体角度考虑问题的。由于个体能力的差异，在工作安排上应该取长补短，使不同能力特长的个体在能力上能够互补，这样可以帮助群体提高工作效率。

    对不同工作岗位的员工，应有不同能力的要求。组织中的各行各业都有自己相对独立的任职能力要求。职业与工作岗位不同，其工作内容、特性和要求必然不同。例如，对刺绣和雕刻工人以及钟表和无线电修理工来说，手指灵巧能力很重要；对染色工来说，颜色辨别能力极其重要；而对于汽车司机而言，快速反应能力很重要。因此，管理者应确定本企业或本部门所需要的能力，制定选人和用人的标准，据此谋求符合该能力标准的人才。只有这样，才能既不浪费人才，又能提高工作效率。因此，在管理中必须坚持个体能力与工作要求相匹配。

素质提升

以人为本的科学内涵

正确理解以人为本，不能把它理解为以个人为本，更不能理解为以自我为本。以人为本中的人最终当然要落实到个人，但这里的"人"不是指单纯的个人或少数人，而往往是指大多数人，甚至是全人类。如果把这里的"人"理解为一个人，即我自己，就会犯个人本位主义的错误，就会陷入利己主义和自我中心主义的泥潭。

在社会主义社会，以人为本具有以下本质内容和规定：第一，以人作为世界的根本，而不是以神、物等作为世界的根本。"人"不是单个人，不是少数人，而是绝大多数的人，甚至是全人类。第二，以人作为实践的根本。"人是万物之灵"，劳动是人之所以为人和人异于其他动物的最根本之处。实践是人所特有的"对象化"活动，只有人民群众才是历史的创造者，才是历史的真正主人。只有在社会实践活动中始终依靠人民群众，充分调动人民群众的积极性、主动性、创造性，才能推动改造世界、改造社会的历史进程，促进社会的发展。第三，以人作为价值的根本。人不仅是实践的主体，更是价值的主体，是实践主体与价值主体的统一。人们实践活动的目的就是实现人的价值，满足人的利益和需求。以人为本理念的核心是指人类所有行为的出发点以及归宿点都可归结为人的生存、安全、自尊和自我实现等内在需求。基于人本理论的教育理念，注重对人本身的尊重，注重对人性的正视。这种教育理念旨在发掘人本身的潜能和智慧，并唤起和培养人的自由意志与民主精神，通过对人的潜能的发现与提升，最大限度地调动人本身的积极因素，从而使其活力和创造性发挥出来，得到完善而全面的发展。人本理论的基础是传统的人本主义哲学，其动力来自人本主义心理学。人本理论认为：教育的过程中应该充分注重受教育者的"自我"意识，以受教育者的人性为本位，将实现"完整的人"作为教育的最终方向。这种教育思想对大学生思想政治教育具有重要的启示和借鉴意义。

综上所述，社会主义中国所说的和正在实践的以人为本，"人"不仅是指个人，还指群体，不是少数人，而是绝大多数人；它不仅强调满足人的自然需要，更强调满足人的社会需要；不仅强调满足人的物质需要，也强调满足人的精神需要。因此，以人为本就是以人民群众为本，这是作为无产阶级先锋队组织的中国共产党的根本宗旨的集中体现，也是全面建成小康社会的题中应有之义。"人是万物的尺度"，是最宝贵的财富。大到实现我国现代化的宏伟目标，小到实现每个群体的具体目标，关键都在人，在于人的思想解放、观念更新的程度，在于人的思想道德、科学文化素质的提高，在于人的积极性和创造性的发挥。

资料来源：钟燕. 新媒体视野下大学生思政教育创新探索［M］. 天津：天津人民出版社，2022.

自学测试

一、选择题

1.个性的影响因素有（　　　）。

A.遗传　　　　　　　　B.环境　　　　　　　　C.情境　　　　　　　　D.性别

2.个性理论有（　　　）。

A.大五模型　　　　　　　　B.A型个性　　　　　　　　C.霍兰德职业个性理论

D.梅耶和萨洛维的理论　　E.戈尔曼的理论　　　　　　F.巴昂的理论

3.大五模型把个性划分为多个维度，它们是（　　　）。

A.外向性　　　　　　　　B.相容性　　　　　　　　C.责任意识

D.情绪稳定性　　　　　　E.开放性

4.霍兰德将个性分为（　　　）等类型。

A.实际型　　　　　　　　B.研究型　　　　　　　　C.艺术型

D.社会型　　　　　　　　E.企业型　　　　　　　　F.传统型

5.巴昂的情绪智力模型由（　　　）等维度组成。

A.个体内部成分　　　　　B.人际成分　　　　　　　C.适应性成分

D.压力管理成分　　　　　E.一般心境成分

6.人的能力通常可以分为（　　　）。

A.一般能力　　　B.特殊能力　　　　　C.创造力　　　　　D.语言能力

自学测试2-1

二、判断题

1.性别差异会影响工作绩效。　　　　　　　　　　　　　　　　　　　　（　　　）

2.个性是人的一组相对稳定的行为特征，这些特征决定个人在各种情况下惯有的行为。　　　　　　　　　　　　　　　　　　　　　　　　　　　　　　　（　　　）

3.能力可以反映个体在某一工作中完成各种任务的可能性。这是对个体能够做什么的一种现实的评估。　　　　　　　　　　　　　　　　　　　　　　　（　　　）

4.在工作岗位的安置上，除需要考虑能力匹配原则外，要根据个人的兴趣与特长进行合理的安排。　　　　　　　　　　　　　　　　　　　　　　　　　（　　　）

课后测试

一、选择题

1.人格与工作适应性理论是由（　　　）提出的。

A.雷蒙德·卡特尔　　　　　　　　　　B.霍兰德

C.科斯塔　　　　　　　　　　　　　　D.戈尔曼

2.职业经理人的个性属于（　　　）。

A.实际型　　　　　　　　B.研究型　　　　　　　　C.艺术型

D.社会型　　　　　　　　E.企业型　　　　　　　　F.传统型

3.首次正式使用情绪智力这一概念来描述对成功至关重要的情绪特征是（　　　）。

A.戈尔曼　　　　　B.巴昂　　　　　C.斯腾伯格　　　　　D.梅耶和萨洛维

4.从事体力活动所需要的能力是（　　　）。

A.智力　　　　　　B.情绪智力　　　　　C.体质能力　　　　D.实践智力

5.人口统计变量包括（　　　）、收入、宗教、国籍等。

A.年龄　　　　　　B.性别　　　　　　　C.家庭人口数　　　D.教育

6.戈尔曼将情绪智力界定为（　　　）。

A.认识自己情绪的能力　　　　　　　　B.妥善管理自己情绪的能力

C.自我激励的能力　　　　　　　　　　D.理解他人情绪的能力

E.人际关系的管理能力

二、判断题

1.每一种职业由于其工作性质、环境、条件、方式的不同，对工作者的能力、知识、技能、个性等则有不同的要求。　　　　　　　　　　　　　　　　　（　　　）

2.年龄与工作绩效之间并无相关性。　　　　　　　　　　　　　　　（　　　）

3.人的个性特点完全由遗传决定。　　　　　　　　　　　　　　　　（　　　）

4.根据霍兰德的个性类型理论，在职业决策中最理想的是个体能够找到与个性类型重合的职业环境，这样容易得到乐趣和内在满足，最有可能充分发挥自己的才能。

（　　　）

5.人的能力越强，工作绩效越高。　　　　　　　　　　　　　　　　（　　　）

三、思考题

1.个性的含义是什么？

2.影响个性的影响因素有哪些？

3.霍兰德职业个性理论的内容是什么？

4.能力、情商的含义是什么？

5.做到能力与工作匹配要坚持哪些原则？

四、案例分析题

张某的职业生涯

张某，1949年出生在中国北方的一个小镇。他的求学之路并不平坦，高中二年级时便中断了学业，随后前往一个偏远的人民公社插队。幸运的是，恢复高考后，他成功考入了一所财经学院，为他的职业生涯奠定了基础。

毕业后，张某在某市的一家造船厂担任成本会计。然而，这份工作并未如他所愿，一年半后，他选择了辞职。他坦言，自己并不喜欢整天与数字打交道的生活，更觉得这份工作毫无前途，无法满足他对于高层管理和更高收入的追求。

离职后，张某在一家集装箱公司找到了一份管理职位。然而，这份看似能够让他大展拳脚的工作，仅仅维持了三个半月。他发现自己无法适应那种类型的组织，尤其是老板对员工苛刻的态度和同事们阿谀奉承的嘴脸，都让他感到难以接受。最终，他被解雇了。

失业后的张某陷入了迷茫，他不知道自己究竟适合什么样的工作。于是，他前往一家职业介绍所进行了能力测试，并寻求帮助和建议。测试结果表明，他最适合做推销工作。于是，他接受了一家大型医药公司的药品推销职位。

　　这份工作让张某找到了自己的兴趣所在。他喜欢与各种各样的人打交道，特别是那些睿智的医生。他从与医生的交流中学习到了很多知识，也逐渐发现了自己在推销方面的天赋。在这家公司工作了一年半后，他听说另一家更著名的医药公司有同类型的工作机会，便毫不犹豫地申请了。

　　进入20世纪90年代，张某的生活发生了很大的变化。他的女儿考入了一所著名大学，但妻子下岗了。这给他带来了很大的压力，使他变成工作狂。为了缓解心理紧张，他接受了心理医生的咨询。

　　在谈到自己的工作历史时，张某表示，他仍然不能确定哪种类型的工作或职业最适合自己。但他明确表示，他喜欢自由自在的生活方式，喜欢接触各种各样的人，特别是医生。他认为，自己的工作中最让他满意的就是能够与医生建立良好的关系，并推销出高质量的产品。

　　在医药公司工作期间，张某虽然没有得到提升，但他仍然对公司的产品和服务充满了热情。他相信公司的研究部门是同行业最好的，能够不断研发出更好的药品让他推销。他也喜欢公司对于产品质量的重视，认为质量是营销中最重要的因素。

　　然而，张某的工作并非一帆风顺。他不喜欢公司为了推销产品而进行的某些促销活动，认为这些活动有些冒犯了医生。他也不喜欢公司制定目标，特别是那些他无法控制的因素可能会影响目标完成的情况。此外，他必须完成一些文字工作，这让他感到有些烦恼。

　　尽管工作中存在一些不如意的地方，但张某仍然表示，他相当喜欢现在的工作，不想再做什么别的工作。他希望能够挣更多的钱，但不会为了钱而牺牲现有的生活模式。他认为，过一种幸福生活比什么都重要。在经历了一段难忘的岁月后，他终于意识到，幸福生活就是做自己喜欢的事情，与喜欢的人在一起。

资料来源：朱启臻. 组织行为学［M］. 北京：知识产权出版社，2007.经节选、改编。

请问：

（1）张某是一个什么类型的人？他的需求是什么？

（2）他现在的工作和过去的工作在多大程度上适合他？

（3）张某的职业生涯设计与开发存在什么问题？

任务二　价值观与态度的识别

▶ **学习目标**

◆知识目标

理解价值观的含义、作用及对工作的影响；

了解态度与行为的关系及态度对工作的影响；

正确理解工作满意度对绩效的影响。

◆能力目标

能够识别人的价值观与态度差异。

◆素养目标

树立正确的职业价值观，端正工作和学习态度。

▶ **重点难点**

◆教学重点

价值观与态度的识别。

◆教学难点

工作满意度的影响因素。

自学任务

（1）了解本任务的学习目标和重点难点，通过线上或线下的方式进行自学，重点关注以下知识点：价值观的含义、作用及对工作的影响；态度与行为的关系；工作满意度对绩效的影响。

（2）自学结束后完成本任务的自学测试。

案例研讨

如何提高工作质量

作为保育员的组长，小周最近非常闹心。新招聘的保育员小陈打扫的卫生情况实在无法入眼，不仅卫生间的地板经常湿漉漉的，走廊角落里还经常有一团团的灰尘和头发。小周批评了小陈几次，"你的卫生工作不到位，要把卫生工作搞好"，可是小陈的工作质量并没有提高，而且因为暂时找不到人来接替小陈的工作，小周不得不每天面对这样让人心烦意乱的场面。无奈的小周只得每天跟在小陈的后面返工，而且为了照顾小陈的面子和情绪，她都趁小陈不在的时候返工。几周以后，小周内心开始对小陈有了怨气，和小陈说话的时候经常忍不住内心的怨气，要冷嘲热讽一番。工作氛围越来越紧张……

一天，小周偶然在电视节目里看到，女主人在和家中新保姆磨合的过程中，不仅指出保姆做得不到位的地方，还会告诉保姆究竟应该怎么做，并亲身示范一遍。小周深受触动，她开始反思自己在与小陈的沟通中是否有失当之处。

资料来源：周念丽. 托育服务从业人员心理健康［M］. 上海：上海教育出版社，2020.

讨论：小周如何帮助小陈提高工作质量。

知识点学习

每个人都生活在特定的社会环境中，对现实中的事物都会有一定的评价，某些是好的、可接受的、值得的，某些是坏的、不可接受的、不值得的等。这就是价值观。价值观代表了人们最基本的信念，该信念使得人们对某些事情的认可和接受程度比对其他事情的要高。

一、价值观的识别

（一）价值观的内涵

讲课视频 2-4

价值观的识别

自学课件 2-4

价值观的识别

早在 20 世纪 20 年代，人们便开始了对价值观的研究。但直到 1951 年，学术界才普遍认同文化人类学家克拉克洪给出的定义：价值观是个体或群体的一种外显的或内隐的特征，表示什么东西是"值得的"或"可取的"，影响人们对行为方式、手段和目的的选择。

价值观包括内容属性和强度属性。内容属性指的是某种行为模式或存在状态是否重要；强度属性界定的是该行为模式或存在状态有多重要。

价值观不是简单地以一维的方式存在的，而是由多个不同又相互关联的价值衡量标准构筑而成的一个相对稳定的层级和结构，因此更确切地说，价值观是一套以多元价值观为基础的兼容性的价值体系。

每个人对于是非善恶的判断标准是不同的，因而不同个体其价值体系的内涵是不同的，体现在人们对人生价值的看法、生活意义的评价、行为方式的选择等不同维度上的差异。比如，即使在同一个组织中，有的人看重的是成长机会，有的人比较在意金钱和物质报酬，也有的人追求地位或权力。

一个人的价值观是从出生开始，在家庭和社会的影响下，逐渐形成和稳定下来的。个人所处的社会环境、家庭的经济和社会地位、父母的职业和价值观、早期的学校教育等，都对其价值观的形成具有决定性的作用。报刊、广播、电视等媒体的影响也是不可忽视的。一般认为，一个人的价值观中的很大一部分在童年时期就已经形成了。当我们还是孩子的时候，父母就告诫我们要"努力学习，长大了做个有出息的人"，要"勤奋，诚实，不能撒谎"，"撒谎就是坏孩子"。当我们听故事或看电影的时候，我们会被告知谁是好人，谁是坏人。这一切，就是我们价值观的最初来源。值得注意的是，父母的言谈举止和幼儿园老师以及小学老师的言行等，对于孩子们价值观的形成具有重大影响。孩子们正是在无意识中，通过观察和模仿父母以及老师等的举

动等，逐步形成自己的是非好坏标准的。这种无意识的影响，有时比正规的教育作用
还要大。

（二）价值观的分类

关于价值观的实证研究，重点在于对价值观的定量分析和描述。而这种定量分析
的基础就是对价值观的分类。

1.早期对价值观的分类

最早对价值观进行分类的是德国学者斯普兰格。他在《人的类型》一书中，把
人的社会生活归纳为六个方面，并因此将人相应地分为六种类型：理论型、经济
型、审美型、社会型、权力型、宗教型。美国心理学家奥尔波特和他的助手进一步
发展了这一分类。他们试图用价值观作为对人格进行分类的标准。从这个角度讲，
奥尔波特和他的助手是系统研究价值观并对其进行测量的早期尝试者。他们认为六
种类型的价值观是存在的，但并不是指六种类型的人。每个人都具有基本可变的价
值观趋向，它们不同程度地构建于一个人的观念体系中，贯穿于生活的所有方面。
也就是说，人的价值观是一个系统，包容了所有的类型，不过，某一时期某些类型
处于重要地位，其他的则处于相对次要的地位。对某一特定情境下的某一个体而
言，一种类型的重要性可能超过其他的类型，我们就可以将其看成此种价值观类型
的人。这样，不同类型占主导地位的人，就属于不同价值观类型的人。上述六种价
值观类型的主要行为特征是：

（1）理论型：重视以批判和理性的方法寻求真理，求知欲强，喜欢追根问底，富
于幻想，喜空谈，爱做理论分析，不愿交往。

（2）经济型：强调有效和实用，重实务，讲享受，追求实用价值，不愿高谈阔
论，属现实主义者。

（3）审美型：也称艺术型，重视外形及和谐匀称的价值，注重外在形象的美和心
灵的感受，用美来衡量客观事物，自身也注重给人以美感。

（4）社会型：强调对人的热爱，以爱护他人、关心他人为高尚职责，热心社会活
动，喜欢与人交往，随和，能容忍他人，肯牺牲自己。

（5）权力型：重视拥有权力和影响力，喜欢支配和控制他人，固执己见，具有反
抗性，爱表现自己，对权威则恭敬顺从。

（6）宗教型：关心对宇宙整体的理解和体验的融合，相信命运，注重超自然的力
量和感觉的东西，宁愿相信直觉而不愿正视现实或逻辑推理，喜欢沉思。

根据这样的假设，奥尔波特和他的助手编制了一份问卷，该问卷描述了大量的不
同环境，被调查者从一系列的答案中选出最符合自己的答案。根据被调查者的答案，
研究人员可以分别界定出这六种价值观对该被调查者的重要程度，然后确定每一个被
调查者的价值观类型。

通过这种方法，人们发现在不同的工作环境下这六种价值观对人有不同的重要
性。例如，其中的一项研究是比较教堂牧师、采购代理商和工业科学家。毫不奇怪，
对于宗教牧师而言，宗教型价值观是最重要的，经济型价值观是最不重要的，而经济
型价值观对于采购代理商是最重要的。

2.价值层次论

关于价值观的另一个有影响的研究是对价值观的层次进行分类。格瑞夫斯研究了组织中各种人员的行为，根据表现形态的差异，把个人的价值观和生活方式划分为七个层级。

第一级，反应型。这样的人没有意识到自己和别人作为人类的存在形式，只是对基本生理需要做出反应，最典型的就是新生婴儿。这样的人在组织中很少见。

第二级，宗族服从型。这样的人以高度服从为特征。他们的行为和观念主要受权威人物（例如父母或领导）、传统和权力等的影响。他们服从习惯与权势，喜欢按部就班。

第三级，自我中心型。这样的人相信个人主义，他们具有强烈的进取精神，比较关注个人，不喜欢服从权威。

第四级，坚持己见型。这样的人不太容忍模糊性，喜欢清楚明白，对于价值观与自己不同的人很难接受，希望别人接受自己的价值观。

第五级，操纵型。这样的人渴望通过控制别人或操弄事件来达到自己的目标，他们是绝对的功利主义者，主动追求显赫的社会地位，渴望支配别人并得到别人的承认，爱炫耀自己。

第六级，社交中心型。这样的人把受人喜欢和与人友好地相处看得比个人的突出表现更重要，他们对人和善，与世无争，更愿意放弃。

第七级，存在主义型。这样的人能够高度容忍不确定性和与自己价值观不同的人，喜欢创新和灵活性，对僵化的体制、限制性的政策、等级地位、滥用权力等直言不讳。

这个价值观的分类层级，可以用来分析组织中价值观的多样性。我们可以根据他们进入劳动力市场的年代，对组织中的员工进行分类。遗憾的是这个理论没有提出测量这七个层次价值观的工具，所以其应用范围并不广泛。但其分析价值观的思想，对于我们解释很多组织现象是有启发的。

3.罗克奇对价值观的分类

在价值观的分类中，罗克奇的分类可以说是最为经典的。罗克奇把社会中个体的价值观与人的行为模式以及终极存在状态联系起来，把价值观定义为个体关于怎么做人或做什么人、追求什么人生目标的考虑和判断。他认为，个体的价值观可以分为两大类：一类是工具性的或手段性的；另一类是终极性的或目的性的。工具性价值观反映个人在做人方式上的偏好，即人们对于道德上和能力上可取性的判断，指的是个体更喜欢的行为模式，以及实现终极性价值观的手段。终极性价值观是个人关于人生追求目标可取性的看法或信念，指理想的终极存在状态，是个体愿意用他的整个生命去实现的目标。这些看法可以是以我为中心的，也可以是以社会为中心的。成就、自由等属于以个人为中心的追求目标，世界和平、平等、社会承认等是以社会为中心的追求目标。

4.工作价值观

我们前面讨论的是一般人的生活价值观，而组织行为学家更关心的是工作价值观，也就是个体对工作意义的认识和评价，或者个体在工作中表现出来的价值观。虽然工作价值观与生活价值观具有密不可分的联系，但近年来学者们对工作价值观的关注应该引起我们的重视。

工作价值观是西方组织行为学家研究的一个重要课题。对工作价值观的研究，主要关注两个方面：一是工作价值观的结构；二是不同工作价值观对组织行为的影响。

修波（Super,1962）最早从结构的角度研究工作价值观，提出了三个类别：一是内在价值，指与工作本身有关的一些因素；二是外在价值，指与工作本身无关的一些因素；三是外在报酬。

5.经营管理价值观

经营管理价值观是对经营管理好坏的总体看法和评价。

西方组织行为学家认为，管理者对经营管理的评价，主要有三种观点，可以概括为三种经营管理价值观：最大利润价值观、委托管理价值观和生活质量价值观。

（1）最大利润价值观。这是一种最古老、最简单的价值观，其局限性也最大。这种价值观认为，企业的全部管理决策和行为都必须服从最大利润这个唯一的标准，企业经营管理的好坏都要以这个标准来进行评价。这种观念在18—19世纪和20世纪初非常盛行，甚至在今天，美国的很多企业仍然奉行这种价值观。但是，随着人类社会进入21世纪，这种传统的经营管理价值观面临着严峻的挑战。以美国安然公司和世界电信公司为代表的一批企业，由于过度追求利润最大化而违反企业伦理的行为，引起全球的广泛关注。企业社会责任概念的盛行，使得我们必须重新审视企业经营管理的价值究竟是什么，必须重新设计、评价企业管理业绩的标准。

（2）委托管理价值观。从20世纪20年代开始，委托管理价值观的形成进一步修正和补充了最大利润价值观。这种价值观是在企业规模扩大、组织日趋复杂、投资额巨大而投资者分散的情况下，管理者受投资者的委托从事经营管理而形成的价值观。其主要思想是：在为投资者取得最大利润的同时，必须兼顾其他各相关方的利益。经营管理的最高价值是保证各利益相关方对企业的满意度：对投资者来说，要取得满意的利润；对员工来说，要取得满意的工资和福利；对消费者来说，要取得物美价廉的商品和服务；对政府来说，要取得应得的税收等。企业经营者只有同时满足各相关方的利益，才能更好地保证企业的正常运作；反之，如果企业经营者只顾投资者利益的最大化，忽视甚至不顾其他各相关方的利益，这种经营是不可能长久的。

（3）生活质量价值观。这是20世纪70年代以来兴起的一种经营管理价值观。这种价值观的核心战略理念是：社会责任决定企业长远发展。它强调在确定企业利润水平时，不仅要考虑企业所有者的利益，更要考虑为实现这种利益所必须付出的代价，以及为实现利益目标可能给社会带来的诸如环境污染、破坏生态平衡、损害社会公德等不利影响，要通过自觉承担社会责任为企业带来盈利。例如，TCL集团曾把管理价值观表述为"为顾客创造价值，为社会创造财富，为员工创造机会"。这也是为什么20世纪90年代以来，经营管理领域"管理利益相关者"的概念越来越受到重视的重要原因。

上述三种管理价值观在指导思想等维度的异同见表2-1。

表 2-1　　　　　　　　　　　　**三种管理价值观的比较**

价值观类型 维度	最大利润价值观	委托管理价值观	生活质量价值观
一般目标	最大利润	令人满意的利润水平	利润只是一种手段
指导思想	个人主义 竞争 野心勃勃	混合的，既有个人主义又有合作	合作的
政府作用	越少越好	虽然不好，但不可避免，有时是必要的	企业的合作者
对员工的看法	是实现利润目标的工具之一，员工为物质报酬而工作	既是手段，也是目的	员工本身就是目的
领导方式	专制独断	开明专制、专制和民主混合	民主，高度的参与
股东的作用	头等重要	主要的，但兼顾其他群体的利益	并不比其他群体更重要

资料来源：孙健敏，李原. 组织行为学 ［M］. 上海：复旦大学出版社，2005.

（三）价值观的特点

1. 主观性

主观性是指用来区分好与坏的标准，即所说的区分得与失、荣与辱、成与败、福与祸、善与恶等的标准是根据个人内心的尺度进行衡量与评价的，这些标准均可以称为价值观。对于客观存在的客体，个人都是依据主体自身的需要对客体的意义进行评价。

2. 稳定性

个人的价值观形成之后往往不易改变，具有相当的稳定性，并通过多种方式进行表现，如兴趣、愿望、目标、理想、信念和行为等。

3. 社会历史性

个体是社会的产物，但随着时间的更迭和生活环境的变迁，个体的价值观必然会发生一些变化，这就是价值观的时代属性和社会属性。在不同的时代、不同的社会环境中形成的价值观是不同的。例如：20 世纪六七十年代毕业的人视工作为生命的焦点和重心，工作是维持家庭生活的一个重要因素，因此任何与工作没有关系的活动，都被视为次要的。而在 20 世纪 80 年代以后毕业的人开始视工作为生活中的一个部分，必须与个人兴趣、需要、家庭、闲暇等相互配合，工作不能够凌驾在其他活动之上。他们认为工作最重要的目的是去做喜欢的事，而不一定是养活家庭。

二、态度的识别

人们常说态度决定一切。态度最早是社会心理学家研究的重要课题。

讲课视频 2-5

态度的识别

（一）态度的内涵

1.什么是态度

态度是人们关于物体、人物和事件的评价性陈述。

这种评述可以是赞同的，也可以是反对的，反映了一个人对于某一对象的内心感受。

自学课件 2-5

态度的识别

当我说"我喜欢我的工作"时，就是在表达我对工作的态度。态度不是行为，而是行为的前提，是一种反应的准备状态。

2.态度的组成成分

态度的组成成分是认知成分、情感成分和意向成分。

（1）认知成分是一种价值陈述，是个体对态度对象的认识、理解和评价。

态度对象可以是人、物、群体、事件等，也可以是代表某种具体事物本质的抽象概念，如勇敢、诚实等，还可以是制度或规定，如上班打卡制度、迟到罚款制度等。如果只是笼统地说某人有善意的态度，那是不确切的。描述一个人态度的时候必须明确某个对象，如工作态度、对某人的态度、对学习的态度等。

认知成分是带有好坏的评价与意义的叙述，叙述内容包括个人对某个对象的认识与理解，如"战争会给人们带来灾难"。

（2）情感成分是个体对某个对象持有的内心体验，如喜欢或厌恶、尊重或轻视、同情或冷漠等，在陈述中反映出来，如我喜欢踢足球，他不喜欢数学。

（3）意向成分是个体可能以某种方式对某人或某事做出行动的意向，即个人对态度对象的反应倾向。需要注意的是，意向不是行为本身，而是行动之前的思想倾向，如"我想减肥，想学刘畊宏的《本草纲目》毽子操"。

认知是情感的前提，情感决定行为意向。情感是态度的中心成分。正如瑟斯顿所言："即使人们对某一事物的认知描述十分混乱，他们还是会对该事物产生强烈赞同或反对的情感性态度。"

态度的三种成分通常是协调一致共同起作用的。比如，通常了解吸烟害处的人，就会反对吸烟，他自己也不吸烟，说明态度的三种成分是协调一致的。又如，员工认识到学习的重要性，渴望学习新的知识或技能，对学习充满了期待，努力学习新东西，说明态度的三种成分是协调一致的。

但是，有时会出现态度的三种成分不一致的情况。比如，虽然我知道吸烟有害健康，但我并不讨厌吸烟，甚至自己也吸烟。又如，虽然我知道张三并不坏，可我就是不喜欢他，也不愿意和他来往。这些是典型的态度的三种成分不协调的现象。

3.态度的形成

一个人对某件事或某个人的态度是如何形成的呢？

（1）态度的形成过程是一个人复杂的社会化过程的一部分。我们从自然人变成社会人，需要接受社会的影响，在成长过程中逐渐对周围世界形成了某种态度。与价值观不同，一个人的态度是缺乏稳定性的。随着周围世界的变化，我们的态度也会发生变化。

（2）态度的形成过程是从服从到同化再到内化的过程。

一个人态度的形成需要一个过程。1961年，社会心理学家凯尔曼描述了态度变化阶段说，认为态度变化经历的阶段是服从、同化、内化。

服从：个人为了获得物质或精神的报酬而采取表面上服从的行为，但这个时候并不是自己真心愿意的行为，只是在某种条件下对社会大众或规范等的服从。

同化：个体把服从的东西转化成自己的东西，自愿地接受社会的观点或信念等，与外界环境保持一致。

内化：个体把外界的标准和思想等完全转换为自己的标准等，并从内心深处接受和认同，也就是彻底转变了自己的态度。

从表面的服从到内化，这是一个很复杂的过程，但并不是所有的人对所有事物的态度都要经过这个过程，可能简化，也可能重复。无论如何，一个人对某个对象的态度，只有到了内化阶段才是最稳固的。

（二）态度与行为的关系

总体来说，态度与行为是相符的，但有时会受到情境因素的干扰。

1.态度与行为一致

态度影响行为。人们总是在寻求态度之间的一致以及态度和行为之间的一致。这意味着个体在努力调和不同的态度，并使态度与行为保持一致，以使自己表现得富有理性和言行一致。

2.态度与行为不一致

态度与行为也会出现不一致。比如，人们知道遇事不分青红皂白就发脾气是不对的，但还是会这么做；有父母要求孩子要多读好书，但自己不这么做。

是什么因素导致这种情况出现呢？

（1）认知失调。20世纪50年代末，美国社会心理学家费斯廷格提出了认知失调理论（也翻译为认知不协调理论）。认知失调理论着重探讨的是个体的态度和行为不一致的问题。

费斯廷格认为：一般情况下，个体对于事物的态度以及态度和行为间是一致的。当出现不一致时，就会产生认知不和谐的状态，即认知失调。

以戒烟为例，你很想戒掉烟瘾，但当好朋友给你香烟的时候你又抽了一支，这时候你戒烟的态度和你抽烟的行为就产生了矛盾，引起了认知失调。

在态度与行为产生不一致的时候，常常会引起个体的心理紧张。个体为了解除紧张会使用改变认知、增加新的认知、改变认知的相对重要性、改变行为等方法来力图重新恢复平衡。

以戒烟为例，可以采用以下几种方法减少由于戒烟引起的认知失调：

改变不协调的认知成分，使之不再与其他的认知成分相矛盾。比如，我喜欢吸烟，我不想真正戒掉。

如果两个认知不一致，可以通过增加更多一致性的认知来减少失调。比如，吸烟让我放松和保持体型，有利于我的健康。

改变认知的相对重要性，让一致性的认知变得重要，减少不协调认知成分。比如，放松比担心30年后患癌更重要等。

认知失调理论对组织的意义何在？它可以帮助我们预测员工在态度和行为改变方面的倾向性。例如，如果由于工作需要，员工被要求说或做与他们的个人态度相冲突、相矛盾的事情，他们就会倾向于努力改变自己的态度，以使他们的个人态度与言行相一致。而且，这种失调性越大（指经过重要性、选择权和奖赏等因素的校正以后），那么减少它的压力也越大。

（2）情境的压力。强大的情境压力往往使人做出违心的行为。这时涉及的两个主要变量是价值和代价。在某些情况下，由于某对象极有价值，会使个人放弃原有的态度，做出相反的行为。例如，一向不愿意吃药的人，在得了重病时，通常会毫不犹豫把药吃下去。太大的代价也会使人望而却步，放弃原有的态度。这种代价指的是，为达到某种目的所消耗的物质或能力等。如果为了坚持已有的态度，个人要付出的代价高于个人愿意承受的范围，也常常会出现与态度不一致的违心行为。

影响态度和行为不一致的还有一些原因，如缺乏实现良好愿望的能力与技巧等。

3.态度的改变

（1）参与活动，改变态度。要改变一个人的态度，可以引导其积极地参加相应的活动，在活动中让其增加对态度对象的了解，从而有效地改变其态度。比如，一个不喜欢跳舞的人，通过多次参加舞会，很可能会慢慢地喜欢跳舞。对于原来不喜欢的人，由于经常在一起工作、学习，互相了解后，也可能由不喜欢变为喜欢。

（2）群体规定，改变态度。群体规定也可以有力地改变个体的态度。群体成员的一致性行为对个体会产生很大的压力，迫使个体采取与多数人一致的行为，而且群体成员在情绪上会互相感染，在行为上会互相模仿，所以群体规定能有力地改变个体的态度。

（3）了解态度差距，以"小步子原则"改变态度。当目标态度在个体可接受的范围内，态度是可以改变的，如果超出了可接受的范围，个体就不能容忍，可能会拒绝。因此，研究结果表明，要转变一个人的态度，必须了解其原来的态度强度，然后评估目标态度和原来态度的差距是否过于悬殊。若差距过大，急于改变其态度可能会产生适得其反的效果。应该逐步地提出要求，每一次提出的要求都在其可接受的范围内，待其态度改变并稳定下来后，再进一步要求，逐渐缩小差距，这样有利于完全转变其态度。

（4）说服。说服是通过信息传播或沟通的方式来改变人们的态度。说服是改变态度的主要方法。当然，说服的方法能否被大众接受，接受到什么程度，往往取决于诸多因素。概括起来，说服包括四个部分，即说服者、说服信息、说服对象和情境。通俗地说，就是谁说、说什么、对谁说、在什么场合下说。

（三）工作中的态度

一个人可以有几千种态度，但是组织行为学只把注意力集中在有限的几种与工作相关的态度上。组织行为学对态度的研究主要集中在以下几个问题上：工作满意度、工作参与、组织承诺。

1.工作满意度

工作满意度指个体对其所从事工作的总体态度。具体而言，工作满意度是指个体在组织内工作的过程中，对工作本身及其他有关方面（包括工作环境、工作方式、工作压力、挑战性、工作中的人际关系等）有良性感受的心理状态。

如果一个人的工作满意度较高，说明他对工作持积极的态度；如果一个人的工作满意度较低，说明他对工作持消极的态度。当人们谈论员工的态度时，大多时候指的是工作满意度。事实上，这两个词儿经常可以互换使用。

2.工作参与度

工作参与度能测量一个人从心理上对其工作的认同程度以及认为其绩效水平对自我价值的重要程度。工作参与度高的员工对其所做的工作有强烈的认同感，并且很在意其所做的工作。研究发现，工作参与度与缺勤率和辞职率呈负相关。

3.组织承诺

组织承诺是指员工对于特定组织及其目标的认同，并且希望保持组织成员身份的一种心态。所以，高度组织承诺意味着员工对于所在组织的认同。

研究结果表明，组织承诺与缺勤率和流动率呈负相关。个体的组织承诺水平是预测其是否能离职的有效指标。组织承诺之所以是一个有效的预测指标，是因为它是对组织整体的更全面、更长久的反映。一个员工可能会对他所从事的某个具体工作不满意，但认为这是暂时的现象，因而并不会对组织的整体感到不满意。但是，当不满意蔓延至组织本身时，即此时的组织承诺水平比较低，他可能会考虑离职。

（四）态度调查

对员工工作态度的了解有助于管理者预测员工的行为。但是，管理者如何获得有关员工工作态度的信息呢？最流行的方法是使用态度调查。

典型的态度调查是给员工列出一系列的题目让员工回答。这些题目在设计时要有针对性，做到量体裁衣，以获得管理层所希望得到的具体信息。汇总问卷中各题目的得分，可以得到个体的态度总分，在个体分数基础上还可以得到工作群体、工作部门、分公司以及整个组织等的态度平均分数。态度调查表参见表2-2。

定期使用态度调查能够提醒管理层注意潜在的问题，及早了解员工的意图，以便采取措施防患于未然。

表2-2　　　　　　　　　　　　　　　　态度调查表

陈述	评分				
	5.非常同意	4.同意	3.不确定	2.不同意	1.非常不同意
1.这家公司是家非常不错的公司					
2.在这里只要我努力就能成功					
3.与其他公司相比，这里的薪酬水平很有竞争力					
4.在这里员工的晋升决策很公平					
5.我知道公司提供了各种各样的福利政策					
6.这份工作能够使我人尽其才					
7.我的工作很有挑战性但并非无法承受					
8.上司对我十分信任					
9.我可以很坦率地告诉上司自己的想法					
10.我知道上司对我的期望是什么					

请根据下面列出的分数等级评估每一项陈述，并在相应的空格内画"√"：
5.非常同意　　　4.同意　　　3.不确定　　　2.不同意　　　1.非常不同意

三、工作满意度与员工绩效

工作满意度是指个体对其所从事工作的总体态度。具体而言，工作满意度是指个体在组织内工作的过程中，对工作本身及其他有关方面（包括工作环境、工作方式、工作压力、挑战性、工作中的人际关系等）有良性感受的心理状态。一个人的工作不仅包括处理文件、撰写方案、接待客户等显而易见的活动，还包括与同事和上司的交往、遵守组织的规章制度、达到绩效评价标准、在与理想有差距的工作环境中工作等。这意味着员工对自己工作是否满意的评价，常常是对大量不同工作元素进行综合的结果。那么，我们如何测量工作满意度？员工对其工作有多满意？工作满意度对员工的生产率、缺勤率和流动率等有什么影响？

（一）工作满意度对员工绩效的影响

管理者对工作满意度的兴趣主要集中在工作满意度对员工绩效的影响上。

1. 工作满意度与生产率

快乐的员工未必就是高生产率的员工。在个体水平上，有证据表明两者呈反向关系更为准确，即可能是高生产率带来了满意感，而不是满意感带来了高生产率。

当我们以组织作为整体来收集工作满意度与生产率的数据时，发现员工工作满意度较高的组织相比员工工作满意度较低的组织更有效。

2. 工作满意度与缺勤率

研究发现，工作满意度和缺勤率之间呈稳定的负相关关系。

3. 工作满意度与流动率

工作满意度和流动率之间也呈负相关关系。不过，其他因素如劳动市场条件、对其他工作机会的期望、在组织中任职时间的长短等，都对员工是否离开当前工作的决策有着重要影响。

有证据表明，工作满意度与流动率关系的一个重要调节变量是员工的绩效水平。具体而言，在预测高绩效员工的流动情况时工作满意度并不重要。为什么？一般来讲，组织都会做出相当的努力来挽留这些高绩效员工。他们会得到高薪、更多的表扬和认同、更多的晋升机会等。而那些低绩效员工得到的正好相反。组织很少会挽留低绩效员工，他们甚至会受到一些微妙的压力，以鼓励他们辞职。因此，我们可以预期，工作满意度对于低绩效员工流动率的影响大于对高绩效员工流动率的影响。无论工作满意度水平如何，高绩效员工更可能待在组织里，因为他们得到的认可、表扬以及奖励等给其提供了更多的理由留下来。

4. 工作满意度与组织公民行为

工作满意度是影响员工组织公民行为的一个重要因素。感到满意的员工更可能以积极的心态来谈论组织、帮助他人，在工作中也做的比期望的更多。另外，感到满意的员工可能更倾向于主动承担正式工作要求之外的更多责任。工作满意度通过公平感来影响组织公民行为。如果员工觉得工作完成过程与结果是不公平的，则工作满意度可能会显著降低；如果员工觉得工作完成过程与结果是公平的，则会产生信任，就会更愿意承担正式工作要求之外的责任。

（二）员工对工作不满意的反应

员工可以通过很多途径表达他们的不满意。表2-3说明人们可以在两个维度下产生四种不同反应，这两个维度是主动/被动和积极/消极。

表2-3　　　　　　　　　　　　　　对工作不满意的反应

	消极	积极
主动	退出	建议
被动	怠工	忠诚

1.退出

行为直接指向离开组织，包括寻找新的工作岗位或者辞职等。

2.建议

采取主动的、建设性的努力来改进工作，包括：提出改进建议；主动与上司以及其他类型的团体一起讨论所面临的问题等。

3.忠诚

被动但积极地等待工作有所改进，包括：面对外部批评时站出来为组织说话；相信组织及管理层会做出"正确的事"等。

4.怠工

被动地听任事态越来越糟，包括：长期缺勤或迟到；降低努力程度；增加失误率等。

退出和怠工包括在我们的绩效变量（生产率、缺勤率和流动率）之中。这一模型补充了员工的其他反应方式，包括了建议和忠诚，这些能使个体容忍不愉快的情境或者重新恢复对工作的满意等。

（三）提高员工工作满意度的因素

有四项因素能有效影响员工工作满意度的提高：富有挑战性的工作、公平的报酬、支持性的工作环境和融洽的同事关系。

1.富有挑战性的工作

员工更喜欢得到这样的工作：该工作能为他们提供施展技术和能力的机会；能够为他们提供多种多样不同的任务；有一定的自由度让他们决定如何完成；可以得到反馈以了解自己干得怎么样等。这些特点使得该工作更富有挑战性。

2.公平的报酬

员工希望报酬制度和晋升政策能让他们感到公正、明确，并与他们的期望相一致。当报酬建立在工作要求、个人技能水平、社会工资标准等的基础上时，就会被视为公正，员工对工作也会感到满意。此外，员工追求公平的晋升政策。晋升为员工提供了个人成长的机会、更多的责任感和更高的社会地位等，因此如果员工觉得晋升政策是在公平和公正基础上进行的，则可能会对工作感到满意。

3.支持性的工作环境

员工之所以关心他们的工作环境，既是为了个人的舒适，也是为了更好地完成工作。研究表明，员工喜欢舒适的和不带危险的工作环境。另外，大多数员工希望工作场所离家比较近，有整洁并且现代的办公设施设备等。

4.融洽的同事关系

人们从工作中不仅获得了金钱和看得见的成就，对大多数人来说，工作还能满足其社交需要等。所以，毫不奇怪，友好的和支持的工作伙伴会提高员工对工作的满意度，上司的行为也是影响工作满意度提高的一个主要因素。研究发现，如果员工的直接主管是善解人意的、友好的，能对优秀业绩给予表扬、能倾听员工的意见、给对员工感兴趣，员工的满意度然会提高。

（四）工作满意度的测量方法

工作满意度的测量主要有两种方法：其一是单一整体评估法；其二是多维度综合评价法。

（1）单一整体评估法只要求个体回答一个问题，例如"如果你把所有因素考虑在内，你对自己的工作感到满意吗？"要求被试从数字1~5所代表的分数等级中圈出一个符合自己感受的数字，这些数字代表了从"非常满意"到"非常不满意"的不同程度。

（2）多维度综合评价法是一种更复杂的方法。它首先需要确定工作中的关键要素，然后询问员工对于每一个要素维度的感受。典型的要素包括五个方面：工作性质、收入水平、晋升机会、同事关系、上级的监督与控制。然后，通过标准化的量表来评估这些要素，数据累加起来就得到了工作满意度总分。

两种测量方法中哪一种更好呢？从直觉上看，似乎对诸多工作要素的综合反应能够使工作满意度的评估更为精确。然而，研究结果并不支持这种直觉。有人对单一整体评估法和多维度综合评价法进行了比较，结果表明前者与后者同样有效。对这一结果的最好解释是：由于工作满意度的内涵太广，因此一个主要问题就抓住了它的本质。

素质提升

树立正确的价值观

加强思想淬炼，必须树立正确的价值观。坚定中国特色社会主义文化自信必须以增强国家文化软实力为基础和前提，而社会主义核心价值观是文化软实力的灵魂，是提升文化软实力的重点和核心。这是决定文化性质和方向的最深层次要素。"一个国家的文化软实力，从根本上说，取决于其核心价值观的生命力、凝聚力、感召力。"文化软实力反映一个国家的文化所具有的吸引力和影响力，既包括对内的、也包括对外的吸引力和影响力。因此，要深入开展社会主义核心价值体系学习教育，广泛开展理想信念教育，大力弘扬民族精神和时代精神，以社会主义核心价值观凝聚中国精神、构筑中国价值、增强中国力量，努力传播当代中国价值观念，是加强思想淬炼的重要目的。

首先，要以社会主义核心价值观凝心聚力。当前，社会多种价值观相互碰撞与冲突，在实现中华民族伟大复兴的这一关键历史时期，如何做到凝心聚力干事业是一个非常大的课题。在党的十九大报告中，培育和践行社会主义核心价值观与"坚持马克思主义""牢固树立共产主义远大理想和中国特色社会主义共同理想""不断增强意识形态领域主导权和话语权""推动中华优秀传统文化创造性转化、创新性发展，继承革命文化，发展社会主义先进文化"一起，被赋予"更好构筑中国精神、中国价值、中国力量，为人民提供精神指引"的意义与地位。党的十九大指出，培育和践行社会主义核心价值观，要以培养担当民族复兴大任的时代新人为着眼点。面对新时代新要求，落实好这一重大战略任务，必须强化教育引导、实践养成、制度保障，发挥社会主义核心价值观的引领作用，使之融入社会发展各方面，转化为人们的情感认同和行为习惯。

其次，要根植并弘扬中华优秀传统文化。中华优秀传统文化的"仁爱""和谐""自然""自强"等思想，既符合中国社会发展的客观要求，也反映了人们的普遍愿望及基本诉求。只有根植传统，弘扬传统，从优秀人文传统中汲取营养，把人们对历史的自豪感转化为对正确价值观的认同感，把一些具有历史价值和时代价值的文化理念转化为符合传统美德与时代精神的道德规范和行为规范，才能取得事半功倍的效果。

最后，要勇于惩恶扬善、弘扬正气。恶行得不到惩罚，恶之花就会越开越多；善举得不到褒扬，善之花就会日渐枯萎。价值观是对是非、善恶、美丑、荣辱等进行判断的基本标准和尺度，只有明辨是非美丑，弘扬社会正气，激发社会善行，才能营造公平正义、有序和谐的社会环境，才能塑造具有正确价值取向的社会成员。

资料来源：谢金峰，尹博，陈廷平.高素质专业化干部队伍建设之一：思想淬炼［M］.重庆：重庆大学出版社，2021.

▶▶▶ 自学测试

一、选择题

1.奥尔波特及其助手的价值观分类有（　　　）。

A.理论型　　　　　　　　B.经济型　　　　　　　　C.审美型

D.社会型　　　　　　　　E.宗教型　　　　　　　　F.政治型

自学测试2-2

2.格瑞夫斯的价值层次论把个人的价值观和生活方式划分为多个层级，包括（　　　）。

A.反应型　　　　B.宗族服从型　　　C.自我中心型　　　D.坚持己见型

E.操纵型　　　　F.社交中心型　　　G.存在主义型

3.罗克奇的价值观分类有（　　　）。

A.理论型价值观　　　　　　　　B.经济型价值观

C.工具性价值观　　　　　　　　D.终极性价值观

4.价值观的特点有（　　　）。

A.主观性　　　B.稳定性　　　　C.社会历史性　　　D.不变形

5.态度有三种成分，即（　　　）。

A.认知成分　　　B.情感成分　　　C.意向成分　　　D.思维成分

6.态度形成的三阶段是（　　　）。

A.服从　　　　　B.同化　　　　　C.内化　　　　　D.美化

7.改变态度的方法有（　　　）。

A.参与活动，改变态度

B.群体规定，改变态度

C.了解态度差距，以"小步子原则"改变态度

D.说服

8.工作满意度的测量方法有（　　　）。

A.单一整体评估法　　　　　　　　　　B.多维度综合评价法

C.奥尔波特价值观测评法　　　　　　　D.罗克奇的价值观分类法

9.提高员工工作满意度的因素有（　　　）。

A.富有挑战性的工作　　　　　　　　　B.公平的报酬

C.支持性的工作环境　　　　　　　　　D.融洽的同事关系

10.员工对工作不满意的反应有（　　　）。

A.退出　　　　　　　B.建议　　　　　　C.怠工　　　　　　D.忠诚

二、判断题

1.工作满意度和缺勤率、流动率之间存在稳定的负相关关系。　　　　　（　　　）

2.态度是行为。　　　　　　　　　　　　　　　　　　　　　　　　（　　　）

3.态度是人们关于物体、人物和事件的评价性陈述，这种评述可以是赞同的，也可以是反对的，反映了一个人对于某一对象的内心感受。　　　　　　　　　（　　　）

4.价值观是个体或群体的一种外显的或内隐的特征，表示什么东西是"值得的"或"可取的"，影响人们对行为方式、手段和目的的选择。　　　　　　　　（　　　）

▰▰▰▰➡ 课后测试 ▰▰▰▰

一、选择题

1.态度的中心成分是（　　　）。

A.认知成分　　　　　B.情感成分　　　　　C.行为意向　　　　D.思维成分

2.费斯廷格的认知失调理论认为：个体为了清除紧张会使用（　　　）等方法来力图重新恢复态度与行为的平衡。

A.改变认知　　　　　　　　　　　　　B.增加新的认知

C.改变认知的相对重要性　　　　　　　D.改变行为

3.经营管理价值观包括（　　　）。

A.最大利润价值观　　　　　　　　　　B.委托管理价值观

C.生活质量价值观　　　　　　　　　　D.终极性价值观

二、判断题

1.个人所处的社会环境、家庭的经济和社会地位、父母的职业和价值观、早期的学校教育等，对其价值观的形成具有决定性的作用。　　　　　　　　　　（　　　）

2.价值观是相对恒定、持久且不容易发生改变的。　　　　　　　　　（　　　）

3.态度的三种成分即认知成分、情感成分和意向成分总是协调一致共同起作用的。　　　　　　　　　　　　　　　　　　　　　　　　　　　　　　（　　　）

4.与价值观一样，态度是稳定的。　　　　　　　　　　　　　　　　（　　　）

5.强大的情境压力往往使人做出违心的行为。　　　　　　　　　　　（　　　）

6.快乐的员工就是高生产率的员工。　　　　　　　　　　　　　　（　　）

三、思考题

1.什么是价值观？价值观对一个人的行为有什么影响？

2.不同人的价值观有差异吗？这种差异体现在哪里？

3.如何理解一个人的价值观是稳定的，而一个人的态度是缺乏稳定的？

4.什么是认知失调？

5.快乐的员工是高生产率的员工吗？

6.工作满意度与缺勤率之间是什么关系？与流动率之间是什么关系？

7.对比员工对工作不满意时的几种反应方式（即退出、建议、忠诚和怠工）之间的差异。

四、案例分析题

三联软件公司

在过去的几年里，其他产业很少像网络的相关产业那样一直处于混乱状态。以得克萨斯州奥斯汀为基地的三联软件公司是这一产业中的领头羊之一。该公司于1989年成立，主要业务是编制软件以帮助企业解决电子商务问题，如物流管理、客户服务、关系管理、数据整合。公司拥有1 500名员工，并为很多著名客户提供服务，包括福特、联邦速递、嘉信理财、摩托罗拉等公司。

乔·莱曼特是公司的总裁兼首席执行官，致力于招募并留住那些能在混乱的环境中发挥才干的员工，那些愿意冒险、不怕长时间工作的人。莱曼特为公司制定的战略方针是，在已有经验的基础上继续保持创业时期的高度热情和冲动。这项战略的一个重要组成部分是，不断招募"那些最好的人员"——那些毕业于最好的大学和商学院的学生，或是那些来自最好的企业中最聪明和最活跃的员工。通过雇用这些最出色的员工，并从工作第一天起就请他们承担大量的责任，公司有充分资源应对竞争挑战，能够保持创业精神长盛不衰，能够实现它的目标——成为充满活力和有影响力的公司。

通过招聘面试后的新员工被请到奥斯汀共进晚餐，进行以公司文化和娱乐为主题的旅行，并得到极有竞争力的薪水。而后，这些新成员要经历"新兵训练营"的生活——在三联大学接受高强度的培训项目。培训课程由莱曼特及公司其他老员工教授，第一周要学习程序语言、产品规划、市场营销等内容。课程从早上八点开始，而且在第一个月里至少要到午夜才结束。从第二周开始，新成员被分成小型工作团队，给他们三周时间完成项目。可供选择的项目范围很广，可以是加快某种现有产品的运作速度，也可以依据设计思想创造一种新产品。新员工在该项目上取得的成绩将影响他们能不能被留用，还影响他们在"新兵训练"结束时能否得到去拉斯维加斯旅行的奖励。公司引入"新兵训练营"的设计思想，是为了灌输公司的价值观并塑造新员工的期望。新员工被告知仅有努力是不够的。莱曼特在一次讨论团队项目的演讲中，给新成员看了一张胶片并且不客气地说"尝试不会得到奖励"，他直截了当地指出："如果你设定了一个困难的目标却没有实现它，那和'输'有什么区别？"这是每一个新员工必须面对的残酷现实。当然，如果新成员通过了培训，而后在公司的生活可以说非常有意义和非常令人满足。

公司倡导的氛围是工作和娱乐相结合。公司让员工拥有责任和资源，并帮助员工实现最高目标。公司的企业文化鼓励员工充分地施展自己的热情、精力和承诺等，而且公司根据他们的绩效进行奖励。公司福利旨在保持员工的工作积极性和兴奋感。公司为员工提供各种福利项目如功能齐全的灶具、公司组织的旅行、当地体育馆的打折卡、在两个奥斯汀湖上享用公司的划艇、完善的医疗保险、人寿保险、上门家政服务以照顾家庭事务等。

资料来源：李伟. 组织行为学［M］. 武汉：武汉大学出版社，2012.

请问：

（1）设计一份该三联软件公司的管理者可以使用的员工态度调查问卷。请注意设计的员工态度调查问卷要适应三联软件公司所寻求的那种员工态度。

（2）你能对三联软件公司员工的工作满意度做出一些预测吗？你能做出什么样的预测？在三联软件公司，工作满意度是否影响工作结果？

（3）自2000年以来，众多网络公司的瓦解对三联软件公司的员工可能有何影响？管理层可以做些什么来塑造员工积极的工作态度？

任务三　情绪管理与工作压力的缓解

学习目标

◆知识目标

正确理解情绪的含义、特点、分类、认知评价理论；

掌握情绪在组织行为中的应用；

正确理解压力的内涵，了解工作压力的成因与后果；

掌握工作压力解决方法。

◆能力目标

能够识别情绪和工作压力，并能对情绪和工作压力进行调节。

◆素养目标

加强个性修养，加强情绪管理和压力管理，保持平和的心态。

重点难点

◆教学重点

工作压力的识别与应对。

◆教学难点

情绪在组织行为中的应用。

自学任务

（1）了解本任务的学习目标和重点难点，通过线上或线下的方式进行自学，重点关注以下知识点：情绪的管理；工作压力的识别与应对。

（2）自学结束后完成本任务的自学测试。

案例研讨

A先生对上班的恐惧

A先生在房地产行业工作十多年了，主要在公司的行政部门负责一些日常的管理工作，同事对他的评价是很认真也很敬业，领导也很欣赏他。A先生一直很喜欢这份工作，生活和工作对于他来说都算开心。去年九月份，工程部需要一名土建主管，领导经过讨论，决定让A先生来担任这个职位。A先生虽然在这个行业工作很多年，但是对于工程部不熟悉，看到了这个可以挑战一下自己的机会，他认为突破自己的时候来了，欣然领命。去年九月中旬，A先生开始到新岗位上班了，每天的工作地点从公司换到了工地。去年十月份的时候，A先生出现睡眠不好的状况，接下来饮食也出现问题。睡不着，吃不下，A先生每天最害怕的事情就是上班，情况越来越严重。到了去年年底，A 先生提交了辞职报告。领导觉得他在闹情绪，也做了不少思想工作，但 A 先生的情绪越来越低落，对上班的恐惧也越来越强。

　　资料来源：夏伯平，朱克勇，闫咏. 大学生职业发展与就业指导体验式课程教学手册 ［M］. 北京：现代教育出版社，2013.

　　讨论： 请你为 A 先生提出改善目前状况的建议。

▣▣▣▶ 知识点学习 ▣▣▣

　　我们的生活和工作中总是充满着情绪的色彩。当苦苦追求的目标终于实现时，我们会欣喜若狂；当成功与我们擦肩而过、失之交臂时，我们会伤感无奈；当无端受到攻击、指责和伤害时，我们会满腔怒火；当企业由于经营不善而需要大幅度裁员时，我们会担惊受怕……

　　情绪在我们日常生活和工作中扮演着重要角色，人与情绪无法分离。

一、情绪的识别与应用

（一）情绪的内涵

讲课视频 2-7

情绪的识别
与应用

1. 什么是情绪

　　情绪指的是个体受到某种刺激所产生的一种身心激动状态。

　　当你对某件事感到快乐时，当你对某个人感到愤怒时，当你害怕见到某样东西时，所体验到的就是情绪。

自学课件 2-7

情绪的识别
与应用

2. 情绪的特点

　　具体来说，情绪具有四个特点：

　　（1）情绪不是自发的，是由刺激引起的。引起情绪的刺激，有时是外在的、具体可见的，例如生活环境中的各种人、事、物，这些外在刺激，都会引发情绪；有时是内在的、含而不露的，例如对于去世亲友的思念，想起往事历历在目，痛苦不已，潸然泪下。只不过，不同人面对相同的刺激，未必会引发同样的情绪。面对癌症，不同的患者或患者家属的表现十分不同。这种差异与一个人的性格特点有关，也与他的工作和生活经历等有关。

　　（2）情绪是一种主观意识体验。个体对情绪的体验是主观的，是一种自我感受过程，构成了情绪的心理内容。他人只能通过观察个体的行为和表现，推测个体的情绪状态，而不能通过刺激直接了解其情绪。

　　（3）伴随情绪体验同时出现的，是情绪的外部表现，包括面部表情、身体动作、手势、语调等。人们的情绪体验常常与外部表现之间存在固定联系，例如，愉快的体验常常伴随着神采飞扬的笑脸和手舞足蹈的行为；与悲哀体验伴随的常是痛哭流泪和捶胸顿足。因此，对情绪的外部表现，即这些身体各部分的动作等进行量化和识别，可以帮助我们更精准地识别情绪。

　　（4）情绪会产生生理唤醒。生理唤醒是由情绪所引起的生理反应，波及广泛的神经系统，如中枢神经系统的脑干、大脑、小脑、间脑、脊髓等。不同情绪所引起的生理反应是不一样的，满意、愉快时，表现为心率正常等；恐惧、暴怒时，表现为心率加速，血压升高，呼吸频率增加甚至间歇或停顿等；痛苦时，表现为血管容积缩小等。

情绪所引起的生理反应常常是个体无法控制的。测谎器是以"情绪状态下个人难以控制生理反应"的原理设计出来的，通过测量脉搏、心率、呼吸频率、皮肤电流等，记录人们说谎时的细微情绪变化。

3.与情绪有关的概念

与情绪有关的几个概念在组织中越来越受到重视，我们在这里具体介绍一下。

（1）情绪劳动。当员工把体力投入到工作中时，消耗的是身体劳动；当员工把智力投入到工作中时，消耗的是心理劳动。值得注意的是，大多数工作还需要付出情绪劳动，也就是说，员工要在工作当中表现出令组织满意的情绪状态。这种情绪劳动在强调人际关系的工作中十分重要。例如，飞机航班上的乘务员应该是热情友好、积极主动的；医生应该是沉着冷静、情绪中性的；婚礼司仪应该是风趣愉快、充满激情的；几乎所有的精彩演讲都包括强烈的情绪成分，才会感染他人，调动他人的积极性……不少组织已经把情绪劳动作为绩效考核的一个关键指标。

（2）情绪智力。萨罗威和玛伊尔明确提出了情绪智力这一概念，认为它是一种个体监控自己及他人的情绪，并识别和利用这些信息指导自己的思想和行为的能力。它具体包括五个维度：

①自我意识：体味自我情感的能力。

②自我管理：管理自我情绪和冲动的能力。

③自我激励：面对挫折和失败依然坚持不懈的能力。

④感同身受：体味他人情感的能力。

⑤社会技能：处理他人情绪的能力。

在情绪智力上存在明显的个体差异。情绪智力高的个体更可能深刻意识到自己和他人的情绪，对自我情绪体验的积极方面和消极方面表现得更为开放。这种意识有助于他们对情绪做出积极的调控，从而维持自己良好的身心状态，与他人保持和谐的人际关系，对周边环境保持较强的适应能力。

情绪智力对工作绩效有着重要影响。对于那些被大家评价为工作出色的员工，其典型特点是情绪智力高，而不是认知智力高。据统计，情绪智力高的员工在未来获得成功的可能性比其他人高出2.6倍。

（3）情绪感受与情绪表达。情绪感受指的是个体的实际情绪状态。情绪表达指的是个体表现出那些符合社会环境或组织环境的情绪。

大多数人都知道：在葬礼上应该表现出悲伤和遗憾，无论你是否真的觉得这个人的去世是一种损失；在婚礼上需要表现出快乐，即使你不看好这场婚姻；得知同事晋升后需要表现出喜悦，尽管你的内心可能充满嫉妒和不满……显然，情绪表达并不是与生俱来的，是后天学习的产物。

区分这两个概念的重要意义在于：个体的情绪感受与情绪表达常常是不同的。个体表现在众人面前的，并不总是自己的真情实感。情绪表达在组织中尤其重要。因为工作情境和角色要求人们展现出符合特定需要的情绪表达。在运动竞技场中可以被接受的情绪，如果表现在工作场所中，可能全然不被接受。这意味着有时我们不得不掩饰自己的真情实感。例如，直接与顾客打交道的员工常常会面对牢骚满腹、行为粗暴、提出各种不合理要求的顾客，这时员工需要把自己的真情实感隐藏起来，表现出一种热情、友好、微笑、乐于助人的精神面貌。如果员工做不到这一点，很可能会与顾客疏远，难以取得优秀的工作业绩。

不同的组织、不同的工作对于情绪表达的要求也不相同。比如，麦当劳的《员工手册》中提到，柜台人员必须表现出诸如真诚、热情、自信、幽默等品质来；如果你很少微笑或很少表现出快乐的样子，就不太可能获得在迪士尼乐园里工作的机会。

（二）情绪的分类

我国心理学家林传鼎从《说文》中发现有354个字是描述人的情绪的，并按它们的意思分为十几类，如安静、喜悦、愤怒、哀怜、悲痛、忧怒、烦闷、恐惧、惊骇、恭敬、悦爱、憎恶、贪婪、嫉妒、畏惧、惭愧、耻辱等。众多国外学者也提出几十种甚至上百种之多的情绪种类，如何对它们进行归类和概括？下面我们介绍两种情绪的分类方法：

1.基本情绪与复合情绪

从生物进化的角度来看，人的情绪可以分为基本情绪和复合情绪两大类。基本情绪来自遗传，是那些人类与生俱来、不学自通的、不分种族不分文化可以为全人类所理解的情绪，每一种基本情绪都具有独立的神经生理机制、内部体验和外部表现，并有不同的适应功能。七种基本情绪即愤怒、害怕、悲伤、快乐、厌恶、惊奇、轻蔑。复合情绪是由基本情绪的不同组合派生出来的，主要是后天在社会环境中学习的产物。例如，愤怒-厌恶-轻蔑组成的复合情绪可以命名为敌意；害怕-愤怒-悲伤组成的复合情绪可以命名为焦虑。

2.罗素的环形情绪分类

罗素提出，情绪可以划分为两个维度即愉快度和强度。愉快度可以分为积极和消极两个方向，强度可以分为高与低两个方向。由此，根据两个维度可以划分为四个象限以及相应的四大类情绪。愉快-高强度表示高兴类的情绪；愉快-低强度表示轻松类的情绪；不愉快-高强度表示惊恐类的情绪；不愉快-低强度表示厌烦类的情绪。

（三）对情绪体验的解释——认知评价理论

一些研究者对情绪的发生机制进行了探讨，并提出相关的情绪理论，其中情绪的认知评价理论近年来受到广泛关注和认可。

20世纪60年代初美国心理学家沙赫特和辛格提出：情绪体验是一种生理唤醒和认知评价相结合的状态。这两项因素对于情绪的产生至关重要、必不可少。他们通过实验研究来检验这种情绪的两项因素假设。实验是这样操作的：把被试随机分为三组，给他们注射一种药物，并告诉被试注射的是一种维生素，目的是研究这种维生素对视觉改善的作用。实际上，研究者给被试注射的是肾上腺素，在注射之后身体会处于生理激活状态，出现心悸、发抖、脸红、发烧等典型反应（无论是兴奋还是愤怒情绪，都可能产生这些生理反应），经过一段时间后这些反应会自然消失。主试向三组被试解释药物注射后可能产生的反应时，做出的说明不相同，告诉第一组被试，注射后将会出现心悸、发抖、脸红、发烧等现象，即给他们提供充分而明确的信息；告诉第二组被试，注射药物后身上会有点发抖，手脚有点发麻，没有别的反应，也就是说，提供的信息不够明确也不充分；对第三组被试不做任何说明。注射药物以后，再把三组被试按每组均分，让他们分别进入预先设计好的两种实验环境里休息：一种是惹人发笑的愉快环境（有人做滑稽表演）；另一种是惹人发怒的不快环境（强迫被试回答很多烦琐问题，并对被试的回答横加指责）。研究者指出：如果情绪体验仅仅由刺激引发的生理反应决定，那么三组被注射的都是肾上腺素，引起的生理状态应该相同，情绪表现和体验也应该相同；如果情绪体验由外部环境因素决定，那么不论哪组被试，进入惹人发笑的愉快环境中都应表现出愉快情绪，进入惹人发怒的不快环境中都应表现出愤怒情绪。但是，根据主试的观察和被试的自我报告结果，第二组和第三组被试，在惹人发笑的愉快环境中表现出愉快情绪，在惹人发怒的不快环境中显示出愤怒情绪；而第一组被试没有表现出明显的愉快或愤怒情绪。这说明，不仅是生理反应引发了情绪，个体对生理反应的认知和了解，对于情绪体验也有着重要的影响作用。事实上，情绪状态是由认知过程（期望）、生理状态和环境因素在大脑皮层中整合的结果。环境中的刺激因素通过感受器官等向大脑皮层输入外界信息；生理因素通过内部器官、骨骼、肌肉等的活动，向大脑输入生理状态变化的信息；认知过程是对过去经验的回忆和对当前情境的评估。来自这三个方面的信息经过大脑皮层的整合，才产生了某种情绪体验。实验显示了这一情绪唤醒机制的工作模型。这个情绪唤醒模型的核心部分是认知，机体把当前的现实刺激与储存在记忆中的过去经验进行比较，当知觉与认知间出现不匹配时，就产生信息，起动一系列的生化和神经机制，释放化学物质，改变脑的神经激活状态，使身体适应当前情境的要求，这时情绪就被唤醒了。

拉扎勒斯是情绪认知评价理论的另一位代表人物。他也强调"情绪体验不能被简单地理解为在大脑中发生了什么，而要考虑与评估环境的交互作用"。在情绪体验中，个体不仅反映出环境中的刺激事件对自己的影响，而且要调节自己对于刺激的反应。也就是说，情绪体验中必须有认知的指导，个体才可以了解环境中刺激事件的意义，才可能选择有价值、有意义的行动。按照拉扎勒斯的观点，情绪是个体对环境事件感觉到有害或有益时的反应。因此，在情绪体验中，人们需要不断地评价事件与自身的关系。具体来讲，有三个层次的评价：初评价、次评价、再评价。

初评价是指个体辨别刺激事件与自己是否有利害关系，以及这种利害关系的程度。只要人们处在清醒状态下，这种评价就会随时随地发生。不过，这种评价常常是在无意识下发生的。

次评价是指个体对自己反应行为的调节与控制，主要涉及人们能否控制刺激事件，以及控制的程度，也就是一种对控制力的判断。当人们要对刺激事件做出行为反应时，必须根据主观条件和客观社会规范等考虑行为的后果，从而选择有效的措施与方法。例如，当人们受到侵犯与伤害时，是采取攻击行为还是防御行为，这取决于人们对刺激事件的控制判断。在这种评价过程中，经验起着重要的作用。

再评价是指个体对自己情绪和行为反应的有效性与适宜性的评价，实际上是一种反馈性行为。如果再评价的结果表明该行为是无效的或不合时宜的，人们就会在下一个循环中调整自己对刺激事件的初评价和次评价，并相应地调整自己的情绪和行为反应。

（四）情绪在组织行为中的应用

我们主要从以下五个方面了解情绪在组织行为中的应用：

1.员工甄选

了解自己的情绪并擅长阅读他人情绪的人，会在工作中维持自己良好的身心状态，与他人保持和谐的人际关系，对周边环境有较强的适应能力。因此，在员工招募过程中，应该把这作为一项因素加以考虑，尤其是那些需要大量人际交往才会成功的工作。当然，在绩效考核中，也应把情绪劳动作为一个考核指标。

2.领导选拔

好的领导者几乎都会依赖情绪表达来帮助他们传递信息。实际上，交流过程中领导者的情绪表达，常常是下属能否接受领导者信息的一项关键变量。当领导者表现出兴奋、热情、活跃时，更有可能调动下属的工作积极性，并传递着一种有效、胜任、乐观、喜悦的感受。好的领导者还把积极的情绪作为一种社会黏合剂，使周边的人靠拢并支持他。企业经营人员都知道，情绪成分在员工是否接纳公司的未来愿景和变革举措方面十分重要。当面对新的愿景时，尤其是这种愿景中包含遥远而模糊的目标，员工通常很难接纳这样的变革。因此，好的领导者在实施重大变革时，他们很注重对员工情绪的唤醒和调动。

3.人际冲突处理

在管理中，冲突是不可避免的，只要冲突出现，冲突双方可以非常肯定地判断，情绪也会出现，尤其是消极情绪。实际上，管理者在处理冲突方面能否成功，常常在很大程度上取决于其识别冲突中情绪成分的能力，以及通过情绪的力量促使冲突双方恢复工作的能力。如果管理者在冲突过程中只关注理性与工作内容，忽视其中的情绪成分，则很难有效地处理冲突。

4.组织决策

组织决策的传统观点强调理性的作用，低估了甚至完全忽视了焦虑、害怕、失落、快乐、嫉妒等情绪的作用。然而，在决策中不受情感影响这种假设十分幼稚。面对同样的客观条件，我们可以预计，当人们愤怒和承受压力时，或者当人们平静和沉着时，会做出十分不同的选择。

5.动力功能

个体并不是冷酷无情的理性机器。个体对于环境的认知与理解充满着情绪色彩，并且情绪会显著影响其付出的努力水平，进而影响活动的效率。适度的情绪兴奋、积极的情绪体验，可以使个体身心活动处于最佳状态，会促使个体积极地思考问题，解决困难，进而有效地完成工作任务，最终会引导并维持其行为达到目标。在活动过程中投入了全部身心和全部情绪的个体，会在工作中废寝忘食，而且因为工作而兴奋异常。

二、工作压力的缓解

随着就业竞争的加剧，生活节奏的加快，工作负担的加重，工作与生活之间冲突的日益明显，工作压力正在成为颇受个体和组织关注的一个问题。由于工作中的很多压力是不可避免的，过重的压力还会干扰个体的绩效水平，进而影响身心健康，因此了解压力的形成原因和造成后果，掌握一些应对压力的策略和办法，是十分必要的。

讲课视频 2-8

工作压力的
缓解

自学课件 2-8

工作压力的
缓解

（一）工作压力的内涵

什么是压力呢？

压力是指在动态的环境条件下，个人面对种种机遇、障碍、要求，以及追求的不确定性等所形成的一种心理负担。简言之，压力是环境刺激与个体反应相互作用的结果。潜在的环境压力转化成个人体会到的现实压力，需要具备以下两个关键条件：

（1）活动结果的不确定性。当面对一个具体环境时，如果个体不确定自己能否抓住机会、突破障碍、符合要求、避免损失等，就会体会到压力，如果个体无法确定自己能否成功，通常此时压力最大。如果成败已成定局，即使面对失败的不利状况，其压力也会变小。例如，组织进行年终绩效评估时，大多数人会感到很有压力，因为面对着各种机会、障碍、要求等。绩效评估结果优秀，可能会获得晋升、更高的报酬等。绩效评估结果较差，则可能会失去晋升等，绩效评估结果十分糟糕的话，还可能导致被炒鱿鱼。如果能否晋升或能否留职等对个体来说无所谓，那个体显然不会在年终绩效评估的过程中感受到压力，即使得到的评估分数很低，也不会紧张和焦虑。

（2）活动结果对个体的重要性。压力虽然不可避免，但对个体本身来说未必都是有害的、破坏性的。尽管人们通常一提到它时就会想到其负面作用，但是它有积极的作用。有关研究指出，压力强度与工作绩效之间并不是线性关系，而是倒 U 形曲线关系。如果工作中缺乏压力，会让人觉得索然无味、不愿干，也就是说，压力水平过低，工作绩效相应较低；当压力强度达到一个最佳水平时，此时的工作绩效最高；一旦超过了最佳水平，也就是压力过大，又会对工作绩效产生阻碍作用。因此，为了保持工作兴趣及避免烦闷的感觉，一定的工作压力是绝对必要的。它可以提高我们的生理唤醒水平和心理警觉程度，调动机体来应对环境刺激。例如，组织给员工设置富有挑战性的工作任务，会使其工作积极性更高，付出的努力更大，取得的效果更好。这恰恰反映了一定程度的压力具有积极作用。但是，如果压力过大，事实上是一种我们平时所说的过度焦虑和紧张状态，反而会阻碍已有水平的发挥。心理学家耶克斯和多德森指出：压力强度的最佳水平并不是固定不变的，是根据任务性质的不同而不同。当任务比较简单时，较高的压力强度可达到最佳水平；当任务比较困难时，较低的压力强度可达到最佳水平。这一规律称为耶克斯-多德森定律。它有助于我们解释：为什么一些简单的竞技运动项目，运动员在竞争激烈的赛场上更可能取得最佳成绩；而一些重大的科学发现，科学家常常会在相对轻松的时刻出现灵感，从而解决复杂问题。过度压力损害的不仅是工作绩效。近年来在职场领域中有一个非常流行的概念叫工作倦怠，也称工作过劳或工作枯竭，指的是个体在过度工作压力下出现的一种身心衰竭、厌弃工作的综合征。这种综合征有三个突出特点：自我感觉很糟，丧失成就感；待人冷漠，易被激怒；身心疲乏。它被称为当代职场中流传很广的职业病，尤其易发生在那些需要不断同客户和公众进行密切接触的职业中。

　　工作倦怠与缺勤率和离职率高度相关，会损害工作绩效，带来恶劣的同事关系和家庭问题，导致个人健康水平显著下降，甚至威胁生命等。过劳死就是指因为工作压力过大而引起心脏病或中风等而暴死的现象。可见，对压力进行有效管理，已经成为职业环境中迫在眉睫需要解决的问题。

　　压力还有一个特点，具有累加性。日常工作与生活中未必总会经历那些影响重大的事件，例如失业、离婚等，经常面对的更可能是一些看似影响不大的小事，比如，可能是找不到自己的笔记本，或收到一张违章停车罚单。但要注意，压力具有累加性。每一个新的压力都会增加个体的压力水平。也许单项压力无足轻重，但加在业已很高的压力水平上，无疑会火上浇油，成为"压死骆驼的最后一根稻草"。因此，如果你要评估一个员工所承受的压力水平，就必须累计他所经受的各种压力。

（二）工作压力的成因与后果

　　哪些因素会导致压力产生？压力会给个体带来什么后果？为什么在同样条件下有些人会产生压力，对另一些人却没有影响？

　　压力模型（如图2-1所示）有助于我们回答这些问题。这个模型表明：环境、组织、个人三类因素，构成了压力的潜在来源。它们能否转变成现实的压力，取决于个体差异的调节。当个体体验到压力时，会表现出四类症状：生理的、认知的、情绪的和行为的。

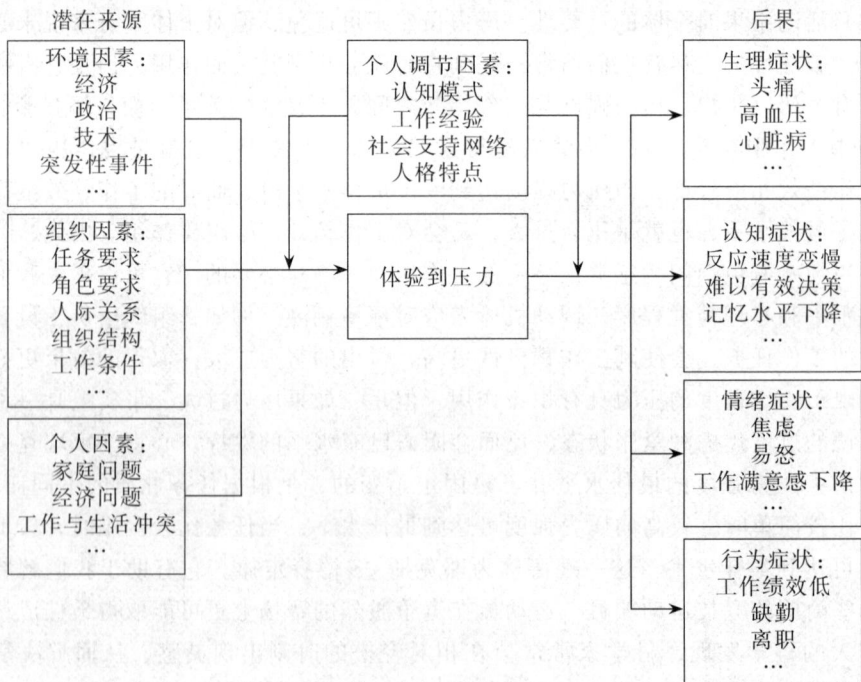

图2-1　压力模型

1.潜在的压力源

潜在的压力源包括三大类，即环境因素、组织因素和个体因素。每项因素在强度、持续性等方面的差异，造成压力的程度也不同。当要求完成工作的时间越紧、任务越重、问题越复杂时，压力越大。如果引发压力的因素频繁出现，压力就越大。信息从业人员感到的巨大压力来自技术更新的速度。有人统计，软件业技术不到两年就换代一次，这意味着两年之后个人所学的知识与技术大部分已被淘汰，需要从头学起。能否跟得上时代的脚步，是该行业从业人员面对的最大压力。压力事件持续的时间越长，压力越大。如果一项工作需要两三天熬夜完成，在此之后个体很容易恢复精力和体力。如果长期以来都需要长时间的工作，就会令人精疲力竭、心力交瘁。下面我们针对具体压力源进行分析。

（1）环境因素。环境的不确定性，会影响组织中员工的压力水平。比如，当经济低迷、失业人口增加时，员工会对自己的工作安全感和稳定性更为担忧；如果政治局势不稳定、政策频繁变动，员工会因前途未卜而人心惶惶，进而产生压力；技术革新的速度日益加快，电脑、自动化、机器人以及其他类似的科技发明，使得很多员工的技术能力在很短时间内过时，对其构成威胁，给其带来压力；突发性事件，如地震、火灾、恐怖袭击等，也是环境因素导致的压力。

（2）组织因素。组织内部也存在众多因素会给员工带来压力，主要表现在任务要求、角色要求、人际关系、组织结构、工作条件等几个方面。

任务要求是指那些与员工工作任务有关的因素。当工作任务具有以下特点时，容易产生压力：工作任务过重，员工必须集中精力，从事高强度工作，此时很容易造成疲劳和紧张；工作任务简单枯燥、重复性高，会带来烦躁、压抑及其他身体不适感；工作需要收集各种渠道的信息，并且现有办法难以解决问题；工作责任重大，稍有不慎，造成的损失不可弥补，例如，急诊室医生和航空管制员的工作。

角色要求是指员工在组织中扮演特定角色的要求。如果组织对员工角色的界定不够明确，员工就会不清楚自己该做什么、不该做什么。这种角色的模糊感和不确定性无疑会让员工产生焦虑。员工在组织当中常常不只扮演一种角色，当员工难以同时满足不同角色的不同要求时，角色冲突就会产生。例如，中层管理人员常常发现下属对自己的期待和老板对自己的期待是不同的，当对公司的忠诚与对下属的关心相抵触时，压力就会产生。

人际关系是指个体与他人的关系。人是社会性动物，组织环境是大多数人满足自己社交需要和归属需要的重要场所。如果员工在组织中得不到群体的接纳、他人的关怀和领导的支持，就容易产生压力。例如，在人际关系较差的环境中，员工之间缺乏凝聚力，缺乏相互支持与信任，会使员工（尤其是那些高社交需要的员工）产生极强的压力感。组织领导者与员工之间的关系，也会影响彼此的压力水平。有些高级主管一味强调提高业绩，不断施加压力，要求员工达到看似不可能实现的目标，对员工实施严密控制，定期解雇那些"不符合标准"的员工。这种环境下员工的压力水平无疑很高。

组织结构界定了组织的层级水平、规章制度的效力、决策在哪里进行。如果组织中的机构设置不合理、制度不健全、员工缺乏参与决策的机会等，这些结构变量就可能成为潜在的压力源。

工作条件中也有不少因素会引起压力。有些工作需要经常面临潜在的危险，员工在心理上和生理上时刻处于高度警觉的状态，如井下矿工和刑警的工作；一些需要长期倒班的工作，或一些需要经常出差的工作，要求员工的工作时间不断变化，并对个人的生理节奏、生活习惯产生诸多影响，进而造成压力；工作场所的空间设计也可能成为潜在的压力源，如在一个相当拥挤、干扰颇多、人员往来混乱的办公室里办公，员工更容易产生焦虑感。

（3）个人因素。非工作时间内的各种生活事件必然影响个体的压力水平，例如家庭问题、经济问题、工作与生活的冲突等。1967年，两位精神病学家霍尔姆斯和雷赫，对个人生活事件的压力水平及其对健康的影响进行了研究。他们提出，个体如果在相对较短的时间内经历过多的压力事件，通常会对健康造成有害影响。压力事件包括消极不利的事件，例如考试失败、夫妻分居、失业等，也包括积极有利的事件，例如外出度假、子女出生、彩票中奖等，都会对我们造成额外的压力。因为它们会使生活规律产生变化，需要个体去适应新的要求。如果个体在短时间里积聚了大量这样的压力，并超过了身体能承受的阈限水平，便会造成病痛。

他们编制了一个社会再适应量表，对生活事件的压力状况进行评定。量表包括43项生活事件，按照其造成压力的程度进行排列，其中压力最大的事件是配偶死亡，压力最小的事件是轻微的交通违规。

2.压力的调节因素：个体差异

在任何一个企业、机关、学校，都会有大量的压力源，但不同的人面对相同的压力源有不同的反应。对我来说难以承受的压力，对你来说也许只是件微不足道的小事。例如，晋升对大多数人来说是一个好消息，因为他们都渴望获得晋升。但对某些人来说，升职会带来巨大压力，因为他们不愿意去适应新环境和新挑战。那么，哪些因素使得人们在面对压力的感受和处理压力的能力方面存在差异？研究发现四项个体因素起着调节作用，即个人的认知模式、工作经验、社会支持网络、人格特点。

我们已经知道，个人的行为基础是他对现实的认知，而不是客观现实本身。因此，个人的认知模式是影响压力感受的一项调节变量。例如，当公司裁员时某个员工会担心自己失去工作，另一个员工却可能认为这是脱离公司、发展自己事业的一个机会。可见，潜在的压力感并不取决于客观条件，而取决于员工对这些因素的理解。

有证据表明，工作经验与工作压力负相关。有两种可能的解释：第一种看法认为，经验是个体应对压力的有效资源。工作经验越丰富，说明面对过越多的困难情境，因此再次面对类似情境时，员工拥有更多的技巧和办法来处理问题，面对困难时不会束手无策，所以压力感也会降低。第二种看法是选择性退缩。体会到很大压力的人员可能会选择自动辞职，因此在组织中工作时间较长的员工，可能是那些抗压素质较高的人。

社会支持网络是周边他人提供的资源。它表明个体生活在一个彼此支持、相互帮助的网络当中，能感受到被爱、被关心和被尊重。在这个网络中包括与个体有着融洽关系的同事或上级主管，也包括非工作关系的亲朋好友等。社会支持网络除了提供情感支持之外，还可以提供有形的物质帮助和信息支持。这些支持能有效帮助个体缓解压力，增强其面对问题的信心和克服困难的实力。

人格特点也调节着个人对于压力的感受。有证据证明，当内控型人与外控型人面对相似的情景时，内控型人更倾向于认为自己能对行为后果产生较大影响，因此他们会主动采取行动以控制事态的发展，压力感受也相对较弱。外控型人更倾向于消极防守，并会产生无助感。自我效能感也对压力结果产生影响。研究证据表明，自我效能感高的人对自己的能力更有信心，更可能把压力视为挑战和机遇，而不是问题与威胁。

3.压力的后果

压力本身并不都是破坏性的，一定程度的压力会产生积极后果，但是如果压力过大，则会造成相当有害的影响。由于压力过度越来越成为全球工作场所的普遍现象，因此在这里，我们主要针对的是压力过度带来的不良后果。压力的不良后果表现形式多种多样。例如，感觉到高度压力的人，可能会有高血压、溃疡、易怒、决策困难、缺乏食欲、健忘等症状。这些症状可以归纳为四类，即生理症状、情绪症状、认知症状和行为症状。

（1）生理症状。早期大多数有关压力的关注是指向生理症状的。健康心理学家对该主题进行了很多研究，并得到了一些主要的结果：过度压力能使患者新陈代谢出现紊乱，降低身体对疾病的抵抗力，心率、呼吸频率加快，血压升高，头痛，易患高血压、心脏病、中风等疾病。

（2）情绪症状。压力导致不满。实际上，工作不满意感是压力方面的最简单和最明显的情绪后果。除此之外，压力的情绪反应表现为紧张、焦虑、冲动、易怒、烦躁、悲观无助等。

（3）认知症状。这主要表现为：不能集中注意力完成工作；反应速度变慢，思维模式杂乱无序，难以做出有效的决策；对自己的能力表示怀疑，常常拿不定主意；健忘，错误率增加等。

（4）行为症状。压力的行为症状包括：生产效率降低、缺勤、离职；饮食习惯变得不健康、抽烟喝酒增多；言语速度加快、烦躁、睡眠失调；疑病症加重，总觉得自己浑身有病，健康快乐感消失殆尽；神经过敏，自我防卫等。过度的工作压力，不仅危害员工的身心健康，削弱工作能力，而且会降低组织绩效。因此，不论是个体，还是组织，都应采取各种措施消除或控制过度压力的消极影响。

（三）对工作压力进行管理

1.个人的解决途径

在降低压力水平方面，个体策略包括掌握有效的时间管理技术，增强体育锻炼，及时倾诉，寻求帮助，学习放松训练等。

（1）进行时间管理。很多人不善于管理自己的时间，如果他们能井然有序地安排时间，就可以在同样时间里更快、更多地完成工作。掌握并运用时间管理原则，可以帮助员工更好地应对工作要求带来的压力。

下面列出了常用的有效时间管理原则：

①列出每天要完成的事情；

②根据重要程度和紧急程度分清工作任务的主次顺序；

③了解自己的生物钟，在自己最清醒和效率最高的时间段，完成最主要的工作；

④把要用的材料或东西放好，避免在寻找东西上耽误时间；

⑤把大的项目分割成小项目，分别确定时间，规定每项任务的完成时间，按部就班完成；

⑥集中时间处理琐碎小事，即每天留出一些固定时间处理小事。

（2）加强锻炼，重视休息。每天固定抽出半个小时到一小时，参加各种运动锻炼，如有氧健身、散步、慢跑、游泳、骑自行车等。这些锻炼有助于增强心脏功能，提高抵抗疾病的能力等。同时，它们提供了一种使工作压力得以宣泄的渠道，从而缓解身心的紧张。另外，应强调劳逸结合，学会及时休息，保证充分睡眠，以使身体机能得以恢复。

（3）及时倾诉。当压力过大时，与朋友、家人、同事一起讨论，说出自己的苦闷，给压力提供一个释放的出口。周围的同事和朋友可能为你提供一个针对情境的更客观的看法，帮助你对压力情境进行重新的审视。

（4）寻求帮助。个体拥有的社会支持网络的数量和质量，对压力改善有着重要作用。社会支持包括来自他人和群体的支持、帮助等。它可以表现为感情支持，如亲密关系、信任、尊重、倾听等；也可以表现为评价支持，如反馈、证实等；还可以是信息支持，如建议、劝告、指导等。个体要成为有效的社会支持网络中的一部分，在需要时可以寻求他人的帮助，千万不要让自己与其孤立。另外，如果工作压力导致的症状十分严重，应及时寻求专业心理医生的帮助。

（5）学会放松。个体可以自学一些放松技术来降低压力。每天进行15~30分钟的深度放松练习，有助于减轻紧张感，使人产生显著的平和感。同时，深度放松的状态对心跳、血压及其他生理状况也会有所改善。

2.组织的解决途径

引起工作压力的不少因素都与工作要求和组织结构等因素有关，因此管理层可以采取一些措施进行调整或改变，从而降低员工的压力水平。这些策略有：

（1）改善甄选过程。不同的工作引起的压力水平并不相同。某些工作的确会比其他工作产生的压力更大。另外，不同员工面对同一压力情境时的反应也不相同，这与员工的工作经验、人格特点等因素有关。因此，在人员甄选和配置过程中，管理者应把这些因素考虑在内，以实现个人与工作的恰当匹配。

（2）进行有效的目标管理。当员工拥有具体、明确、富有挑战性的目标时，会因为降低了角色的模糊性，减少了挫败感，从而在工作当中更加积极；当员工能参与目标的设置过程，有机会发表自己的意见和建议时，会因为增强了控制感，而减轻角色压力；当员工能及时得到沟通和信息反馈，从而了解自己的工作业绩和工作表现时，更愿意付出努力改善工作绩效，并在实现目标时体验到成就感。

（3）重新设计工作。工作任务是造成工作压力的主要因素之一，因此组织可以在一定范围内设法改变一些工作内容。例如，对过于枯燥的工作进行内容扩大化和丰富化设计，使员工在工作当中拥有更多的责任、更多的意义、更大的自主性；对于负担过重的工作可以进行合理的分担；对工作的物理条件进行一定改变，增加安全性和舒适性；增加休息和休假时间，使员工能有机会充分恢复精力。实际上，工作设计有很多不同的思路，是组织行为学在人力资源管理中的重要应用领域。值得注意的是，并非所有员工都喜欢丰富化的工作。对于那些成就需要不高的员工，在进行工作设计时，应给他们提供责任较轻、要求具体的工作。如果员工更喜欢从事例行性和结构化的工作，降低工作技能的多样化程度，就可以相应地降低工作中的不确定性和压力水平。在工作设计上，重要的一点是清晰地了解个人的需要。

（4）增强正式沟通渠道。在压力模型中，可以清楚看到，员工的认知是一项重要的调节变量，因而管理层可以运用有效的沟通作为塑造员工认知的手段。请注意，员工如果没有从正式的沟通渠道中获得充分的信息，就会借助于非正式沟通渠道了解信息，或是进行主观臆测，因而出现认知失真和误解的现象。因此，使正式的沟通渠道畅通无阻，及时就相关问题与员工进行讨论和交流，有助于减轻角色模糊性和角色冲突等。

（5）资助员工健康计划。这些健康计划注重员工身心状况的改善。例如，提供各种咨询活动帮助员工戒烟、戒酒、减肥、改善饮食状况、开发良好的锻炼计划等。大多数组织确实从员工的健康计划中得到了明显回报。

素质提升

提高情绪管理能力的方法

情绪管理既是学问，也是艺术。管理者要想将这门艺术掌控得恰到好处，就必须不断地修炼情绪管理技能，学习提高情绪识别和管理能力。

1.选择情绪

一个越懂得选择情绪的人，也就是越能改变心情的人。可以自如地选择自己情绪的人，能够像完成其他工作一样获得成就感。所以，当我们的心情不佳时，若能换个心情，以愉快的情绪取代不愉快的情绪，将会减少负面情绪的影响。例如，某天早上出门较晚，上班快迟到了，偏偏一路上又遇到红灯，越急心情越不好。如果这时强迫自己改变一下情绪，认为这正是一个欣赏城市风景的好机会，心情立刻会变得较好。

2.冷却或转移注意力

有人问一位智者应如何处理愤怒，他答复说："不要压抑，也不要冲动行事。"换言之，一个人遇事立刻发泄怒气，将会使愤怒的情绪增强。正确的做法是延迟反应，面对激怒自己的事件，强迫自己迟缓一会儿反应，使心情平静下来后，再采取建设性的方法解决问题。如心情非常气愤或沮丧，可以选择与朋友一起去喝咖啡或独自一人散散步等。总之，可以暂时将烦恼抛在脑后，待情绪好转后，再做出决定。

3.适度表达情绪

情感平淡，生命将枯燥无味；太极端，又会变成一种病态，如抑郁到了无兴趣、过度焦虑、怒不可遏、坐立不安等都是病态。所以，我们要如同亚里士多德所强调的那样，"适时适所地表达情绪"。这并不是情感压抑，而是避免任何过度的情绪反应。适度表达内心的愤怒可以采取找个知心好友倾诉内心的怒气、将内心不快乐的感觉写在日记上等方法。这些皆有助于避免与人直接冲突，也是宣泄情绪的好方法。管理者的情绪直接影响下属的情绪，正确地表达情绪能赢得下属发自内心的尊敬。

4.理情治疗法

理情治疗法强调理念、认知会主宰一个人的情绪。也就是说，你怎么看待这个问题决定了这件事会带给你情绪上什么样的影响。不好或不合理的认知一旦产生，情绪就会产生较大的波动。当然，从认知上来提高管理者的情绪管理能力，是需要长期积累和修炼的。为什么阅历丰富的人情绪管理能力强？因为他们看问题的角度和思路不同。比如，失恋时，心情非常沮丧、伤心，认为对方离开我是因为我一无是处、令人嫌弃，如果太过沉浸于这种思想，就会扩大自己的负面情绪，甚至无法自拔；如果改变一下想法，认为双方不合适，而不是自己条件差，这样心情会有所好转，并能重新振作起来。

5.自我激励法

改变自我情绪、增加自信心的另一种方法就是找一句座右铭或对自己说一些肯定的话，以激励自己。例如，听到别人在背后胡乱批评自己时，心里会愤愤不平，此时不妨告诉自己："我并不像他们所说的那样，我为什么要在意他们的评价呢？我也不需要浪费精力和他们一般见识。"如此一来，这些评价将不会对自己造成影响。或者当我们遇到挫折、心情陷入低谷时，不妨告诉自己："人生总有波峰波谷，现在虽处于低谷，但意味着后面的情况会逐步好起来，要重新站起来。天下无难事，只怕有心人。"

资料来源：余玲艳.员工情绪管理［M］.北京：东方出版社，2007.

➡ 自学测试

一、选择题

1.情绪的特点有（　　）。
A.情绪不是自发的，是由刺激所引起的
B.情绪是一种主观意识体验
C.伴随情绪体验同时出现的，是情绪的外部表现
D.情绪会产生生理唤醒

2.下列属于人的基本情绪的有（　　）。

A.愤怒	B.害怕	C.悲伤	D.快乐
E.厌恶	F.惊奇	G.轻蔑	

3.沙赫特等的认知评价理论认为，情绪状态是由（　　）在大脑皮层中整合的结果。

A.认知过程（期望）	B.生理状态
C.环境因素	D.行为过程

自学测试2-3

4.压力的调节因素有（　　　）。

A.个人的认知模式　　　　　　　　　B.工作经验

C.社会支持网络　　　　　　　　　　D.人格特点

5.压力的组织解决途径有（　　　）。

A.改善甄选过程　　　　B.进行有效的目标管理　　　C.重新设计工作

D.增强正式沟通渠道　　　E.资助员工健康计划

6.罗素的环形情绪分类有四大类情绪，它们是（　　　）。

A.高兴类的情绪　　　B.轻松类的情绪　　　C.惊恐类的情绪　　　D.厌烦类的情绪

二、判断题

1.情绪指的是个体受到某种刺激所产生的一种身心激动状态。　　　　　（　　　）

2.情绪劳动是指员工要在工作当中表现出令组织满意的情绪状态。　　　（　　　）

3.情绪智力是个体监控自己及他人的情绪，并识别和利用这些信息指导自己的思想和行为的能力。　　　　　（　　　）

4.压力指的是一种动态状态，当个体在实现对自己有着重要意义的目标过程中，遇到机会、障碍或要求时，便会处于压力状态。　　　　　（　　　）

课后测试

一、选择题

1.潜在的压力情境转化成个人体会到的现实压力，需要具备的关键条件是（　　　）。

A.活动结果的不确定性　　　　　　　B.活动结果对个体的重要性

C.活动结果的确定性　　　　　　　　D.活动结果对个体不重要

2.潜在的压力来源包括（　　　）。

A.环境因素　　　　　B.组织因素　　　　　C.个体因素　　　　　D.心态因素

3.压力后果的表现症状有（　　　）。

A.生理症状　　　　　B.认知症状　　　　　C.情绪症状　　　　　D.行为症状

4.压力的个人解决途径有（　　　）。

A.掌握有效的时间管理技术　　　　　B.增强体育锻炼

C.及时倾诉　　　　　　　　　　　　D.寻求帮助

E.学习放松训练

二、判断题

1.当工作任务比较复杂时，压力强度较高时可达到最佳水平；当工作任务比较容易时，压力强度较低可达到最佳水平。这一规律称为耶克斯-多德森定律。（　　　）

2.我们表现在众人面前的，并不总是自己的真情实感。　　　　　（　　　）

3.按照拉扎勒斯的观点，情绪是个体对环境事件感觉到有害或有益时的反应。

　　　　　（　　　）

4.压力是不可避免的，都是有害的、破坏性的。　　　　　（　　　）

5.压力强度与工作绩效之间是线性关系。　　　　　（　　　）

三、思考题

1.什么是情绪？它有哪些特点？

2.情绪在组织行为中有哪些应用？

3.工作压力对工作绩效有何影响？

4.哪些方面的因素会引起工作压力？

5.组织可以采取哪些措施减轻员工的工作压力？

6.员工可以采取哪些措施减轻工作压力？

7.面对同样的压力情境，为什么不同的人有不同的反应？

四、案例分析题

尹琳是一家民营公司的销售经理，七年来业绩一直不错，但近两年，她感觉外部竞争越来越激烈，本公司的家族式管理体制越来越落后。她感到做得很辛苦，尽管工作量没有增加，但感觉工作压力越来越大，一种说不清道不明的职业恐惧长时间地困扰着她，使她对原本驾轻就熟的工作倍感沉重。她采用的减压办法是到处出差，但效果并不好。

资料来源：刘廉明. 大学生职业生涯规划与就业指导［M］. 厦门：厦门大学出版社，2016.

请问：

（1）尹琳的职业压力来自哪里？

（2）请你给尹琳提供一个有效减压的建议。

任务四 人职匹配理论的应用

学习目标

◆知识目标

理解人职匹配理论的基本观点；

了解人职匹配的含义、过程、类型；

了解人才测评的类型及其特点；

掌握人职匹配的基本策略和工作机制。

◆能力目标

能够运用人职匹配理论合理配置人力资源。

◆素养目标

树立人职匹配意识，完善知识结构，提升知识和技能。

重点难点

◆教学重点

人职匹配理论的基本观点。

◆教学难点

人职匹配的基本策略。

自学任务

（1）了解本任务的学习目标和重点难点，通过线上或线下的方式进行自学，重点关注以下知识点：人职匹配理论的应用。

（2）自学结束后完成本任务的自学测试。

案例研讨

小张辞职

某中学选拔教务处主任，学校经过考察推选了学校唯一的硕士小张老师。那时，小张刚刚29岁，是该学校学历最高的年轻教师。不仅如此，由于他突出的科研成果，被评为全国优秀教师。另外，他是党员，参加过本市的党代会。他为人谦虚谨慎，待人和蔼可亲，被同事们认为难得的好人。他的不足之处是在此之前没有承担过任何管理工作，而且他不太愿意进行交际活动，平常也不怎么过问学校行政工作。在学校领导班子会上，大家一致认为，小张德才兼备，完全符合干部的"四化"要求，是教务处主任的合适人选，于是一致同意小张担任教务处主任。当校长会同人事干部找小张谈话时，小张表示自己工作能力不行，做教务处主任不合适，最好还是让他静心地搞业务。但经过校领导和人事同志做工作后，小张服从了组织的决定。

教师们对新的教务处主任寄予了很大的期望，并积极给予配合。然而，不久之后，他们就大失所望。他们发现，新的主任不仅对学校教学管理缺乏思路，而且魄力不够、缺乏主见。小张自己也在班子内部提出，这个班子就做个"维持会"吧。于是，在这之后的一年多时间里，学校工作就这样维持着现状，许多发展机遇都未能及时抓住，学校发展处于停滞状态。一些教师从期望变为失望，又变成了不满。

小张也感到教务处主任这个工作成了他的包袱，进而有了思想负担，并且由此影响了身体。

在这种情况下，小张向学校提出了辞呈，要求辞去教务处主任的职务。但是，学校领导认为班子组建时间不长，距四年任期的到期期限相差太远，加之小张又没有犯什么错误，所以不能批准他的辞职申请。然而，小张去意已定，于是他不去参加学校召开的任何有关会议和活动，也不召开教务会议，甚至连主任办公室也不去。这个状况维持了几个月，学校领导才同意小张的辞职。就这样，小张从做了两年的教务处主任岗位上无功而退。

资料来源：彭志刚. 校长的领导力［M］. 呼和浩特：远方出版社，2007.

讨论：在管理活动中应确定怎样的用人原则？

▶▶▶ 知识点学习 ◼◼◼

一、人职匹配理论的基本观点

人职匹配是指个人的能力、个性、兴趣、需要等与职业对人的要求之间的一致性，即我们平常所说的某个人是否适合从事某项工作。

人职匹配理论即关于人的素质特征与职业要求保持一致的理论。其基本思想是：个体差异是普遍存在的，每一个个体都有其个性特征，而每一种职业由于其工作性质、环境、条件、方式等的不同，对工作者的能力、知识、技能、个性等有不同的要求。进行职业决策，如选拔、安置、职业指导时，就要根据一个人的个性特征，来选择与之相对应的职业种类，即进行人职匹配。如果匹配得好，则个人的特征与职业要求协调一致，工作效率和职业成功的可能性就大为提高；反之，工作效率和职业成功的可能性就很低。因此，对于组织和个体来说，进行恰当的人职匹配具有非常重要的意义。

二、人职匹配的过程

人职匹配的过程，具体包括以下三个步骤：特性评价、职业因素分析、个人特性与职业因素的匹配。

1.特性评价

评价被指导者的生理和心理特性、职业能力、职业兴趣、人格、家庭文化背景、父母职业、经济收入、学业成绩、闲暇兴趣等，从而获得全面的材料，得出综合

讲课视频 2-9

人职匹配
理论的应用

自学课件 2-9

人职匹配
理论的应用

评价。

2.职业因素分析

分析职业的各种因素，包括各类职业内容、特点等，提出对从业人员的具体要求。

3.个人特性与职业因素的匹配

根据被指导者特性评价与职业因素分析结果，对被指导者进行职业咨询与指导，从而达到人与职业的合理匹配。

三、人职匹配的类型

人职匹配分为两种类型：因素匹配和特性匹配。

1.因素匹配

因素匹配即"活找人"。例如，需要有专门技术和专业知识的职业，与掌握该种专门技术和专业知识的择业者相匹配；劳动条件很差的脏、累、苦等职业，需要有能吃苦耐劳、体格健壮的劳动者与之匹配。

2.特性匹配

特性匹配即"人找活"。例如，具有敏感、易动感情、不守常规、个性强、理想主义等人格特性的人，宜于从事审美性、自我情感表达的、艺术创作类型的职业。

进行人职匹配的前提之一，是必须对人的特性有充分的了解和掌握，而人才测评是了解个体特征的最有效方法。

四、人才测评

（一）人才测评在人力资源管理和开发中的作用

1.人才测评可为人才科学配置提供可靠依据

因事择人、人职匹配是人力资源管理中最主要的内容之一。人力资源的科学配置是个复杂的系统过程。当职位说明书完成以后，要根据岗位对人员知识、技能、素质的要求，通过人才测评，选择最合适的人选，以使每个人既能胜任本岗位的工作，又能充分发挥其潜能，同时不造成人力资源浪费。无论是新员工的招录，还是岗位的流动，人才测评均可为人才科学配置提供可靠依据。

2.人才测评有助于甄选岗位最佳匹配人员

中国有句古语：知人方能善任。人才测评在企业人力资源管理中正是解决"知人"的问题，在员工招聘中人才测评的作用十分明显。在员工招聘中应用人才测评可以避免经验管理造成的失误，可以使企业选择合适的人到合适的岗位，做合适的工作，从而达到人岗的最佳匹配。企业的人力资源管理部门通过人才测评，可以了解员工的能力特点与个性特征，并可据此提出人才的使用发展建议，使人的能力水平与工作难度相匹配，人的能力类型与工作性质相匹配。

3.人才测评为科学激励提供可靠依据

在现代企业之中，薪酬的职能已经不再是单一的补偿职能，还具有激励职能、调节职能和效益职能等。在薪酬设计中，人才测评技术发挥着重要作用。薪酬的激励手段的科学使用，是调动员工工作积极性、激活其内在潜能的制度保障，并能引导员工围绕发展目标而规范自己的行为。在薪酬、福利、表彰、晋级等物质和精神奖励的使用上，要通过绩效的定性定量考核，对员工精神驱动、物质驱动的客观评定做到有的放矢，为科学激励提供可靠依据。

4.人才测评有助于做好员工晋升工作

在人力资源管理中，员工晋升是一个十分重要的问题。它不仅是对员工个人能力和工作业绩的肯定，还关系到企业未来的发展。古人云：千军易得，一将难求。在现代企业中，部门主管就如同那带兵的将军，一旦选择（提拔）错误，企业的发展就很可能出现问题。匹茨堡大学职业研究院的威廉·帕海姆教授，在调查了测评中心的研究项目后指出：经过测评中心测试选拔的管理人员比仅仅凭主观判断而提拔的管理人员，其成功率要高2~3倍。

5.人才测评有助于做好员工培训工作

人才测评在企业员工培训中的重要作用，一般表现在4个方面：

（1）通过人才测评，可以了解员工的各方面素质，并据此判断员工是否需要接受某项培训。如果员工并不具备某项培训所需的素质，即使花费再多的时间和精力，也只能是事倍功半。

（2）通过人才测评，还可以对受训员工按照能力水平、心理特征等进行适当分类，然后开展相应的培训。这种因材施教的培训方法，使合适的人接受合适的培训，可以增强培训效果。例如，在企业的教育培训中，如果能够根据员工的知识水平，安排不同层次的培训内容，就可能收到事半功倍的效果。

（3）借助于人才测评进行培训，可以降低培训成本。由于人才测评很好地解决了培训的对象以及培训的内容问题，避免了重复和不必要的培训，提高了培训的合格率，因而降低了企业因培训而产生的费用。

（4）根据人才测评的结果确定培训人选，避免了某些主观因素，甚至是不正之风的影响，有利于在企业中建立良好的氛围，并起到激励员工的作用。

（二）人才测评的类别

人才测评是通过一系列科学的手段和方法，对人的基本素质及绩效进行测量和评定的活动，并将其应用在组织发展与人才管理等企业管理领域。人才测评分为两类：最大性测验和典型性测验。

1.最大性测验

最大性测验是指在规定时间的测评中，让被试尽其所能地完成测评的内容，然后根据分数的高低确定选拔的标准。

最大性测验的特点是测验的评估题目是有正确或错误答案的。被试的反应可以被归为答题正确与否，我们可以针对被试的答题结果进行计分。如果是标准化的答题结果，计分相对比较容易，但如果是开放式问题，那么计分的方法一般需有结构化的评分标准，同时需对评分者进行标准化评分操作训练。最大性测验一般都会有时间限制。最好的最大性测验的结果是：我们能够把被试的分数完全区分开，如果满分是100分，那么良好的最大性测验可以得到一个正态分布的结果。得分在50分左右的区域里被试最多，而在两侧靠近100分和0分的地方很少有人能够达到。一个良好的最大性测验，是要让绝大多数人（比如98%的被试）在规定时间里面不能完成的，这样才能够做到良好的区分。人们可以进行类似题项的训练，以在测评中能够得到更好的成绩。国内很多考试培训机构对题项进行有针对性的培训，就有可能使被试取得高于实际能力的分数，因而使得测评效果降低。

2.典型性测验

典型性测验是指在测评中，让被试尽可能真实反映自己的意向，然后根据反应结果区分被试类型。

典型性测验有这样一些特点：测验本身并不一定限制时间；因为我们希望得到被试因没有时间去反复推敲，而做出更多更加真实的反应，迫选题是典型性测验常用的手段；由于我们只希望进行类别的划分，测评的重点在于对典型反应特征的评估，所以被试可以伪装自己的反应来迎合主试的需要，这也是在典型性测验中很难避免的。

五、人职匹配的基本策略

人职匹配的关键在于匹配。基本的匹配策略有两个，我们称之为最大性匹配策略和典型性匹配策略。此外，还有混合匹配策略。

（一）最大性匹配策略

最大性匹配策略是指总分达到一定水平的最高者与岗位要求相一致的匹配策略。按照最大性匹配策略，我们看到A候选人的得分要比B候选人高，则A是这个工作更好的人选。

（二）典型性匹配策略

典型性匹配策略是指分数的特征轮廓线与选拔标准相一致的匹配策略。按照典型性匹配策略，B候选人虽然得分没有A高，但是得分的特征轮廓线要比A更加匹配，则B候选人应该是更好的人选。

（三）混合匹配策略

匹配意味着与工作要求的一致。事实上，在具体的人事选拔中，我们常常会混合使用各种匹配策略。首先，能力标准达到一定要求；然后，类别的匹配。如果你被录取为一名文字处理人员，而你的能力达不到键盘打字工作的基本要求，那么无论你的工作态度多么积极，或工作动机多么强烈，最终的工作绩效还是很低。最大性匹配也并不意味着能力越高越好。当员工的能力远远超过了工作要求，而造成能力与工作要求不匹配时，结果又是另一种情形——工作绩效可能不会存在问题，但可能会降低员工的工作满意度，尤其当员工渴望施展自己的能力时，会因工作的局限性而灰心丧气。员工所得到的薪水反映了员工在工作中的技能水平。如果员工的能力远远超过了工作要求，那管理层应付给他更多的薪水。所以，能力匹配还意味着恰到好处。

六、人职匹配的工作机制

组织要选拔所需的人员，就必须建立一套人职匹配的用人机制。在实际工作中，一个人可以干几种不同的工作，一个工作也可以由不同的人来干，到底应如何匹配呢？田忌赛马的原理，对每个用人单位都有启示：要赢得全局胜利，不一定所有的职位都匹配上最优秀的人。核心职位匹配最优秀的人，普通岗位匹配次优秀的人，这样对挖掘人的潜力、提升人的工作动机、提高工作效率有重要意义。

第一，可以为企业节约人力成本。

第二，可以充分调动员工的工作积极性、主动性、创造性，使员工的发展空间更大，从而总体上提升企业员工的素质。

第三，有利于形成你追我赶、奋力拼搏的企业文化。在用人机制方面应建立"赛马"机制，即实行竞聘上岗、能上能下的竞争机制，不拘一格地选用人员。赛马是公开竞争，在统一的规则下，哪匹马跑得快，一目了然，用不着伯乐来"相马"，毕竟"千里马常有，而伯乐不常有"。这样既可避免伯乐自身的偏颇之处，也能调动员工的工作积极性、增强员工的责任感、危机感、使命感。

素质提升

"一个和尚挑水喝，两个和尚抬水喝，三个和尚没水喝。"这个经典寓言告诉大家一个哲理：分工不明，则责任不清；责任不清，则相互推诿；相互推诿，则一事无成。人多未必力量大，没有制度设计，没有管理约束，人越多，效率反而越低。在心理学研究中，这种现象称为旁观者效应（责任分散效应）、集体冷漠和从众心理。从管理学角度讲，这是无岗位设置、无职责分工和无制度体系的必然结果。

解决"三个和尚没水喝"这一问题可以有多个方案。第一个方案，明确分工，分工就是设置不同的岗位，有人挑水，有人砍柴，有人做饭；第二个方案，轮岗，三人轮流挑水，或轮流抬水，其余时间负责其他事务；第三个方案，通过某种方式比如佛教协会任命、化缘多、来寺庙早（资历深）、拳头硬等，选举方丈，由方丈指定挑水之人；第四个方案，永久解决喝水问题，一人负责挑水，另外两人负责挖井；第五个方案，谁也不欠谁，各自喝自己的。

这五个方案是团队常见的几种状态，均存在一定的管理问题。第一个方案虽然有明确的分工，但没有因人而异——根据和尚的体能进行安排，高壮的负责挑水，矮壮的负责砍柴，瘦弱的负责做饭，人岗错配，即使有分工也会导致低效率。第二个方案貌似公平，但并未做到人尽其才，物尽其用，易造成人力资源浪费，同样会导致团队低效率。第三个方案产生了领导，但领导的职责并未明确，方丈是否只做管理不做具体事务？如果挑水的和尚生病了如何解决喝水问题？这个方案同样存在机制问题。第四个方案需要三个和尚形成共同目标，互帮互助，尽心尽力地挖井，在没有监督、协调、激励的情况下，单纯依靠自觉性也难以维持长久。第五个方案就是一个分崩离析的名义上的团队。

从这个小寓言里可以悟出许多团队建设的道理。无论是设定短期目标（挑水喝水），还是设定长期目标（挖井喝水），对于提升团队效率还远远不够，岗位设计、工作分工、责任到人、制度安排等同样重要，这些均是实现目标的重要制度保障，是团队高效运转的关键环节。没有这些保障措施，再科学的目标也难以实现（没水喝）。

自学测试

一、选择题

1.人职匹配的过程具体包括（　　　）。

A.特性评价　　　　　　　　　　　B.职业因素分析

C.个人特性与职业因素的匹配　　　D.职代会通过

2.人职匹配的类型包括（　　　）。

A.因素匹配（活找人）　　　　　　B.特性匹配（人找活）

C.时间匹配　　　　　　　　　　　D.地点匹配

3.人职匹配的基本策略有（　　　）。

A.最大性匹配策略　　　　　　　　B.典型性匹配策略

C.混合匹配策略　　　　　　　　　D.时间匹配策略

自学测试2-4

二、判断题

1.人职匹配是指个人的能力、个性、兴趣、需要等与职业对人的要求之间的一致性。　　　　　　　　　　　　　　　　　　　　　　　　　　　　　　　（　　　）

2.人职匹配理论即关于人的素质特征与职业要求保持一致的理论。　（　　　）

课后测试

一、选择题

1.最大性测验的特点有（　　　）。

A.最大性测验的评估题目是有正确或错误答案的

B.最大性测验一般都会有时间限制

C.人们可以进行类似题项的训练，以在测评中能够得到更好的成绩

D.最大性测验一般都没有时间限制

2.典型性测验的特点有（　　　）。

A.典型性测验的评估题目是有正确或错误答案的

B.测验本身并不一定限制时间

C.迫选题是典型性测验常用的手段

D.被试可以伪装自己的反应来迎合主试的需要

3.人职匹配的工作机制是（　　　）。

A.最大性匹配　　　　　　　　　　B.典型性匹配

C.混合匹配　　　　　　　　　　　D."赛马"机制，即实行竞聘上岗

二、判断题

1.最大性测验指在规定时间的测评中，让被试尽其所能地完成测评的内容，然后根据分数的高低确定选拔的标准。　　　　　　　　　　　　　　　　　（　　　）

2.典型性测验是指在测评中，让被试尽可能真实反映自己的意向，然后根据反应结果区分被试类型。　　　　　　　　　　　　　　　　　　　　　　　　（　　　）

3.所有的职位都应匹配上最优秀的人。　　　　　　　　　　　　（　　　）

三、思考题

1.人职匹配的含义是什么？

2.人职匹配理论的基本观点是什么？

3.人职匹配的基本策略是什么？

四、案例分析题

教学副主任与总务主任

某中学教学副主任赵老师凭着苦干和奉献精神，赢得学校多数教师的称赞，多次被评为先进教师。但有不少教师持不同意见："光知苦干，教学质量上不去，这样的先进没有多少影响。""工作讲效益，干12小时的人不一定比干8小时的人强。"

姚校长分析了赵老师的业务能力和教学水平：赵老师文化基础较弱，语言表达能力不强，但关心集体，爱校如家，工作勤恳，坚持原则，而且善于理财。于是姚校长提议将赵老师调离教学岗位，提任他改任总务主任。

赵老师当了5年总务主任，工作非常出色，在他的主持下，学校盖了3幢大楼，修建了标准运动场，校容校貌彻底改观。

请问：赵老师的经历说明了什么？试以工作环境和工作要求与人的能力相适应的理论进行分析。

学习单元三　员工动机分析

任务一　马斯洛需求层次理论和阿尔德弗 ERG 理论的应用

▶ 学习目标

◆ 知识目标

了解动机的内涵及机理；

正确理解马斯洛需求层次理论、阿尔德弗 ERG 理论的基本思想；

掌握马斯洛需求层次理论、阿尔德弗 ERG 理论的应用。

◆ 能力目标

能够正确应用马斯洛的需求层次理论和阿尔德弗 ERG 理论。

◆ 素养目标

树立调查研究意识。

▶ 重点难点

◆ 教学重点

马斯洛的需求层次理论的基本思想。

◆ 教学难点

马斯洛的需求层次理论的应用。

自学任务

（1）了解本任务的学习目标和重点难点，通过线上或线下的方式进行自学，重点关注以下知识点：动机的内涵及机理；马斯洛需求层次理论及应用；阿尔德弗 ERG 理论及应用。

（2）自学结束后完成本任务的自学测试。

案例研讨

刘某的困惑

刘某被提拔为某公司某部门的主任，上岗一段时间后发现有的员工不愿意工作。为了调动员工的工作积极性，他想，重赏之下必有勇夫。因此他利用部门的二次分配政策进行奖金分配制度的改革，改革体现了干与不干不一样，拉大了收入分配差距。这项新制度一实施，收到了很好的效果，员工的工作热情提高了，原来不愿做的事情，有人抢着去做，但好景不长，不到半年，状况又回到了从前。奖金分配制度的改革没有换来员工工作的可持续高效率，刘某陷入两难的困惑境地，既苦恼又不知所措。

讨论： 分析该部门激励方案失效的原因。

知识点学习

美国哈佛大学教授威廉·詹姆斯在《行为管理学》一书中指出，通过对员工的激励研究他发现，实行计件工资的员工，其能力仅发挥了20%～30%；在受到充分激励时，其能力则可发挥至80%～90%。也就是说，其中50%～70%的差距是激励作用所致。这一分析不能不使人们感到吃惊，因为每当出现困难影响生产任务与绩效时，大多数企业的管理人员首先想到的常常是要在设备与工艺上进行改进，较少想到他们周围的人力资源还有很大的潜力值得开发和利用。个体行为的原因和动力有着很大的差异，只有深入洞察员工行为的内在需要和动机，才可以有效地调动员工的工作积极性。

一、动机的认知

（一）动机的内涵

讲课视频3-1

动机的认知

自学课件3-1

动机的认知

人们无论从事什么活动，都要受到动机的调节和支配。比如，工人在厂里做工，是因为他有工作的动机；顾客去商店采购，是因为他有购买的动机。即使是像吃饭、喝水、走路这些比较简单的活动，也是在不同动机的推动下产生的。动机可以说是活动的原因和动力，表明一个人为什么去从事某种活动。在这里需要澄清一种说法，就是在日常生活中，我们常常会说某些人缺乏动机。其实这种说法是不对的。动机存在于每个人身上，只不过有强度上的差异，而且会指向不同的方向。同一名学生，上课时可能心不在焉、昏昏欲睡，但上网玩电子游戏时可以几个小时不休息，说明的就是动机的强度和方向不同。

那么，到底什么是动机呢？

在组织行为学中，动机是指引起和维持个体的活动，并使活动朝向某一目标的内部心理过程或内部动力。

人的各种活动都是在动机的指引下，指向某一目标的。从这个定义中可以看到动机的四个特点：

（1）动机是人们从事某种活动的原因，是推动人们进行某种活动的内部动力。比如，饥择食，渴择饮。这种择食、择饮的活动是由饥、渴的动机激发起来的。没有这些动机，就不会产生相应的行为和活动。

（2）在动机的支配下，个体的行为将指向一定的目标或对象。比如，在学习动机的支配下，人们可能去图书馆借书，或者去书店买书；在休息动机的支配下，人们可能去电影院、娱乐场、公园，或选择自己乐意的休息方式。可见，动机不一样，个体活动的方向以及所追求的目标，也是不一样的。

（3）动机引发某种活动之后，不能也不会立即停止，而是继续发挥其作用，即维持已引起的活动，并使该活动朝向某一目标进行。

（4）动机是一种内部心理过程，是一个"中间变量"。我们无法直接观察到它，甚至不一定能意识到它的存在，只有通过一个人当时所处的情境及其行为表现才能觉察或测量到他的动机，并给予解释。

（二）动机与效果

动机的性质和强度决定了人们行为的方向与进程，进一步影响行为的效果。但是，在现实生活中，常常能看到动机与效果不太一致的情况。例如，一个工作十分努力的员工，在工作业绩上并不出色。这表明：动机与效果的关系还受到其他因素的影响，其中一项主要因素是个体的能力水平。能力对动机与绩效的影响如图3-1所示。

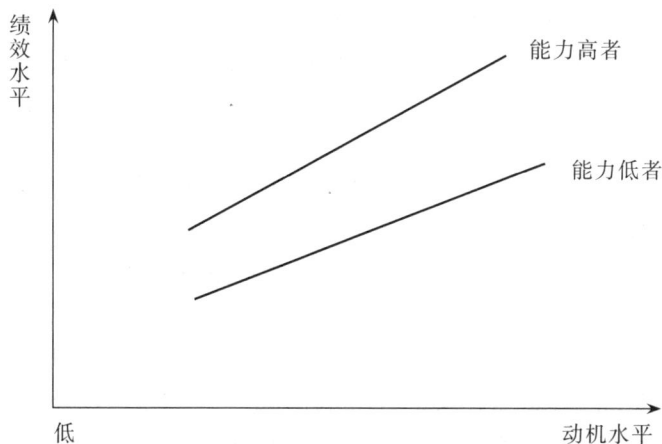

图3-1　能力对动机与绩效的影响

此外，越来越多的研究者认为在这种关系中还应加入机会这一变量。也就是说，绩效等于能力乘以动机乘以机会。在现实生活中，很容易找到这样的例子，比如一个能干而且想干的人，却因为一些主客观因素制约了绩效水平。可见，动机是影响行为效果的一个重要因素，但不是唯一的。

当你在评价一个员工为什么没有取得他应该取得的绩效水平时，不要忘了看一看：该员工是否拥有足够的工具、设备、材料和供应？是否拥有有利的工作条件、热情帮助的同事、支持性的规章制度？是否拥有做出工作决定所需的充分信息？是否有充分的时间完成工作？等。如果没有，那么他的绩效水平会受到影响。

动机是组织行为领域研究最多的一个课题。由于问题的复杂性，研究者从不同的角度进行分析，因而发展出了各种理论学派。虽然每种理论都不能全面地解释工作动机问题，但它们对之后的理论产生了重大影响。

内容型动机理论注重解释人们为什么做出这样或那样的行为，主要研究激发人们行为的各种动机因素，主要包括马斯洛的需求层次理论、阿尔德弗的ERG理论、赫茨伯格的双因素理论、麦克利兰成就动机理论等。

过程型动机理论主要研究动机如何才能转化为组织所希望的行为，以便通过为这种转化提供相应的条件来引导员工的行为，主要包括期望理论、公平理论、强化理论、目标设置理论等。

二、马斯洛需求层次理论的应用

美国心理学家亚伯拉罕·马斯洛于 1943 年提出需求层次理论，也称马斯洛需求层次理论。它历经大半个世纪，依然在管理领域中广为流传，并对后来的理论有着重要影响。

(一) 马斯洛需求层次理论的基本观点

这一理论把人类多种多样的动机归纳为五大类，并按照其发生的先后次序划分出等级，由低向高列成一个金字塔形状。

马斯洛认为每个人都有五个层次的需求，由低到高，分别是生理需求、安全需求、社交或情感需求、尊重需求、自我实现需求。

(1) 生理需求，是指衣、食、住、行等能满足人生存所必需的一切物质方面的需求。这是人类最原始、最基本的需求，若不满足，就有生命危险。这就是说，它是最强烈的、不可避免的、最底层的需求，也是推动人们行动的强大动力。显然，这种生理需求具有自我和种族的意义，例如，饮食是人类个体为了生存而必不可少的需求。当一个人存在多种需求时，如同时缺乏食物、安全和爱情，那么缺乏食物的饥饿需求占有最大的优势，这说明当一个人为生理需求所控制时，其他一切需求都被推到后面。

(2) 安全需求，是指对生命安全、财产安全、职业安全和心理安全等的需求。这类需求主要是对生理需求和身体安全的社会保障。安全需求可以分为两类：一类是现在的安全需求，追求自己现在的社会生活的各个方面均能有所保证，如劳动安全、职业安全、生活稳定、免于灾难等。另一类是对未来的安全需求，希望未来生活能有所保障。安全需求要比生理需求高一级，当生理需求得到满足以后，就要保障这种需求。每个在现实中生活的人，都会产生安全感的欲望、自由的欲望、防御的欲望。

(3) 社交或情感需求，是指个人归属于某一群体的需求，参与群体活动及交往的需求，以及对友谊、接纳和爱情的需求等。社交需求也叫归属于爱的需求，通俗地说，是指个人渴望得到家庭、团体、朋友、同事的关怀、爱护和理解，是对友情、信任、温暖、爱情等的需求。

社交需求比生理需求和安全需求更细微、更难以捉摸。它包括：①社交欲。希望和同事保持友好与忠诚的伙伴关系，希望得到关爱等。②归属感。希望归属，成为团体的一员，在有困难时互相帮助，希望有熟识的友人能倾吐心里话，说说意见，甚至发发牢骚。爱不单是指两性间的爱，而是广义的，体现在互相信任、深深理解和相互给予等上，包括给予和接受爱。

社交需求与个人性格、经历、生活区域、民族、生活习惯、宗教信仰等都有关系，这种需求是难以觉察、无法度量的。

(4) 尊重需求可以分为两类：一类与内部尊重有关，例如自尊、自信、自主和成就感等；另一类与外部尊重有关，例如地位、荣誉、认可和关注等。满足自我尊重的需求，会产生自信、良好的价值体验、能力及适应性增强等多方面的感觉，而阻挠这些需求，将产生自卑感、虚弱感和无能感等。基于这种需求，员工会愿意把工作做得更好，希望受到别人的重视，盼望有成长的机会、有出头的可能。尊重的需求很少能够得到完全的满足，但基本的满足就可产生推动力。这种需求一旦成为推动力，就会让人具有持久的干劲。

（5）自我实现需求是最高层次的需求，是指个体能充分发挥自身的潜能，实现个人的理想抱负，同时使自己不断成长、发展的需求。为了满足这种需求，就要求完成与自己能力相称的工作，最充分地发挥自己的潜在能力，成为所期望的人物。这是一种创造性的需求。有自我实现需求的人，会竭尽所能使自己趋于完美。这是一种追求个人能力极限的内驱力。

对有这种需求的人来说，工作的乐趣在于成果和成功，他们需要知道自己工作的结果，成功后的喜悦要远比其他任何报酬都重要。

马斯洛认为：人们的这五种需求是按次序逐级上升的。只有当低一级的需求获得基本的满足后，下一层级的需求才会成为主导需求。请注意，他指出：虽然没有一种需求会得到完全、彻底的满足，但只要它大体上获得了满足，或者说获得了大部分的满足，就不再具有激励作用了。

马斯洛还把五种需求分为高级需求和低级需求。生理需求和安全需求属于低级需求，是通过外部使人得到满足的。例如，借助于工资收入可以满足生理需求，借助于法律制度可以满足安全需求。而社交需求、尊重需求和自我实现需求属于高级需求，是从内部使人得到满足。低级需求是有限的，一旦得到满足就不再具有激励作用；而高级需求不同，往往不易得到满足，更不可能得到完全满足。但是，只有在高级需求的满足过程中，才能产生更巨大、更稳定、更持久的力量。

（二）马斯洛需求层次理论对管理者的启示

1.人的需求存在主次，要把握主要方面

根据马斯洛需求层次理论，如果你想激励某个人，就需要了解他目前处于哪个需求层次，然后重点满足这种需求以及在其之上的更高层次需求。

2.对不同的员工采取的激励方法应该要有差别

一些管理者根据这五种需求，相应地制定了一些管理措施，指导组织中的管理实践。

生理需求追求的目标是薪水、健康、好环境、各种福利等。与之相应的管理措施是安排好医疗、保健、休息、福利设施等。

安全需求追求的目标是工作保障、安全生产等。与之相应的管理措施是安排好工作环境的安全保护、退休金、各类保险等。

社交需求追求的目标是友好的人际关系、团体的接纳等。与之相应的管理措施是安排好协商、访谈、团体活动、教育、培训、娱乐等。

尊重需求追求的目标是地位、名誉、权力、责任、薪水的公平性等。与之相应的管理措施是实施人事考核、晋升、表彰、选拔、进修、员工参与制度等。

自我实现需求追求的目标是能发挥个人特长的组织环境、挑战性的工作等。与之相应的管理措施是实施参与决策制度、提案制度、研究发展计划、劳资协商等。

马斯洛的理论得到了实践中的管理者的普遍认可，这主要归功于该理论简单明了、易于理解、具有内在的逻辑性。马斯洛需求层次论为企业激励员工提供了一个参照样本。

由于马斯洛的需求层次理论缺乏实证研究支持，不少学者试图对它进一步修正，从而与实证研究结果更加一致。

耶鲁大学的克莱顿·阿尔德弗就是这方面的典型代表。他在马斯洛需求层次理论的基础上提出了 ERG 理论。

三、阿尔德弗 ERG 理论的应用

ERG 理论是生存（existence）、关系（relatedness）、成长（growth）三核心需求理论的简称。它是美国耶鲁大学行为学教授阿尔德弗在大量实证研究基础上，对马斯洛的需求层次论加以修改而形成的一种激励理论。

（一）阿尔德弗 ERG 理论的基本观点

阿尔德弗认为，人类存在三类核心需求，即生存需求、关系需求、成长需求。

生存需求，是指满足生存的基本物质条件。它包括了马斯洛的需求层次理论中的生理需求和安全需求两部分。

关系需求，是指人们维持重要人际关系的愿望。要想满足这些社会的和地位的愿望，就需要和其他人相互交往。这类需求和马斯洛的社交需求及尊重需求中的外在部分相对应。

成长需求，是指个人发展的内在愿望。这类需求与马斯洛尊重需求的内在部分和自我实现需求相对应。

（二）阿尔德弗 ERG 理论的特点

除了在需求的层级上与马斯洛的需求层次理论不同之外，阿尔德弗的 ERG 理论还有两个鲜明特点：

1.强调多种需求可以并存

马斯洛的需求层次遵循逐级上升的严格过程，ERG 理论却并不假定需求存在一个严格的层级，即人们必须在低层次需求获得满足后才能进入高层次需求。例如，一个人甚至可以在生存需求和关系需求均未获得满足的情况下，为了成长需求而工作，或者三种需求在同一时间里共同起作用。

2.ERG 理论不仅提出了需求层次的"满足—上升"趋势，也包括了一个"挫折—倒退"趋势

也就是说，当个体较高层次的需求受到挫折未能获得满足时，则较低层次的需求强度会增加。例如，当个体的社交需求无法获得满足时，可能会导致其对于更多金钱或更好工作条件的渴望。所以，挫折可以导致人们向较低层级需求的回归。

（三）阿尔德弗 ERG 理论的应用

需求是激发动机的原始驱动力。管理者不仅要掌握需求理论，还要将满足员工需求所设置的目标和企业的目标结合起来，同时要重视员工高层次需求的满足。因此，

要做好以下工作：

1.要进行调查研究，了解员工的需求

人的需求是复杂的、多方面的，也是产生行为的基础。因而，员工的生存需求、关系需求、成长需求问题的解决，是激发行为、调动工作积极性、实行有效管理等的主要方法和途径。所以，管理者应进行调查研究，了解员工的需求。

2.根据需求的内容设定目标，激发动机，引导行为

在调查研究的基础上，对员工的需求进行综合分析，结合员工的个性特点，合理设定工作目标，解决问题，激发动机，引导其行为符合组织期望。

3.注重高层次需求的满足，防止"挫折—倒退"

当员工的有些需求不能获得满足时，应给员工解释清楚，做好思想疏导工作，以防"挫折—倒退"现象发生。管理者要"以人为本"，真正授权于员工，支持员工自我理，自我控制，积极采用员工提出的合理化建议，增强员工的责任感，使员工参与到管理中来。

素质提升

让人民生活幸福是"国之大者"

为人民而生，因人民而兴，始终同人民在一起，为人民利益而奋斗，是我们党立党兴党强党的根本出发点和落脚点。习近平总书记指出："中国共产党始终代表最广大人民根本利益，与人民休戚与共、生死相依，没有任何自己特殊的利益，从来不代表任何利益集团、任何权势团体、任何特权阶层的利益。"一百年来，为了人民幸福和民族复兴，我们党团结带领中国人民，以"为有牺牲多壮志，敢教日月换新天"的大无畏气概，书写了中华民族几千年历史上最恢宏的史诗，创造了新民主主义革命的伟大成就，创造了社会主义革命和建设的伟大成就，创造了改革开放和社会主义现代化建设的伟大成就，创造了新时代中国特色社会主义的伟大成就。特别是党的十八大以来，中国特色社会主义进入新时代，我们党团结带领中国人民，自信自强、守正创新，统揽伟大斗争、伟大工程、伟大事业、伟大梦想，党和国家事业取得历史性成就、发生历史性变革，中华民族迎来了从站起来、富起来到强起来的伟大飞跃，实现中华民族伟大复兴进入了不可逆转的历史进程！我们的国家从来没有像今天这样欣欣向荣、蒸蒸日上，我们的民族从来没有像今天这样扬眉吐气、自信满怀，我们的人民从来没有像今天这样幸福安康、心情舒畅。习近平总书记指出："牢记和践行为中国人民谋幸福、为中华民族谋复兴的初心使命，是贯穿我们党百年奋斗史的一条红线。"从石库门到天安门，从兴业路到复兴路，我们党一百年来所付出的一切努力、进行的一切斗争、做出的一切牺牲，都是为了实现好、维护好、发展好最广大人民根本利益，都是为了人民幸福和民族复兴：我们党领导人民打土豪、分田地，是为人民根本利益而斗争；领导人民开展抗日战争、赶走日本侵略者，是为人民根本利益而斗争；领导人民推翻三座大山、建立新中国，是为人民根本利益而斗争；领导人民开展社会主义革命和建设、改变一穷二白的国家面貌，是为人民根本利益而斗争；领导人民实行改革开放、推进社会主义现代化、实现中华民族伟大复兴，同样是为人民根本

利益而斗争。总结百年党史，为中国人民谋幸福、为中华民族谋复兴，是我们党始终不变的初心和使命。让人民生活幸福是"国之大者"。在新征程上，我们要坚持一切为了人民、一切依靠人民，始终把人民放在心中最高位置，把人民对美好生活的向往作为奋斗目标，推动改革发展成果更多更公平惠及全体人民，推动共同富裕取得更为明显的实质性进展，把十四亿多中国人民凝聚成推动中华民族伟大复兴的磅礴力量。

资料来源：任仲文. 如何走好新的赶考之路［M］. 北京：人民日报出版社，2022.

➡ 自学测试

一、选择题

自学测试3-1

1.需求层次理论的提出者是（　　　）。

A.亚伯拉罕·马斯洛　　　　　　　B.克莱顿·阿尔德弗

C.赫茨伯格　　　　　　　　　　　D.麦克利兰

2.动机包含的内容有（　　　）。

A.动机是人们从事某种活动的原因

B.在动机的支配下，个体的行为将指向一定的目标或对象

C.动机引发某种活动之后，不能也不会立即停止，而是继续发挥其作

D.动机是一种内部心理过程，是一个"中间变量"

E.动机是推动人们进行某种活动的内部动力

3.马斯洛认为，每个人都有五个层次的需求，具体是指（　　　）。

A.生理需求　　　　　　B.安全需求　　　　　　C.社交需求

D.尊重需求　　　　　　E.自我实现需求　　　　F.成长需求

4.耶鲁大学的克莱顿·阿尔德弗认为人类存在三类核心需求，即（　　　）。

A.生存需求　　　　B.关系需求　　　　C.成长需求　　　　D.新技术需求

二、判断题

1.动机是指引起和维持个体的活动，并使活动朝向某一目标的内部心理过程或内部动力。　　　　　　　　　　　　　　　　　　　　　　　　　　　　（　　）

2.自我实现需求是最高层次的需求，是指个体能充分发挥自身的潜能，实现个人的理想抱负，同时使自己不断成长、发展的那些需求。　　　　　　　　　（　　）

➡ 课后测试

一、选择题

1.根据阿尔德弗ERG理论，要重视员工高层次需求的满足，因此要做好的工作有（　　　）。

A.要进行调查研究，了解员工的需求

B.根据需求的内容设定目标，激发动机，引导行为

C.注重高层次需求的满足，防止"挫折-倒退"

D.和稀泥

2.动机的特点有（　　　）。

A.动机是人们从事某种活动的原因，是推动人们进行某种活动的内部动力

B.在动机的支配下，个体的行为将指向一定的目标或对象

C.动机引发某种活动出现之后，并不能也不会立即停止，而是继续发挥其作用

D.动机是一种内部心理过程，是一个"中间变量"

二、判断题

1.人的行为是由动机支配的，动机是由需求引起的，行为的方向是寻找未满足的需求。　　　　　　　　　　　　　　　　　　　　　　　　　　　　（　　　）

2.动机是影响行为效果的唯一因素。　　　　　　　　　　　　　　（　　　）

三、思考题

1.动机的含义是什么？

2.动机与效果的关系受到哪些因素的影响？

3.马斯洛需求层次理论的基本观点是什么？对管理有哪些启示？

4.阿尔德弗 ERG 理论的基本观点是什么？对管理有哪些启示？

四、案例分析题

巨华的激励措施

巨华公司是一家非常有名的高科技民营企业，主要从事通信网络技术与产品的研究、开发、生产和销售，规模已达到上万人，而且集中了学历很高的一群年轻人。张华和沈强同一年进入公司，都是名校的硕士毕业生，又分在一个部门，工作能力都被上司和同事给予较高评价。作为应届毕业生，工作两年之后，两个人今年的薪水已将近10万元。不过，稍微探寻一下他们的内心世界，你会看到不少差异。

张华充满激情地描述在巨华公司的岁月。他说自己在这两年里，血脉里燃烧的全是被老板点燃的干劲与热情。"老板是一个极富激情和感召力的人，成为企业无可争议的精神教父。在商场的征战中，他俨然像一个帝王，果敢、敏锐、坚毅、咄咄逼人。"

让他最受鼓舞的是巨华公司的气魄。它敢于让员工做其没有做过的事情，愿意让员工接受更多的挑战，同时耗资巨大给其提供培训。"巨华公司是一个有名的三高企业——高效率、高压力、高工资。它让你觉得你的贡献得到了肯定，告诉你有奉献必有回报。"

提起以后的人生道路，张华直言不讳地说："希望有一天能像老板那样做成大事。"但他也坦言道："还有太多的地方值得学习。"

沈强也直言自己在巨华公司很敬业也很奉献，然而巨大的不安全感让他觉得透不过气来。"巨华公司的天空中始终飘浮着危机的阴云，那种危机感天天陪伴着你。"在这里常常听到大家谈论的是："我这个项目要是丢了，在巨华公司的日子就到头了。""在巨华公司干一天算一天吧，不知哪一天巨华公司就让我卷铺盖滚蛋了。"

沈强还受不了这里的"训斥之声不绝于耳"，下属常常被骂得面红耳赤。不仅是基层员工，老板对高层管理者也照骂不误。大家常常互致关怀和问候的一句话不是"吃了吗？"而是"有没有挨骂？"企业宣扬只有"不要脸"才能成功。在这样的企业

中，人们甭想还有什么样的尊严可言。"在巨华公司，你永远感觉不到一个家园的亲切感，它让你觉得自己不过是一架高速运转的机器。"

　　当然，沈强也强调，自己从巨华公司学到了不少东西，这么高的工资也确实让以前的同学羡慕不已，而且趁着年轻，自己见识了不少世面。谈到以后的人生道路，沈强的梦想是"开间茶馆，常常能有三五好友来此小聚"。

　　资料来源：孙健敏，李原. 组织行为学 [M]. 上海：复旦大学出版社，2005.

　　请问：你认为巨华公司应如何激励员工？

任务二　麦克利兰成就动机理论和赫茨伯格双因素理论的应用

▶▶▶ **学习目标** ▮▮▮

◆知识目标

理解麦克利兰成就动机理论、赫茨伯格双因素理论的基本思想；

掌握麦克利兰成就动机理论、赫茨伯格双因素理论的应用。

◆能力目标

能够正确应用麦克利兰成就动机理论和赫茨伯格双因素理论。

◆素养目标

增强责任感和成就感。

▶▶▶ **重点难点** ▮▮▮

◆教学重点

赫茨伯格双因素理论的基本思想。

◆教学难点

麦克利兰成就动机理论及其应用。

自学任务

（1）了解本任务的学习目标和重点难点，通过线上或线下的方式进行自学，重点关注以下知识点：麦克利兰成就动机理论及其应用；赫茨伯格双因素理论及其应用。

（2）自学结束后完成本任务的自学测试。

案例研讨

A 的故事

A 获某著名医学院校肿瘤免疫学博士学位，在攻读博士学位期间，便有创造性的科研成果，其中某一技术居国内领先水平。南方某生物制药公司知道这一信息后，派专人多次同 A 接触，许诺了房、车、金钱等待遇，终于在众多竞争对手中将 A 请到了本公司的开发研究室做研究员。

面对丰厚的待遇、较好的实验工作条件，加上领导的关心，初来乍到的 A 心里暗暗发誓：一定努力工作，争取早日将自己的成果转化成产品，为公司做出应有的贡献。A 的上司即开发研究室主任是一位留美归来的教授，主攻神经生物学，现在正承担着本公司一项神经科学基因工程新药的开发研究工作。不知是出于本专业的需要，还是出于其他原因，主任提议让 A 先暂缓开展肿瘤方面的研究，协助他加快神经科学方面的研究。这一方案竟也被主管开发研究的副总批准。一半出于无奈，一半出于尊重领导，A便成了主任的助手。

半年过去了，一年过去了，A自己的科研项目迟迟不能开展，他为此很伤心，常常在夜深人静时，面对豪华的住宅，守望妻儿，独自思考：走吧好像说不过去，这么好的待遇，领导待他也不错；不走吧，眼看自己的事业就要荒废了。他陷入了两难的境地。A一天天消瘦，一天天萎靡不振。他也向有关领导反映了此问题，但未能引起公司的足够重视。有一天，A的一位同学从国外回来，见此情景便痛陈利害关系，让他立即离开。惶恐的A第二天便向人力资源部递交了辞职报告。

人力资源部经理十分吃惊，直接将这一问题反映给了总裁。总裁亲自调查此事，弄清原因之后，一面竭力挽留A，一面立即调整科研计划。此后，A留下来专心从事自己的研究工作，经过一年半的努力，成果正式上报，即将成为药品。总裁为A庆功，同时将A送到国外深造一年，以备将来承担重要的工作。

资料来源：王廷伟. 营销原来这么简单 [M]. 北京：中国经济出版社，2015.

讨论：

（1）房、车、金钱等对A而言，属于什么层次的需求？能对A产生激励作用吗？

（2）A未满足的需求是什么？分析A辞职的原因。

（3）如果你是该公司的总裁，会如何解决A的激励问题？

（4）案例中哪些是保健因素？哪些是激励因素？

（5）双因素理论和需求层次理论有什么共同点呢？

知识点学习

一、麦克利兰成就动机理论的应用

成就动机理论是由美国心理学家麦克利兰在20世纪50年代初提出的激励理论。

（一）成就动机理论的基本观点

成就动机理论认为，个体身上存在这样三种基本需求，即成就需求、权力需求、亲和需求。

1.成就需求

成就需求是指争取成功、希望做得最好的需求。麦克利兰认为，具有强烈的成就需求的人，渴望将事情做得更为完美，提高工作效率，获得更大的成功，他们追求的是在争取成功的过程中克服困难、努力奋斗等的乐趣，以及成功之后的个人的成就感，他们并不看重成功所带来的物质奖励。

麦克利兰发现，高成就需求者有三个主要特点：高成就需求者喜欢设立具有适度挑战性的目标。他们不喜欢凭运气获得的成功，不喜欢接受那些在他们看来特别容易或特别困难的工作任务。他们不满足于漫无目的地随波逐流和随遇而安，而总是想有所作为。他们总是精心选择自己的目标，因此很少主动地接受别人包括上司为其选定的目标。除了请教能提供所需技术的专家外，他们不喜欢寻求别人的帮助或忠告。他

讲课视频3-4

麦克利兰成就
动机理论的
应用

自学课件3-4

麦克利兰成就
动机理论的
应用

们要是赢了，会要求应得的荣誉；要是输了，也勇于承担责任。

高成就需求者在选择目标时会回避过分的难度。他们喜欢中等难度的目标，既不是唾手可得没有一点成就感的目标，也不是难得只能凭运气的目标。他们会揣度能办到的程度，再选定一个力所能及的目标，即会选择能够取胜的最艰巨的挑战目标。对他们而言，当成败可能性均等时，才是一种能从自身的奋斗中体验成功的喜悦与满足的最佳机会。

高成就需求者希望得到对他们的工作情况的不断反馈。目标对于他们非常重要，所以他们希望得到有关工作绩效的及时、明确的反馈信息，从而了解自己是否有所进步。具有高成就需求的人，对工作的胜任感和成功有强烈的要求，也担心失败；他们乐意，甚至热衷于接受挑战，往往为自己树立有一定难度，又不是高不可攀的目标；他们敢于冒风险，又能以现实的态度对待冒险，绝不会以迷信和侥幸心理对待未来，而是要通过认真的分析和估计；他们愿意承担应做的工作的个人责任，并希望得到所从事工作的明确而又迅速的反馈。这类人一般不常休息，喜欢长时间、全身心地工作，并从工作的完成中得到很大的满足，即使出现失败也不会过分沮丧。一般来说，他们喜欢表现自己。

麦克利兰认为，一个公司如果有很多具有高成就需求的人，那么公司会发展很快；一个国家如果有很多这样的公司，整个国家的经济发展速度就会高于世界平均水平。只具有高成就需求的人，往往不能成为一个优秀的管理者，但是可以成为优秀的技术开发人员、优秀的销售员等。高成就需求者往往过于关注自己的成就，而对于一名优秀的管理者而言，应该重视的是如何帮助他人实现目标。高成就需求可以通过训练来激发。

2.权力需求

权力需求是影响或控制他人且不受他人控制的需求。权力需求是指影响和控制别人的一种愿望或驱动力。不同人对权力的渴望程度也有所不同。权力需求较高的人对影响和控制别人表现出很大的兴趣，喜欢对别人发号施令，注重争取地位和影响力。他们常常表现出喜欢争辩、健谈、直率和头脑冷静，善于提出问题和要求，喜欢教训别人，乐于演讲等。他们喜欢具有竞争性和能体现较高地位的场合或情境，也会追求出色的成绩，但这样做，并不像高成就需求的人是为了个人的成就感，而是为了获得地位和权力，或与自己已具有的权力和地位相称。

麦克利兰还将组织中管理者的权力分为两种：一是个人权力。麦克利兰提出：一个管理者若把他的权力形式建立在个人需求的基础上，不利于他人来继位。二是职位性权力。职位性权力要求管理者与组织共同发展，自觉地接受约束，从体验行使权力的过程中得到一种满足。

3.亲和需求

亲和需求是指建立友好亲密的人际关系的需求。亲和需求就是寻求被他人喜爱和接纳的一种愿望。高亲和需求的人更倾向于与他人进行交往（至少是为他人着想），这种交往会给他带来愉快。高亲和需求者渴望亲和，喜欢合作而不是竞争的工作环境，希望彼此之间多一些沟通与理解，对环境中的人际关系更为敏感。有时，亲和需求也表现为对失去某些亲密关系的恐惧和对人际冲突的回避。亲和需求是保持社会交往和人际关系和谐的重要条件。

麦克利兰的亲和需求与马斯洛的情感需求、阿尔德弗的关系需求基本相同。麦克利兰指出，注重亲和需求的管理者，容易因为讲究交情和义气而违背或不重视管理工作原则，从而会导致组织效率下降。

（二）成就动机理论在管理中的应用

麦克利兰的成就动机理论在企业管理中很有应用价值。首先，在人员的选拔和安置上，测量和评价一个人动机体系的特征，对于如何分派工作和安排职位有重要的意义。其次，由于具有不同需求的人需要不同的激励方式，了解员工的需求与动机有利于建立合理的激励机制。最后，麦克利兰认为动机是可以被训练和激发的，因此可以训练和提高员工的成就动机，以提高生产率。

二、赫茨伯格双因素理论的应用

双因素理论也称激励-保健理论，是由美国心理学家赫茨伯格在20世纪50年代末期提出的激励理论。

（一）双因素理论的基本思想

个体对待工作的态度会决定工作的成败。影响人们行为的因素主要有两类：保健因素和激励因素。

保健因素是指那些与人们的不满情绪有关的因素，如公司的政策、管理和监督、人际关系、工作条件等。保健因素处理不好，会引发对工作的不满情绪，处理得好，可以预防或消除这种不满。但这类因素不能对员工起到激励的作用，只能起到保持员工的工作积极性、维持工作现状的作用，所以保健因素又称维持因素。

激励因素是指那些与人们的满意情绪有关的因素。激励因素主要包括工作表现机会和工作带来的愉快感，工作上的成就感，由于良好的工作成绩而得到的奖励，对未来发展的期望，职务上的责任感等。如果与激励因素有关的工作处理得好，能够使人们产生满意情绪；如果处理不当，其不利效果顶多只是没有满意情绪，而不会导致不满。

当然，很难说哪一类因素绝对地属于激励因素或者保健因素。比如薪水，如果把它看成满足生活需求的经济来源，那么它就是一种保健因素；如果把它看成对工作成就的认可、个人劳动价值的象征，那么它就是一种激励因素。因素类别的划分并不是绝对的，管理者如何引导下属来看待公司的奖励是很重要的。

（二）赫茨伯格双因素理论对企业管理的启示

要调动和维持员工的工作积极性，首先要注意保健因素，以防止不满情绪的产生。但更重要的是，要利用激励因素去激发员工的工作热情，促使其努力工作，创造奋发向上的局面，因为只有激励因素才会增加员工的工作满意感。

讲课视频 3-5

赫茨伯格双因素理论的应用

自学课件 3-5

赫茨伯格双因素理论的应用

素质提升

塑造员工的成就感与幸福感

员工进入职场归结起来有两大维度的目标：一是追求职业成功；二是追求职业幸

福。职业成功代表员工的能力能满足组织需求，员工工作起来得心应手，并且在职场中得到了想要的工作岗位和职务；职业幸福代表员工在职场中获得幸福感与成就感。打造员工的职业幸福感不仅能提升员工的忠诚度，还是提升员工执行力的有效手段之一。

从马斯洛需求层次理论来看，成就感属于自我价值实现层面的需求，而幸福感是人生的追求目标，成就感其实是幸福感的一种。要想提升员工的职业幸福感我们可以从五个方面入手：第一，切中需求，富有竞争力的薪酬福利，是提升员工幸福感的源泉。设计对外具有竞争力、对内公平合理的薪酬管理体系，充分发挥薪酬的激励作用，是提升员工幸福感的关键。第二，知人善用，精准人岗的匹配带来工作成就感。让员工做自己擅长、感兴趣的工作，帮助员工实现个人价值，并通过完成有挑战性的工作、承担更高层面的岗位责任，让员工持续不断获得职业成就感。第三，关注、辅导员工职业成长，系统地规划员工职业生涯。设计既满足企业发展又符合员工自身发展期望的职业生涯发展体系，并在员工职业成长过程中给予足够的成长磨炼机会、培训与指导，帮助员工更好地融入组织发展中。第四，良好的工作氛围，正向、积极、轻松的企业文化。良好的企业文化和工作氛围，对于员工的工作态度、职业观念、行为管理会起到潜移默化的作用，让员工更加自主且快乐地工作，能够有效提升员工的幸福感和忠诚度。第五，张弛有度，生活与工作兼顾平衡。如果在工作之余还能兼顾生活，员工就觉得很幸福；如果工作难度大，任务重，经常性加班加点，就会严重消耗员工的精力，员工便会觉得很累，从而降低职业幸福感。因此，从员工的个人实际能力与工作岗位要求出发，综合考虑员工工作与生活的平衡，有利于帮助员工获得职业幸福感，提升稳定性和忠诚度。

资料来源：孙改龙. 从优秀到卓越人才成长与业务发展共舞 ［M］. 北京：中国铁道出版社，2021.

➡ **自学测试**

一、选择题

1.双因素理论是（　　　）提出的。

A.马斯洛　　　　　B.麦克利兰　　　　　C.赫茨伯格　　　　　D.弗鲁姆

2.成就动机理论是由美国心理学家（　　　）在19世纪50年代初提出的激励理论。

A.弗雷德里克·赫茨伯格　　　　　B.亚伯拉罕·马斯洛

C.克莱顿·阿尔德弗　　　　　D.麦克利兰

3.双因素理论认为，影响人们行为的因素主要有（　　　）。

A.生理因素　　　B.保健因素　　　C.情感因素　　　D.激励因素

4.麦克利兰认为，一个优秀的管理者应该具备（　　　）。

A.生理需求　　　　　B.权力需求　　　　　C.亲和需求

D.尊重需求　　　　　E.成就需求

自学测试3-2

二、判断题

1.亲和需求强烈的人，希望通过努力获得友谊，喜欢合作的环境，不喜欢竞争，而且希望人与人之间存在默契。　　　　　　　　　　　　　　　　（　　）

2.一个组织只要多发工资奖金就能激励员工努力工作。　　　　　　　（　　）

➤➤➤ 课后测试 ◀◀◀

一、选择题

1.下列因素属于激励因素的有（　　　）。

A.工作条件　　　　　　　B.同事关系　　　　　　　C.认可

D.晋升　　　　　　　　　E.工资

2.双因素理论对管理的启示有（　　　）。

A.要注意保健因素，以防止不满情绪的产生

B.只有多发奖金才能激励员工

C.要利用激励因素去激发员工的工作热情，促使其努力工作，创造奋发向上的局面

D.提高员工的成就动机才能提高生产率

二、判断题

1.高成就需求的人必定会成为优秀的管理者。　　　　　　　　　　（　　）

2.只有激励因素才会增加员工的工作满意感。　　　　　　　　　　（　　）

三、思考题

1.麦克利兰成就动机理论的基本观点是什么？对管理有哪些启示？

2.赫茨伯格双因素理论的基本观点是什么？对管理有哪些启示？

四、案例分析题

伟严为何要跳槽？

伟严从大学时代起就是一个成绩突出、自信和有抱负的学生，他的老师和同学对他日后的发展做了充分的估计，都十分看好。他的专业是工程设计，但不知何故，毕业后被一家电器公司招为销售员。刚开始，他对该岗位挺满意，不仅工资高，而且令他喜欢的是该公司给销售员发的是固定工资，而不采用佣金制。刚上岗位的头两年，伟严虽然工作兢兢业业，但工作经验少，工作成绩一般。随着他对业务的逐渐熟练，又跟那些客户们搞熟了，他的业务量终于渐渐上升。到第三年年底，他觉得自己已在全公司销售员中大概属于中等了，至少在全公司几十名销售员中不会是末尾。到第四年年底，根据和同事们的接触，他估计自己当属销售员上等水平了。由于该公司的政策是不公布每人的销售额，也不鼓励互相比较，伟严对自己的成绩究竟如何没有多大把握。不过，这几年里，伟严日子过得很舒坦，同事们之间的关系一团和气，大家拿一样的工资奖金，没有激烈的竞争，几个老员工还把自己的技术传授给他。然而这种一团和气的日子过去了，去年，公司实行改革，打破大锅饭，改固定工资为佣金制，再也不能干多干少一个样，还要实行末位淘汰制。公司制定的报酬制度把伟严的抱负与好胜心激发出来，而且此时他在技术业务方面已经成熟了，只要坐上了业务量的第

一把交椅，就可以拿到最高的销售奖金。从去年开始，伟严干得特别出色。尽管定额比前年提高了15%，可到9月初他就完成了全年定额。虽然他对同事们仍不露声色，不过根据公司的业绩公布，他发现没有谁能接近完成自己的定额。10月中旬时，公司刘经理特地要求他去汇报工作。听完他做的汇报后，刘经理对他说："咱公司要再有几个像你一样棒的销售明星就好了。"伟严只微微一笑，没说什么，不过他心中思忖，这不就意味着承认他在销售员队伍中出类拔萃、独占鳌头吗？果然不久就传出他快要被提升为部门主管了。为此他一马当先，比过去干得更好，他觉得不能辜负公司头儿对自己的信任。不过近来他觉得自己心情不舒畅。一是部门经理经常要他干一些管理工作，过去他总是愉快地完成，可是现在销售奖金和绩效挂钩，伟严觉得这些都成了负担。最令他烦恼的是大家之间的关系开始变味了。从过去的亲密无间，到现在的防范冷淡，大家工作干的情况都保密，不互相通报信息，特别是一个过去关系不错的同事，对伟严更是虎视眈眈，没个笑脸，后悔不该把销售的高招和关系给他，现在倒成了竞争对手了，说早知今日，何必当初。随着销售额的提高，伟严的佣金在公司销售员里已经是头一块牌子了。不过公司人员的流动也越来越大，除了末位制淘汰下来的员工被辞掉以外，还有几个销售高手也酝酿着要跳槽，部门里人际关系挺紧张。5天前，就在伟严要被提拔为部门主管时，他离开了公司，因为另一家公司看中了他，许以更高的佣金把他给挖走了。

资料来源：李贺，张丹，贾欣宇. 组织行为学：理论、实务、案例、实训［M］. 上海：上海财经大学出版社，2021.

请问：

（1）伟严为何要跳槽？

（2）绩效竞争和企业员工的满意度之间的关系如何？

（3）你对伟严公司的绩效管理和绩效文化建设有何意见与建议？

任务三　期望理论和公平理论的应用

学习目标

◆知识目标

正确理解期望理论、公平理论的基本思想；

掌握期望理论、公平理论的应用。

◆能力目标

能够正确运用期望理论和公平理论。

◆素养目标

树立正确的工作观和公平观。

重点难点

◆教学重点

期望理论的基本思想。

◆教学难点

公平理论的应用。

自学任务

（1）了解本任务的学习目标和重点难点，通过线上或线下的方式进行自学，重点关注以下知识点：期望理论的应用；公平理论的应用。

（2）自学结束后完成本任务的自学测试。

案例研讨

许利强的烦恼

许利强两年前加入杭州某建筑工程公司，是个绘图员，三十五岁。他高中毕业后进入一个三年制的技术学校，在该校完成学业，并获得大专学历后，一直从事绘图工作。十二年间他曾在四个建筑公司工作过。许利强来这里时，以前老板给他的推荐信可真不怎么样，但该建筑公司还是雇用了他，因为该公司非常缺人手。由于当地建筑业繁荣，其工作非常繁忙，该公司忽视了营造相互支持、管理有序的工作环境。公司总经理汪涛上次就员工的工作业绩进行了一次正式谈话，并就职业选择提了建议。以前，公司在周末有早点下班的习惯，但现在，周末已经很久没有提前下班了，晚上与周末加班已成常事。因为不能承受时间压力和员工不足导致的工作压力，员工间的关系变得很紧张。

总的来讲，公司对许利强最近的工作表现感到很意外。以前，他工作很努力且工作质量一直非常好，通常自愿参加一些项目，并提出了许多改善工作环境的建议，事实表明这些建议非常有见地。但在过去的几个月，他明显地懈怠了，对工作不再那么有干劲，有几次被发现在工作台上打瞌睡。另外，他与设计师就最近几个项目的指标和设计顺序发生了激烈的争吵。

不仅如此，许利强还对办公室的同事抱怨："这儿没人尊重我的工作，认为我只是个工作速度很慢的绘图员。我懂的并不比这些很牛气的建筑师们少，但文凭不够，他们一点不尊重我的意见，我也被钉死在这该死的工作上。更让我难受的是，我的妻子不得不去找份晚上的工作以补贴家用。我是这个公司报酬最低的人之一。"一个同事问许利强为什么不去读个学位，他说："你说得到轻松，按揭贷款购房，经常加班工作，要做一个好爸爸与好丈夫，还要去上夜校？行了吧，现实点！"

资料来源：肖余春. 组织行为学［M］. 北京：中国发展出版社，2006.

讨论：

（1）许利强为什么会丧失工作的动力？

（2）许利强是怎么看待目标和努力之间的关系的？

◀▮▮▮

▮▮▮▶ 知识点学习 ▮▮▮

内容型动机理论研究了行为产生的原因，有助于管理者明确什么是员工想从工作中得到的，以便选择相应的奖励措施来满足员工的需求。但是，内容型动机理论未能解释人们的行为是如何形成的，又是如何发展的，以及行为与员工的满意度、工作绩效之间的关系等。管理人员不但要判断一个人的动机，还需要知道：动机如何转化为组织所希望的行为，以便通过为这种转化提供相应的条件来引导员工的行为，这就是过程型动机理论研究的重点。

过程型动机理论包括期望理论、公平理论、强化理论、目标设置理论等。

一、期望理论的应用

期望理论是由美国心理学家、行为科学家弗鲁姆在20世纪60年代中期提出的。

（一）期望理论的基本观点

弗鲁姆认为，人之所以能够从事某项工作，并达到组织目标，是因为这些工作和组织目标会帮助他们达成自己的目标，满足自己某方面的需求。某一活动对某人的激励力量，取决于其所能得到的结果的全部预期价值，乘以其认为达成该结果的期望概率。

用公式表示：$M = V \times E$。

式中，M表示激励力量，指调动一个人积极性，激发出人的潜力的强度。

V表示目标效价，指达到目标后能满足个人需求的价值的大小。在期望理论中，效价指的是实现目标本身对满足个人需求的程度。同样的东西，在不同人心中的价值是不同的。任何目标的达成都需要付出努力。在期望理论中，效价是指值不值得你花这样的努力去做。我们来看下面这个例子：中一个200万元的彩票大奖和得到一台电

讲课视频3-6

期望理论的应用

自学课件3-6

期望理论的应用

视机，对各位来说，效价是什么呢？各位更倾向于哪一个？对于大多数人来说，200万元的彩票大奖更加有价值，因为大家都知道，可以用200万元的一小部分购买一个电视机，就得到了电视机的效价。那么，一个200万元的彩票大奖和你的健康比呢？我的一个朋友曾经说过，他们公司的工作模式是40岁以前用健康挣钱，40岁以后是花钱买健康。他们公司的几个副总，由于工作疲劳患上了各种职业病，但是他们的收入都很高。这种工作模式，你愿意接受吗？为什么？你觉得哪些价值是对等的？这些问题其实完全是一种心理判断。效价是交换的基本机制，只有对等，或者觉得划得来，你才会接受交换。人们对两个不同东西的价值评估，也是一个心理概念。效价是存在于人们心理中的，市场价值上万元的LV包，在你眼里值多少？你认同它的设计，承认它作为一种身份和地位的象征，从而愿意花费自己3个月甚至更长时间的薪水去购买？还是在你看来，它不过是打着名牌的幌子，实则和大街上几十块钱的包没差别，你宁可去海吃一顿，也不会考虑去买？

E表示期望值，是指根据以往经验判断达到目标并能产生某种结果的概率。所谓期望值，指人们对自己能够顺利完成某项工作可能性的估计，即对工作目标能够实现的概率的估计。有趣的是，无论是效价，还是期望值，都是心理上的。为什么买彩票的人这么多？因为他们认为他们可以达到目标。事实上，如果是一个理性的人，计算一下就可以知道，卖彩票的公司不可能设计一个亏钱的彩票品种。

效价和期望值的不同结合，会产生不同的激发力量。

一般存在以下几种情况：

$$V_高 \times E_高 = M_高$$
$$V_中 \times E_中 = M_中$$
$$V_低 \times E_低 = M_低$$
$$V_低 \times E_高 = M_低$$
$$V_高 \times E_低 = M_低$$

这表明，组织管理要收到预期的激励效果，要以激励手段能给激励对象带来的满足，和激励对象获得这种满足的期望值都足够高为前提。也就是说，一个人把某种目标的价值看得很大，估计能实现的概率也很高，那么这个目标激发动机的力量就很强烈。只要效价和期望值中有一项的值较低，就难以使激励对象在工作岗位上表现出足够的积极性。它对于组织通常出现的这样一种问题给予了解释，即面对同一种需求以及满足同一种需求的活动，为什么不同的组织成员会有不同的反应，如有的人情绪高昂，另一些人却无动于衷呢？

（二）期望理论的启示

要有效激发人的工作动机，需要正确处理好三种关系。

1.努力与绩效的关系

人总是希望通过努力得到预想的结果，如果他认为通过努力自己有能力达到目标，即个人主观上认为达到目标的期望概率很高，就会有信心、有决心，激发出强大的力量。如果他认为目标高不可攀、可望而不可即，或者是目标太低、唾手可得，就会鼓不起干劲，失去内部的动力。可见，努力与绩效的关系取决于个人对目标的期望值。期望值受到个人的知识、态度、信仰等影响，也受到个人的社会地位、别人对他的期望等社会因素的影响。

2.绩效与奖酬的关系

人总是期望在达到预期的绩效后能得到合理的回报，这里所说的奖酬是一个广义的概念，包括奖金、提升、表扬、赏识等，也包括提高个人威信、得到同事信任等。如果只要求人们对组织做出贡献，组织却没有行之有效的物质或精神奖励制度进行强化，时间一长，人们被激发的内部力量就会逐渐消退。

3.奖酬与满足个人需求的关系

人总希望自己得到的奖酬能满足个人的某些需求，如生理需求、尊重需求、成长和发展的需求等。人与人之间在年龄、性别、资历、社会地位、经济条件等方面存在差别，反映在需求上也有明显的差异。对同一种奖励，不同的人体验到的效价不同，即它所具有的吸引力不同，所以要根据人的需求，采取多种形式的奖励，才能最大限度地挖掘人的潜力，提高工作效率。

二、公平理论的应用

公平理论是由美国心理学家亚当斯于1965年提出的。

（一）公平理论的基本观点

亚当斯认为，当一人做出了成绩并取得报酬以后，不仅关心自己所取得报酬的绝对量，而且关心自己所取得报酬的相对量，因此要进行种种比较，来确定自己所取得报酬是否合理，比较的结果也将直接影响其今后工作的积极性。

1.横向比较

将自己获得的报酬和自己的投入，与组织内其他人做比较。只有相等时，他才认为公平。用公式表示为：$OP/IP=OX/IX$。

在公式中，OP指自己对个人所获报酬的感觉；OX指自己对他人所获报酬的感觉；IP指自己对个人所做投入的感觉；IX指自己对他人所做投入的感觉。如果这个等式成立，那么进行比较的员工觉得报酬是公平的，他可能会为此而保持工作的积极性和努力程度。如果该等式不成立，就有两种情况发生：

一是OP/IP大于OX/IX，说明此员工得到了过高的报酬或投入较少。在这种情况下，一般来说，他不会要求减少报酬，而有可能会自觉地增加投入。但过一段时间，他就会因重新过高估计自己的投入而对高报酬心安理得，于是其投入又会回到原先的水平。

二是OP/IP小于OX/IX，说明员工对组织的激励措施感到不公平。此时，他可能会要求增加报酬，或者自动地减少投入，以便达到心理上的平衡，也可能离职。

2.纵向比较

把自己目前所获得报酬与目前投入的比值，同自己过去所获得的报酬与过去投入的比值进行比较。用公式表示为：$OP/IP=OH/IH$。

在公式中，OP代表自己目前所获报酬；OH代表自己过去所获报酬；IP代表自己目前的投入；IH代表自己过去的投入。

讲课视频3-7

公平理论的
应用

自学课件3-7

公平理论的
应用

OP/IP 等于 OH/IH，员工认为激励措施基本公平，工作积极性和努力程度可能会保持不变。

OP/IP 大于 OH/IH，一般来讲，他不会觉得所获报酬过高，可能会认为自己的能力和经验有了进一步的提高，其工作积极性不会因此而提高多少。

OP/IP 小于 OH/IH，此时，他觉得很不公平，工作积极性会下降，除非管理者给他增加报酬。感受不公平的员工，可能会采用以下方式来恢复心理上的平衡：

（1）改变自己的投入或报酬。如果员工觉得自己报酬少，而投入多，他将减少投入或要求加薪；如果员工觉得自己报酬少是因投入少造成的，他将增大自己的投入。

（2）改变被比较者的投入或产出。感到报酬不足的员工，会向上级部门汇报被比较员工不够努力，让上级迫使被比较者提高努力程度或减少其报酬。

（3）改变自我认知。认为自己报酬过多的员工，可以认为自己的工作量太大，工作难度更高，工作更快，这也是一些拿很高报酬的人不内疚的原因；感到报酬不足的员工，可以认为被比较者的实际表现比想象好得多。

（4）改变参照对象。我可能不如李某工资高，但是我比王某高。

（5）发牢骚、泄怨气、制造人际矛盾，甚至破坏工作。

（6）辞职。这是感觉受到不公平待遇的员工经常做出的极端选择。

（二）公平理论的启示

管理者要运用公平激励，努力满足激励对象的公平意识和公平要求，要积极减少和消除不公平的现象。正确的做法是：不是搞平均主义，而是要做到公平办事，公平待人，不搞以好恶论人、亲者厚、疏者薄，在对激励对象的奖金分配、晋级、奖励、使用等方面，要力争做到公正合理，使人人心情舒畅。

1.建立和完善一套公正透明的绩效考核办法和报酬体系，并实施

制度制定过程要民主，实施过程要公开透明，让员工广泛参与考评和分配过程，营造公平合理的氛围，真正做到制度公平、机会公平、结果公平。

2.引导员工正确看待公平，树立正确的公平观

什么是公平？公平本身具有很大的主观性，公平与否，完全是由个人的知觉决定的。公平与个人的主观判断有关。上面公式中，无论是自己的还是他人的投入和报酬，都是个人感觉，而一般人总是对自己的投入估计过高，对别人的投入估计过低。公平与个人所持的公平标准有关。上面公式的公平标准是采取贡献率，也有采取需求率、平均率的。例如，有人认为助学金改为奖学金才合理，有人认为平均分配才公平，也有人认为按经济困难程度分配才适当等。公平与绩效的评定有关。我们主张按绩效付报酬，并且各人之间应相对均衡。但如何评定绩效呢？是按工作成果的数量和质量，还是按工作中的努力程度和付出的劳动量？是按工作的复杂、困难程度，还是按工作能力、技能、资历和学历？……不同的评定办法会得到不同的结果。最好是按工作成果的数量和质量，用明确、客观、易于核实的标准来度量，但这在实际工作中往往难以做到，有时不得不采用其他的方法。公平与评定人有关。绩效由谁来评定，是领导者评定还是群众评定或自我评定，不同的评定人会得出不同的结果。同一组织内的绩效，往往不是由同一个人评定，因此会出现松紧不一、回避矛盾、姑息迁就、

抱有成见等现象。

素质提升

纠正以往错误的公平观，确立公平的发展观

在以往的经济发展中，存在对公平观的误解，主要表现在以下几个方面：

第一，将发展经济与实现公平正义对立起来的观念。似乎如果突出强调公平正义，把资源用于解决困难群体的民生问题，就会妨碍经济发展；甚至认为，要发展经济，只要依靠强势群体就行，因此对落实公平正义的价值目标采取消极冷漠的态度。

第二，市场本身就是公平正义的。把实现公平正义仅归结为对富人的私人财产权的保护，有意无意地忽视政府在落实公平正义这一价值目标中承担的重大责任。

第三，认为只要能够使社会财富总量增加，什么改革手段都可以用。比如，在我国现有情况下，认为MBO即管理层收购的办法也可以大量使用，如果有能干的管理人收购国有企业并把它搞活，总比让它"冰棍销蚀"好，因此"纠缠分配问题没有意义"。这种观点认为经济发展是改革的唯一目标，只有促进经济发展才是真正造福于民，而忽视了政治、文化、道德、卫生健康、环境等的建设。

正是在这些错误观点的影响下，一些地方和企业片面追求发展速度，屡屡造成生产安全事故，危及群众的生命财产安全及社会生态环境安全。一些地方的发展不但没有增加人民福利，反而损害了百姓的利益，引发了一系列新的社会矛盾，背离了科学发展的轨道和发展的根本目的。在社会主义市场经济条件下，需要确立公平的发展观。既要克服那种把公平正义等同于平均分配或结果公平的观念，也要克服那种把发展经济与实现公平正义对立起来的观念，更要克服那种把社会公正仅仅视为对私人财产权保护的观念，要把发展看成物质文明、精神文明、政治文明、生态文明以及和谐社会建设"五位一体"的发展。公平的发展观有助于社会主义公平观的形成，对解决各种社会问题更具有重要的现实意义。

资料来源：张艳丽. 当代中国社会公平：观念与实践［M］. 长春：吉林大学出版社，2012.

▶▶▶ 自学测试 ◀◀◀

一、选择题

1.期望理论是由（　　）提出的。

A.马斯洛　　　　　B.麦克利兰　　　　　C.赫茨伯格　　　　　D.弗鲁姆

2.公平理论是由（　　）提出的。

A.马斯洛　　　　　　B.麦克利兰　　　　　C.赫茨伯格

D.弗鲁姆　　　　　E.亚当斯

3.感受不公平的员工可能会采用以下（　　）方式来恢复心理上的平衡。

A.改变自己的投入或报酬　　　　B.改变被比较者的投入或报酬

C.改变自我认知　　　　　　　　D.改变参照对象

E.辞职

自学测试3-3

4.要有效激发人的工作动机,需要正确处理好三种关系,即( )。

A.努力与绩效的关系 B.绩效与奖酬的关系

C.奖酬与满足个人需求的关系 D.权力与愿望的关系

二、判断题

1.公平理论认为:当一人做出了成绩并取得报酬以后,不仅关心自己所取得报酬的绝对量,而且关心自己所取得报酬的相对量,比较的结果将直接影响其今后工作的积极性。 ( )

2.所谓期望值,是指人们对自己能够顺利完成某项工作可能性的估计,即对工作目标能够实现概率的估计。 ( )

➤ 课后测试

一、选择题

1.过程型激励理论包括( )。

A.期望理论 B.公平理论 C.强化理论 D.目标设置理论

2.效价和期望值的不同结合,会产生不同的激发力量,一般存在以下( )情况。

A.$E_高 \times V_高 = M_高$ B.$E_中 \times V_中 = M_中$ C.$E_低 \times V_低 = M_低$

D.$E_高 \times V_低 = M_低$ E.$E_低 \times V_高 = M_低$

二、判断题

1.某一活动对某人的激励力量,取决于他所能得到的结果的全部预期价值,乘以他认为达成该结果的期望概率。 ( )

2.运用公平激励的正确做法是搞平均主义。 ( )

3.公平本身具有很大的主观性,公平与否完全是由个人的知觉决定的。 ( )

三、思考题

1.过程型动机理论有哪些?

2.期望理论的基本观点是什么?对管理有哪些启示?

3.公平理论的基本观点是什么?对管理有哪些启示?

四、案例分析题

骨干员工为何要走

王经理是A公司的人力资源部负责人。近段时间他烦恼透顶,两位他所看重的公司业务骨干要走。主要原因是:他俩认为其现在所做的贡献远大于回报,而且事实的确如此;而公司则认为他俩所取得的成绩是因为有公司作为后盾,离了公司他俩什么也不是,又怎么会有作为?相持之下他俩一气提出辞职。

资料来源:沈波.简明管理方法与艺术[M].南京:东南大学出版社,2014.

请问:骨干员工为何要走?请你用有关激励理论分析此案例。

任务四　强化理论和目标设置理论的应用

▶ 学习目标

◆知识目标

正确理解强化理论、目标设置理论的基本思想；

掌握强化理论、目标设置理论的应用。

◆能力目标

能够正确应用强化理论、目标设置理论。

◆素养目标

明辨是非，设置合理的工作和学习目标，培养坚持不懈的毅力等职业品质。

▶ 重点难点

◆教学重点

目标设置理论。

◆教学难点

目标设置理论的应用。

自学任务

（1）了解本任务的学习目标和重点难点，通过线上或线下的方式进行自学，重点关注以下知识点：强化理论的应用；目标设置理论的应用。

（2）自学结束后完成本任务的自学测试。

案例研讨

心桥软件公司的激励计划

心桥软件公司一位普通的销售人员一个月能为公司带来二十万美元的销售收入，为了激励销售队伍勇攀新的业绩高峰，首席运营官特斯塔制订了一个员工激励计划：公司许诺，一个月达到五十万美元业绩的出色者可以去其想去的任何一个地方度过一个周末，公司将为其支付最高三千美元的机票及住宿费用。当他向十五位销售人员宣布这一奖励计划时，心里在想："这肯定是万无一失的。"但这一计划最终以大挫员工士气而收场。

资料来源：彦博. 激励员工的艺术［M］. 北京：中国商业出版社，2006.

讨论：为什么员工激励计划最终以大挫员工士气而收场？这个案例给我们什么启示？

▶ 知识点学习 ◀

一、强化理论的应用

强化理论是由美国心理学家斯金纳首先提出的。

强化理论认为，人的行为是其所受刺激的函数。如果这种刺激对他有利，这种行为就会重复出现；若对他不利，这种行为就会减弱直至消失。因此，管理要采取各种强化方式，以使人们的行为符合组织的目标。

（一）强化的类型

根据强化的性质和目的，强化可以分为正强化和负强化两大类型。

1. 正强化

所谓正强化，就是奖励那些符合组织目标的行为，以使这些行为得到进一步加强，从而有利于组织目标实现。正强化的刺激物，不仅包含奖金等物质奖励，还包含表扬、肯定、改善工作关系、培训等。

为了使正强化达到预期的效果，还必须注意实施不同的正强化方式。有的正强化是连续的、固定的，比如对每一次符合组织目标的行为都给予正强化，或每隔一定的时间给予一定数量的正强化。尽管这种正强化有及时刺激、立竿见影的效果，但久而久之，人们就会对这种正强化有越来越高的期望，或者认为这种正强化是理所当然的。管理者需要不断加强这种正强化，否则其作用就会减弱，甚至不再起到刺激行为的作用。另一种正强化是间断的、时间和数量都不固定的。管理者根据组织的需求和个人行为在工作中的反映，不定期、不定量实施正强化，使每次正强化都能起到较大的效果。实践证明，后一种正强化，更有利于组织目标的实现。

2. 负强化

所谓负强化，就是惩罚那些不符合组织目标的行为，以使这些行为削弱甚至消失，从而保证组织目标的实现不受干扰。负强化包含减少奖酬、罚款、批评、降级等。实施负强化的方式与正强化有所差异，应以连续负强化为主，即对每次不符合组织的行为，都应及时予以负强化，消除人们的侥幸心理，减少直至消除这种行为重复出现的可能性。

此外，还有一种策略——消退，即对某种行为不采取任何措施，既不奖励，也不惩罚。这是一种消除不合理行为的策略。倘若一种行为得不到正强化，那么这种行为的重复率会下降。例如，企业曾对员工加班加点完成生产定额给予奖酬，后经研究认为这样不利于员工的身体健康和企业的长远利益，因此不再发给奖酬，从而使加班加点的员工逐渐减少。

（二）强化理论在管理中的应用

强化理论在实际应用中，关键在于如何使强化机制协调运转并产生整体效应。为此，应注意以下五个方面：

1. 应以正强化方式为主

在企业中设置鼓舞人心的安全生产目标，是一种正强化方法，但要注意将企业的整体目标和员工个人目标、最终目标和阶段目标等相结合，并对在完成个人目标或阶段目标等中做出明显绩效或贡献者，及时给予物质和精神奖励，以求充分发挥正强化的作用。

2.采用负强化手段要慎重

负强化应用不当，则会带来一些消极影响，可能由于不愉快的感受而使人出现悲观、恐惧等心理反应，甚至发生对抗性消极行为。因此，在运用负强化时，应尊重事实，讲究方法，处罚依据准确公正，尽量消除其负面作用，将负强化与正强化结合应用一般能取得更好的效果。

3.注意强化的时效性

采用强化的时间，对于强化的效果有较大的影响。一般而言，强化应及时，可提高此行为的强化反应程度，但须注意这并不意味着随时都要进行强化，不定期的、非预料的间断性强化，往往可取得更好的效果。

4.因人制宜，采用不同的强化方式

人的个性特征及需求层次不尽相同，不同的强化机制和强化物所产生的效果会因人而异，因此在运用强化手段时，应采用有效的强化方式，并随对象和环境的变化而相应调整。

5.利用信息反馈增强强化的效果

信息反馈是强化人的行为的一种重要手段，尤其是在对目标进行强化时，定期反馈可使员工了解自己参加生产活动的绩效及结果，既可使员工得到鼓励，增强信心，又有利于其及时发现问题，分析原因，修正行为。

二、目标设置理论的应用

目标设置理论是由美国马里兰大学教授洛克于1967年率先提出的。

（一）目标设置理论的基本观点

洛克认为，目标本身就具有激励作用。目标能把人的需求转变为动机，使人们的行为朝着一定的方向努力，并将自己的行为结果与既定的目标相对照，及时进行调整和修正，从而能实现目标。具体的目标会提高工作绩效，困难的目标一旦为人们所接受，将会比容易的目标产生更高的工作绩效。工作目标的具体化、挑战性以及信息反馈等，对工作绩效有着十分重要的影响。为了达到目标而工作的愿望，是工作动机的主要源泉之一。作为激励力量，设置具体而有挑战性的目标具有优越性。具体的目标比泛泛的目标，如"尽最大努力"等，能产生更好的效果，目标的具体化本身就具有内在推动力。

（二）设置目标的SMART准则

设置目标看似是一件简单的事情，但好的目标在设置时满足以下五点要求并不容易：

（1）S代表specific，要求目标必须是具体的。"我要好好学习，天天向上。"不是一个SMART目标。

（2）M代表measurable，要求目标的执行必须是可测量的。

讲课视频3-9

目标设置
理论的应用

自学课件3-9

目标设置
理论的应用

（3）A代表attainable，要求目标必须是可达到的。

（4）R代表relevant，要求目标与总体目标之间具有相关性。

（5）T代表time-bound，要求目标必须具有明确的截止时间。

"我要在5月31日前，记住并能拼写出300个英文单词"是一个SMART目标。"在6月30日前，本部门销售额达到600万元，并将客户的数量发展到1 000名"是针对团队的一个SMART目标。

（三）目标设置理论在企业管理实践中的应用

目标激励是根据人们期望获得的成就或结果，通过设置科学的目标，把被领导者的需求与领导者的目标紧密结合起来，用以引导被领导者的思想行为，激发其工作热情的一种常用激励方式。由期望理论和目标激励理论可知，个体对目标看得越重要，实现的概率越大。企业目标是企业凝聚力的核心，体现了员工工作的意义，能够在理想和信念的层次上激励全体员工。

目标设置是目标激励的重要组成部分，在工作中设置目标才能达到目标与绩效的优化组合，设置的目标要与个体切身利益密切相关。因此，管理者和员工在目标设置过程中应注意以下几方面的问题：

1.目标设置必须符合激励对象的需求

激励对象的工作成就，应同其正当的需求和期望挂钩，能使激励对象表现出积极的目的性行为。员工只有真正认识到设置的目标合乎自己的需求和期望，才会在目标实现的过程中付出大量而有效的努力，否则起不到激励作用。

2.注意目标设置的具体性

目标内容要具体明确，有定量要求的目标更好，切忌笼统抽象。具体目标更接近员工的利益，并使员工在不断反馈中体验到成就感。但过于具体的目标会造成管理困难，也不利于企业对目标的宏观调控。因此，企业只有在某个整体目标的指引下，设置适当的具体目标，才能更好地提高工作绩效。

3.注意目标的阶段性

目标在时间上，既有近期目标，又有远期目标。远期目标易使人产生渺茫感，而近期目标易使人目光短浅，其激励作用也会减少或不能长久维持，因此要通过阶段性目标实现总目标。阶段性目标可以使人感到工作的阶段性、可行性和合理性等。正确的做法是：将远期目标分解为阶段性目标，把远期目标同阶段性目标有机结合起来，将阶段性目标同近期目标结合起来，掌握工作节奏，分段达到预期的目标。

4.目标的难度拟定要适当

目标过高难以达到，过低轻易达到，都不能收到良好的激励效果。设置的目标既要切实可行，又要振奋人心。同一目标对不同人有不同的难度，企业员工可以根据不同的任务难度，调整自己的努力程度。针对不同岗位上的员工以及员工能力间的差异，设置合适的目标，将目标难度的设立与员工能力的高低和目标承诺结合起来，也就是说，当有足够的能力和高度的目标承诺时，可以设置难度较大的目标，否则要做出适当调整。

5.合理运用反馈机制

把被承认的结果反馈给劳动者，劳动者会产生积极的情绪反应。反馈应是经常性的，使员工在正式的评价过程结束之前，就能了解自己的绩效评价结果，并鼓励员工积极参与绩效反馈过程。运用解决问题的有效方法，管理者和员工在一种相互尊重和相互鼓励的氛围中，讨论如何解决员工绩效中存在的问题。要提供准确的反馈，包括：查找不良绩效和认可有效业绩，赞扬有效业绩会有助于强化员工的相应行为；将绩效反馈集中在行为上或结果上，而不是人身上；进行负面反馈时，要避免对员工存在的价值提出疑问，制定具体的绩效改善目标，然后确定检查改善进度的日期。

6.鼓励员工参与个人目标和企业目标的设置

参与目标设置的员工，比被领导者分配目标的员工，更能建立较高的目标并取得较高的工作绩效，因为参与目标设置本身，就增强了员工对目标的承诺，而员工被动地接受目标，会导致出现设置的目标与自身需求不一致的问题，因此可能影响工作效率和目标的实现。

素质提升

明确目标

什么是目标？目标就是我们真正想要的东西或者想要达到的效果。什么是效率？从经济学角度看，效率是在给定投入和技术的条件下，没有浪费经济资源，或对经济资源做了能带来最大可能性的满足程度的利用。

美国著名的作家、思想家和自然主义者亨利·大卫·梭罗曾经说过："光是忙碌是不够的。蚂蚁也是。问题是：我们在忙些什么？"如果目标不正确，无论你怎么想方设法提高效率，最终也不可能很好地完成工作。所以在工作过程中，要随时检验目标的准确性，以确保能够顺利地完成工作。当人们的行动有明确的目标，并且把自己的行动与目标不断进行对比，清楚地知道自己的行进速度和与目标距离时，行动的动机就会得到维持和加强，就会自觉地克服一切困难，努力达到目标。

目标能够帮助我们提高工作效率，工作效率的提高能够让从事相同工作的人有着不同的工作数量，在同样的工作环境中，成为其中的佼佼者，进而获取人生的成功。因此，我们应该树立明确的目标。

资料来源：曹琳琳，李喜文，李海波. IT职业素养［M］. 2版. 武汉：华中科技大学出版社，2022.

自学测试

一、选择题

1.强化理论是由（　　　）首先提出的。

A.马斯洛　　　　　　　B.麦克利兰　　　　　　C.赫茨伯格

D.弗鲁姆　　　　　　　E.斯金纳

2.目标设置理论是由（　　　）率先提出的。

自学测试3-4

A.洛克　　　　　　B.麦克利兰　　　　　　C.赫茨伯格

D.弗鲁姆　　　　　E.斯金纳

3.设置目标遵循的SMART准则包括（　　）。

A.目标必须是具体的　　　　　　B.目标的执行必须是可测量的

C.目标与总体目标之间具有相关性　　D.目标必须是可实现的

E.目标必须具有明确的截止时间

二、判断题

1.正强化就是奖励那些符合组织目标的行为，以使这些行为得到进一步加强，从而有利于组织目标实现。（　　）

2.目标激励是根据人们期望获得的成就或结果，通过设置科学的目标，把被领导者的需求与领导者的目标紧密结合起来，用以引导思想行为，激发工作热情的一种常用激励方式。（　　）

▶▶▶ 课后测试 ◀◀◀

一、选择题

1.根据强化的性质和目的，强化可以分为（　　）。

A.正强化　　　　B.负强化　　　　C.提高　　　　D.降低

2.目标太过具体、太具有挑战性时，会产生很多副作用，如（　　）。

A.狭窄聚焦、忽略非目标领域

B.多目标共存时，只专注一个目标

C.只注重短期目标，忽视长期利益

D.过于挑战性的目标导致人更容易铤而走险

E.引发不道德的行为

二、判断题

1.将负强化与正强化结合应用一般能取得更好的效果。（　　）

2.根据美国马里兰大学教授洛克的目标设置理论，目标定得越高激励力度越大。（　　）

3.工作目标不宜过高也不宜过低。目标过低起不到激励作用；目标过高，尽管非常诱人，但由于员工认为其实现的可能性太小，就会放弃努力，也起不到激励作用。（　　）

三、思考题

1.强化理论的基本观点是什么？对管理有哪些启示？

2.目标设置理论的基本观点是什么？对管理有哪些启示？

四、案例分析题

满勤奖

某校决定采取"满勤奖"的制度加强管理，满勤者当月有奖，缺勤一次则全部取消。这一办法实行后第一个月效果很好，无人缺勤、迟到，教学秩序趋于正常。

两个月后，工作一直认真负责的王某因病请假两天，病未痊愈就来上班，被扣发了"满勤奖"。李某之前经常小病大养，实行"满勤奖"后，人是来了，工也上了，工作效果差，"满勤奖"却照拿。赵某在月初迟到两次，在他看来这月"满勤奖"已经没有了，又何必一定准时来上班呢？

资料来源：田宝，戴天刚，张扬. 教育心理学案例［M］. 北京：首都师范大学出版社，2007.

请问：你对"满勤奖"的激励方式有何看法？你认为应怎样调动员工的工作积极性？

任务五　归因理论的应用

▶▶▶▶ 学习目标 ▮▮▮▮

◆知识目标

　　理解归因理论的基本思想；

　　掌握归因理论的应用。

◆能力目标

　　能够正确归因，应用归因理论解决实际问题。

◆素养目标

　　合理归因，善于反思，勇于担当，培养责任感。

▶▶▶▶ 重点难点 ▮▮▮▮

◆教学重点

　　归因理论的基本思想。

◆教学难点

　　归因理论的应用。

自学任务

　　（1）了解本任务的学习目标和重点难点，通过线上或线下的方式进行自学，重点关注以下知识点：归因理论的基本思想；归因理论的应用。

　　（2）自学结束后完成本任务的自学测试。

案例研讨

张某及其上司的归因

　　某公司年终评估时，刚工作一年的新员工张某工作业绩不甚令人满意，张某个人认为工作业绩不好主要是由于自己承担的任务太难了，因而请求他的上司降低其工作任务的难度，但他的上司认为张某的工作业绩低是由于张某工作不适应导致其工作情绪和态度不佳所致，因此建议他调整自己的工作情绪和态度以更好地工作。

　　讨论：

　　（1）请用海德的归因理论来说明张某和他的上司对"张某第一年工作业绩不好"这一事件的归因。

　　（2）请说明本案例中的情景体现了何种常见的归因偏差，并谈谈海德的归因理论对管理实践有什么意义？

知识点学习

一、归因理论的基本思想

归因理论是由奥地利的社会心理学家海德在 1958 年首先提出的。

（一）海德的归因理论

海德主张：从行为结果入手，探索行为的原因，将个人行为产生的原因分为内部和外部两大类。内部原因是指个体自身所具有的、导致其行为表现的品质和特征，包括个体的人格、情绪、心境、动机、欲求、能力、努力等。外部原因是指个体自身以外的、导致其行为表现的条件和影响，包括环境条件、情境特征、他人的影响等。

讲课视频3-10

归因理论的
应用

自学课件3-10

归因理论的
应用

（二）韦纳的归因理论

1972 年，韦纳在海德研究的基础上，提出能力、努力、任务难度和机遇是人们在解释成功或失败时知觉到的四种主要原因，并将这四种主要原因分成原因源和稳定性这两个维度。根据原因源维度，可以将原因分成内部原因和外部原因。能力、努力是内部原因；任务难度、机遇是外部原因。根据稳定性维度，可以将原因分为稳定原因和不稳定原因。任务难度、能力是稳定原因，机遇、努力是不稳定原因。在韦纳看来，不是原因本身，而是原因所具有的特性或结构，决定了人们会做出什么样的情绪、动机和行为反应。

韦纳把归因过程与成就动机紧密结合起来，从而构建了完整的动机和情绪的归因理论。韦纳通过一系列的研究，得出了一些归因的最基本的结论：

（1）如果个人将成功归因于能力和努力等内部原因，就会感到骄傲、满意、信心十足等；而将成功归因于任务容易和运气好等外部原因，产生的满意感等则较少。

（2）如果个人将失败归因于缺乏能力和努力等内部原因，就会感到羞愧和内疚等；而将失败归因于任务太难、运气不好等外部原因，产生的羞愧感等则较少。

（3）个人归因于努力，比归因于能力，对成功或失败均会产生更强烈的情绪体验。因为努力而成功，会感到愉快；因为不努力而失败，则会感到羞愧。努力了却失败，也应受到鼓励。

（4）在付出同样努力时，能力弱的人应得到更多的奖励。

（5）能力低而努力的人应受到最高评价，能力高而不努力的人应受到最低评价。

根据韦纳的归因理论，员工本人在追求事业成功方面，应当在可控的内部原因上多下功夫，提高自己的能力和工作热情；而管理者，则应在员工不可控的外部原因上多创造条件，为员工的成功提供良好的机会与外部环境，并客观地评价其成果。

（三）凯利的归因理论

美国社会心理学家凯利对归因理论进行了另一种形式的扩充和发展。他提出，可以使用三种不同的解释说明行为的原因：归因于从事该行为的行动者；归因于行动者的对手；归因于行为产生的环境。这三种原因都是可能的，而要找出真正的原因，需要借助以下三种行为信息：

（1）前后一贯性。行动者在相同情境中是否表现得前后一致。例如，某位员工今天上班迟到了，而他之前经常迟到，则该员工的迟到行为一般会被视为内部原因；反之，如果某行为的前后一贯性不显著，则观察者可能会把原因归于外部原因。

（2）情景一致性。行动者是否在任何情境下都对同一刺激物做出相同的反应，即在不同的情景中，同一个体表现出相同行为的程度。例如，一个今天没有完成任务的员工，是不是经常表现得懒散，做事拖拉，效率不高，不能按时完成任务等，如果是的话，就应该进行内部归因；如果该员工一向严格要求自己，以往都能按时甚至提前完成任务，就应该进行外部归因，可能是任务太重或者遇到了其他紧急事情等。

（3）人员一致性。其他人对同一刺激物是否也做出与行动者相同的反应。如果每个人面对相似的情境都有相同的反应，我们就说该行为表现出人员一致性。例如，所有走相同路线上班的员工都迟到了，则该迟到行为的人员一致性就高；如果走相同路线的其他员工都准时到达了，只有一个员工迟到，则该迟到行为的人员一致性就低。人员一致性越高，我们就越倾向于对行为进行外部归因。

凯利还研究了归因中的错误和偏见。他指出，尽管在评价他人的行为时有充分的证据支持，我们仍然倾向于低估外部原因的影响，而高估内部或个人原因的影响，他称此为基本归因偏见。基本归因偏见在我们的日常生活中很常见，比如当销售代表的业绩不佳时，销售经理总是倾向于将其归因于下属的懒惰，而不是客观外界条件的影响。此外，个体有一种倾向，喜欢把自己的成功归因于内部原因，比如能力或努力等，而把失败归因于外部原因，比如运气等，这称为自我服务偏见。

二、归因理论的应用

（一）学会积极归因

成功归因于稳定的、内部的、可控的原因，将进一步强化成就动机；相反，成功归因于不稳定的、外部的、不可控的原因，则无助于强化，甚至会进一步弱化成就动机。因此，当成功时，应多做稳定归因，而失败时，要多做不稳定归因，这样才有利于保持积极的行为动力。

（二）明确目标、体验成功，增强自我效能

为什么具有同样智力和技能的人在同一任务环境中会有不同的行为表现？其原因就在于他们具有不同的自我效能。自我效能是个人对自己能否成功地进行某种成就行为的主观判断。它是个体自身潜能的主导因素，对控制与调节个体的成就行为，尤其在个体面对困难时的态度和坚持性及策略的采用等方面有着重要作用，能激发个体为达到目标而付出持久的努力，勇于面对各种挑战、不怕困难和挫折，力图实现成就目标。

素质提升

正确归因

正确归因，就是要对造成逆境的原因进行实事求是的认识和分析，弄清逆境的原因到底是外部的，还是内部的，或是内外部两种因素交织、共同起作用的。正确的分析和归因，是应对逆境和解决问题的必要基础。把失败结果一概归因于外部因素的人，自然不能对其行为做自我控制和自我调节，当面对逆境时会感到无能为力和束手

无策，从而不能尽自己的最大努力去克服困难和改变失败的处境；但是，把失败结果统统归结于个人的努力不足，过多地责备自己，也是不现实的，同样不能对自己的行为结果负起合理的责任，有效地改善逆境。

对惯于在逆境中不加分析、不问青红皂白便按照自己已有的固定模式做片面归因的人，尤其应当注意要做符合实情的、准确的归因。只有以积极的态度去冷静分析遭受逆境的主、客观原因，及时找出失败的症结所在，才能从本人的实际条件出发，用切实的行动去促使挫折情境的改变。

资料来源：孤草. 逆境心理学［M］. 北京：大众文艺出版社，2001.

自学测试

一、选择题

1.归因理论是由（　　　）首先提出的。

A.韦纳　　　　　　B.海德　　　　　　C.凯利　　　　　　D.洛克

自学测试3-5

2.提出能力、努力、任务难度和机遇是人们在解释成功或失败时知觉到的四种主要原因的是（　　　）。

A.韦纳　　　　　　B.海德　　　　　　C.凯利　　　　　　D.洛克

3.海德的归因理论认为（　　　）是内部原因。

A.人格　　　　　　B.情绪　　　　　　C.心境　　　　　　D.动机

E.欲求　　　　　　F.能力　　　　　　G.努力

4.韦纳的归因理论认为（　　　）是内部原因。

A.能力　　　　　　B.努力　　　　　　C.任务难度　　　　D.机遇

二、判断题

1.海德的归因理论主张从行为结果入手，探索行为的原因，将个人行为产生的原因分为内部和外部两大类。　　　　　　　　　　　　　　　　　　（　　　）

2.按照韦纳的理论，如果个人将成功归因于能力和努力等内部原因，就会感到骄傲、满意、信心十足等；而将成功归因于任务容易和运气好等外部原因，产生的满意感等则较少。　　　　　　　　　　　　　　　　　　　　　　　　　（　　　）

3.按照韦纳的理论，内部原因能够激发工作的积极性，而外部原因不能够激发工作的积极性。　　　　　　　　　　　　　　　　　　　　　　　　　（　　　）

4.自我效能是个人对自己能否成功地进行某种成就行为的主观判断。　（　　　）

课后测试

一、选择题

1.海德的归因理论认为（　　　）是外部原因。

A.环境条件　　　　B.情境特征　　　　C.他人的影响　　　D.努力

2.韦纳的归因理论认为人们在解释成功或失败时知觉到的主要原因有（　　　）。

A.能力　　　　　　B.努力　　　　　　C.任务难度　　　　D.机遇

3.按照凯利的归因理论，要找出真正的原因，需要借助以下（　　　）信息。

A.前后一贯性　　　B.情景一致性　　　C.人员一致性　　　D.机会均等

二、判断题

1.归因理论是由美国社会心理学家凯利在1958年首先提出的。　　　　　　（　　　）

2.按照韦纳的理论，能力、努力是内部原因；任务难度、机遇是外部原因。

（　　　）

3.个体喜欢把自己的成功归因于内部原因，比如能力或努力等，而把失败归因于外部原因，比如运气等，这称为基本归因偏见。　　　　　　　　　　　（　　　）

4.自我服务偏见是指在评价他人的行为时尽管有充分的证据支持，我们仍然倾向于低估外部因素的影响，而高估内部或个人因素的影响。　　　　　　　　（　　　）

5.当成功时，应多做稳定归因，而失败时，要多做不稳定归因，这样才有利于保持积极的行为动力。　　　　　　　　　　　　　　　　　　　　　　　（　　　）

6.为什么具有同样智力和技能的人在同一任务环境中会有不同的行为表现？其原因就在于他们具有不同的自我效能。　　　　　　　　　　　　　　　　　（　　　）

三、思考题

1.什么是归因？

2.海德的归因理论的基本观点有哪些？

3.韦纳的归因理论的基本观点有哪些？

4.凯利的归因理论的基本观点有哪些？

5.如何正确归因？

四、案例分析题

王恒、刘星和赵雨三人的考试归因

王恒这次期中考试考了538分，比刚入学时进步了很多。巧的是他的好朋友刘星和赵雨也考了538分，不过比起入学时他们两个人都退步了。提起这次考试成败的原因，3个好朋友各有不同的想法。王恒认为自己的进步是由于自己最近学习用功，而且方法得当。刘星看到自己退步了很多，认为自己可能智商太低，不能适应越来越复杂的学习任务，因而成绩落后了，这使得他感到十分无助，有些消沉。赵雨则将这次考试失利的原因归结为自己最近放松了对学习的要求，不够努力所致，因而开始更加发奋地学习。在下一次考试中，王恒和赵雨都考得很好，而刘星退步了许多。

资料来源：徐学俊，徐仕全.高中生心理成长读本［M］.武汉：华中科技大学出版社，2015.

请问：

（1）王恒、刘星和赵雨他们3人的考试归因方式有何特点，这3种不同的考试归因方式会给他们的学习带来怎样的影响？

（2）他们3人中哪种归因方式是正确的？为什么？

任务六　激励技巧

学习目标

◆知识目标

　　了解激励的种类和原则；掌握各类激励的技巧。

◆能力目标

　　能够恰当应用激励技巧。

◆素养目标

　　培养敬业乐业的工匠精神，增强责任感和使命感。

重点难点

◆教学重点

　　激励的种类。

◆教学难点

　　激励技巧。

自学任务

（1）了解本任务的学习目标和重点难点，通过线上或线下的方式进行自学，重点关注以下知识点：工作激励技巧；成果激励技巧；批评激励及其他激励技巧；激励的原则。

（2）自学结束后完成本任务的自学测试。

案例研讨

员工的激励方法

按照工作的意愿和工作的能力，可以把员工分为四类：

A类：意愿高，能力强的员工。

B类：意愿高，能力弱的员工。

C类：意愿低，能力弱的员工。

D类：意愿低，能力强的员工。

资料来源：杨继刚，白丽敏，王毅. 从业务骨干向优秀管理者转型［M］. 北京：机械工业出版社，2019.

讨论：对每一类员工应该如何激励？

▶ **知识点学习** ▐▐▐▐

一、激励技术

作为管理者，他需要考虑：如何将动机理论应用到实践当中，充分激发员工的工作积极性？下面介绍一些得到普遍认可和运用的激励技术。

（一）工作激励

1.工作激励的含义

工作激励是指通过分配适当的工作，来激发员工内在的工作热情。

2.工作激励的技巧

（1）用工作乐趣来激励员工。找到员工最喜欢做的工作，把那些工作委派给他们，尽量避免安排他们不喜欢的工作。

（2）工作丰富化。有的员工说："现在的工作分工越来越细，也越来越单调，若长期如此，越干越没兴趣。"因此，在岗位现有工作的基础上，通过充实工作内容，增加岗位的技术和技能的含量，使岗位的工作更加多样化、充实化，消除因从事单调乏味工作而产生的枯燥厌倦情绪，从心理生理上满足员工的合理要求。

（3）用使命感激发员工的内在驱动力。有的员工说："我们不知道这项工作的意义，做起事来也缺乏干劲。"可见，员工对工作的重要性认识不足，就看不到工作的价值，也激发不起其对工作的热情，更不能迸发其潜力。管理者要激发员工的工作热情，激励员工干好工作、做出成绩，就要让员工认识到工作的重要性。

（4）创造一个团结快乐的工作环境。例如，把办公室布置得有个性一些，组织体育活动，组织部门员工聚餐等。

（5）授权。授权是指将工作指派给员工去做。在现实生活中，有的领导者工作非常忙，可以说是"两眼一睁，忙到熄灯"，一年三百六十五天，整天忙得四脚朝天，恨不得将自己分成几个人。这种解决问题的思路太落伍了。出路在于运用智慧，采取分身术，管好该管的事，下放不该自己揽的权，这就是授权。授权是领导者走向成功的分身之术。今天，面对着经济、科技和社会协调发展的复杂局面，即使超群的领导者，也不能独揽一切。领导者的职能已不再是做事，而在于成事，因此必须向员工授权。高效的授权将使人尽其能，使每一个人拥有较大而又恰如其分的自由度，以较高的效率和较佳的方式完成工作。真正的领导者自己不一定有多强的能力，只有懂信任、懂放权、懂珍惜，才能团结比自己更强的力量，从而提升自己的身价。

（6）用挑战性的工作来激励员工。在企业中，经常会有一些成就欲很强的人，他们总是追求崇高，渴望成功，而且拥有成功的各种素质，如聪明能干、自信自强、超凡的创新意识和勇于创新的胆识等。他们不论做什么事，都能竭尽全力，而且一般能完成得较为出色。他们喜欢设定特殊的目标，也能圆满完成这些目标。时间的紧迫、外界的干扰、个人的挫折或情绪的变化等，都不足以影响他们优异的表现。他们勇于接受挑战，越是没人能干、敢干的事，越是有干好的欲望。他们最在乎的是别人的认可，最希望得到的是领导的信任，而薪水有时并非他们最渴望的。要管理好这类人，并能最大限度地发挥他们的能力，就是给他们分配挑战性的工作。

用挑战性的工作来激励员工的具体方法包括：把需要特殊技能的挑战性的工作委派给他们；创造能开发员工技能的工作机会；尽量避免把简单单调的工作委派给他们；强调他们的技能对组织成功的重要性；给他们工作的空间，不要对他们指手画脚等。

（二）成果激励

1.成果激励的含义

成果激励是指在正确评估工作成果的基础上，给员工以合理奖惩，以保证员工行为的良性循环。

2.成果激励的种类及技巧

成果激励分为物质激励和精神激励。

（1）物质激励。物质激励的方式包括涨薪、奖金、奖品、股权认购、旅游等。

物质激励的技巧有：①物质激励必须考虑四大因素。一是企业的规模及效益。这是最基本也是最重要的因素。要考虑企业的综合实力，特别是企业的盈利能力，不能"今朝有酒今朝醉"，缺乏可持续性。也就是说，要考虑奖励政策的可持续性，避免已制定的政策虎头蛇尾或者无法兑现，而成为空头支票。二是员工对现有工资的满意度。如果员工对现有工资已颇多微词，甚至十分不满，那么加薪远比发奖金有用，有利于增强员工的向心力。三是奖励可能涉及的最大范围。无论加薪也好，一次性发放奖金也好，都必须考虑受众面的大小。这当中有一个平衡点，必须精打细算才行。四是奖金总额或加薪幅度在员工心目中的分量。对一个月薪2 000元的员工来说，一次性发放5 000元奖金对他的刺激，肯定远比每月加薪400元来得深刻。②物质激励必须有差别，有针对性。对不同的人员要用不同的激励措施。马斯洛需求层次理论说明，人的需求是分层次的，只有满足了低层次的需求之后，才能考虑高层次的需求。工资作为满足低层次需求的保障条件，对绝大多数人来说，仍是个硬道理。工资低的企业，即使企业文化搞得再好，也难留人。对于工资较高的高层次人才，如果缺少培训和发展机会，企业仍然缺乏吸引力。③奖励形式要将现金性薪酬和非现金性薪酬结合起来。前者包括工资、津贴、奖金等，后者则包括企业为员工提供的所有保险福利项目、实物、旅游、文体娱乐等。④注意奖励的时间。适当缩短常规奖励的时间间隔，保持激励的及时性，有助于取得最佳激励效果。频繁的、小规模的奖励，会比大规模的奖励更为有效。减少常规定期的奖励，增加不定期的奖励，让员工有更多意外的惊喜，也能增强激励效果。⑤注意发放技巧。奖金对员工来说是很有诱惑力的，其激励作用不必赘述，如果管理者能够在发奖金时，再加入一些感情的调味剂，其激励效果就耐人寻味和持久了。总之，究竟采用何种奖励形式，还需要具体问题具体分析。

（2）精神激励。精神激励的方式有赞美、表扬、表彰等。

赞美是管理者最常用的精神激励方式，没有时间、地点、环境的限制，管理者可以随时随地对下属进行赞美。心理学家认为，使一个人发挥最大能力的方法是赞美和鼓励。著名的管理专家鲍勃·纳尔逊说："在恰当的时间，从恰当的人口中，道出一声真诚的谢谢，对员工而言，比加薪、正式奖励，或众多的资格证书、勋章等都更有

讲课视频3-12

成果激励技巧

自学课件3-12

成果激励技巧

意义。这样的奖赏之所以有力，部分是因为经理人在第一时间注意到相关员工取得了成就，并及时地亲自表示嘉奖。"

心理学家詹姆斯曾说："人类本性最深的企图之一是，期望被人赞美和尊重。渴望被赞美，是每个人内心里的一种最基本的愿望。我们都希望自己的成绩与优点，得到别人的认同，哪怕这种渴望，在别人看来，似乎带点虚荣的成分。"著名的心理学家斯金纳说："要想达到最大的诱导效果，你应尽可能在行为发生后，立即加以赞美。"

在生活中，大多数人希望自身的价值得到社会的承认，希望别人欣赏和称赞自己，所以能否获得称赞，以及获得称赞的程度，便成了衡量一个人社会价值的标尺之一。每个人都希望在称赞中实现自身的价值，员工也不例外。所以，管理者不妨多对下属说"你做得太棒了""这段时间你表现不错"等。

赞美的技巧：①赞美要具有隐蔽性。当面赞美并非最好的方法，有时会让员工怀疑管理者赞美的动机和目的不纯。让第三者将管理者的赞美传递到员工那里，当员工从第三者那里听到上级对他的赞美时，会感到更加真诚和可信。②赞美要符合事实。喜欢被赞美是人类的天性。不过，离谱的赞美，会让人听起来虚情假意。赞美的首要原则是符合实情，避免阿谀谄媚。赞美员工的具体工作，要比笼统赞美他的能力更有效，让员工知道为什么自己得到赞美，也不会使其他员工产生嫉妒心理。③赞美应该适度。赞美，首先要真诚，真诚就要有所保留，而不是全盘肯定。赞美可以只谈其优点、长处、成绩，也可以既赞美，又批评，还可以加入领导的希望。无论采取哪种方式，都要掌握好分寸，把握好度。④赞美要有新意。用新颖的语言、新鲜的表达方式赞美员工，既能显示领导语言运用的才能，也能使被赞美者更快乐地接受。⑤独特的角度。领导要善于发现一般人很少能发现的闪光点和兴趣点，把握好赞美的角度，才能使沟通轻松顺畅，起到事半功倍的效果。

管理者公开地对员工做出表扬是最佳的激励方式。公开地表扬员工，越多的人知道他们干得好，他们就会做得越好。

表扬应该遵循三个步骤：说明某人或者团队做了什么；提及其在做该事情时所表现出来的特征；描述其努力带来的效果。对员工的表扬应该随时进行，不管你是说"干得很好"，还是说"我注意到你是怎么应对那个顾客的"，简单的一句话，就能让员工干劲更足。

荣誉可激发下属积极的工作态度，从而提高其对工作的热情度。管理者可以为工作成绩突出的员工颁发荣誉称号，对他们进行表彰。

（三）批评激励

1.批评激励的含义

批评激励是指通过批评来激发员工改正错误行为的信心和决心。

2.批评的原则

（1）善意原则。批评是为了帮助下属提高，帮助其改正错误，更好地工作。如果管理者的批评教育不是善意的，那么批评很可能成为上下级之间矛盾爆发的导火索。真诚往往是最感人的。没有人愿意犯错，因此员工犯错时，心中已经非常内疚，如果

管理者在批评时能够进行善意的开导，就会让员工对其产生更大的敬意，工作起来也会更加负责任。

（2）公平公正原则。对于相同的违纪行为，必须客观、公正、公平对待，相同的事情处理方式应相同，避免发生轻重宽严不一的现象。

（3）对症下药、有的放矢原则。批评是一个十分严肃的问题，一定要抓住对方的错误实质，有针对性地进行，不能道听途说，更不能听信谗言。因此，管理者在进行批评前，一定要做深入细致的调查研究，弄清问题的症结，并对产生问题的原因进行具体的分析，然后进行批评。只有这样，才能保证批评的公正性，做到有的放矢，收到应有的效果。

（4）及时原则。一般情况下，对于工作中出现的共性问题或习惯性错误，在调查清楚的基础上，要及时对当事人提出批评，这样可以避免问题复杂化，同时令当事人记忆深刻，也便于其总结教训和改正错误。

（5）顾及颜面原则。一般不要当众批评，否则会增加被批评者的心理负担，影响其在同事面前的形象，增加其以后开展工作的难度。如果有的批评需要当众进行，必须事先做好被批评者的工作，或事后做适当的解释。

（6）适可而止原则。点到为止，不应该在错误的细节中反复纠缠。

3.批评的技巧

批评是管理手段，其作用在于让员工纠正错误，保持优点，寻找最佳的工作状态和方式。

（1）心平气和地提出批评。使用礼貌用语，保持冷静，控制你的脾气，不要在怒气中批评。

（2）提出明确而具体的批评。在批评教育之前，管理者必须对整个事情做一个细致清楚的调查，找到具体出错的环节。

（3）批评因人而异。每个员工的性格脾气都不一样，针对不同的员工，批评的方法、语气激烈程度也不一样。对直率的人，批评可以比较直接；对软弱的人，应采取柔和的、鼓励式的、一对一批评；对心怀不满的人，在认真听取其意见的基础上进行点拨；对油头滑脑的人，要一针见血地批评。

（4）批评应注意时效性。发现员工犯了错误，应当立即进行批评纠正，而非听之任之。如果碍于情面而不能及时批评，拖延到最后，下属就有可能犯更严重的错误，造成更严重的损失。因此，及时批评不仅不会让下属养成犯错误是习以为常的心理，还能够及时止损，挽回损失。

（5）注意批评的场合选择。单独与被批评者谈话。若有他人在场，被批评者就会因感到屈辱而产生逆反心理，拼命找理由辩解，反而无心自省，也就无法产生批评的效果，因此不到万不得已，不要当众批评。

（6）先表扬后批评再鼓励。这样犯错的员工易于接受批评。

（7）不要吹毛求疵。批评应针对工作中出现的重要或比较重要的问题，切忌吹毛求疵，对员工所犯的一些鸡毛蒜皮的小问题横加挑剔；否则员工易对你产生反感或抵触情绪。另外，批评员工，话不能过于直白和激烈，这样可以避免伤害员工的自尊心和自信心，应该点到为止。

（四）培训教育激励

培训教育激励是指通过灌输组织文化和开展技术知识培训，提高员工的素质，增强其更新知识、共同完成组织目标的热情。培训员工会传递出一份清楚的声明"你值得公司的投资"。

（五）情感激励

情感激励是从员工的情感需求出发，通过情感上的关心、尊重、信任等手段，来满足员工这种精神上的需求，从而激发员工的工作热情，达到激励的效果。中国有句俗话："受人滴水之恩，当以涌泉相报。"对于绝大多数人来说，投桃报李是人之常情，因此在日常的管理中，尊重、关爱、信任员工，倾听他们的意见和要求，帮助他们解决工作和生活中的一些困难，他们的回报就会是努力工作，高质量地完成工作任务。这种回报更强烈、更深沉、更长久。

（六）领导行为激励

领导行为激励就是管理者身先士卒，以自己的热情感染员工。俗话说"火车跑得快，全靠车头带"，管理者就是要起到火车头的作用。管理者处在众人瞩目的位置，既是部门领导者，又是示范引导者，理应是员工的表率。员工就是管理者的一面镜子，管理者的所作所为，很容易引起员工的效仿。管理者如果处处严格要求，以身作则，公平对待，吃苦在前，享受在后，认真工作，关心理解下属，为他们排忧解难，员工就会不计私利，甘于奉献，认真工作。因此，优秀的管理者要勇当下属学习的标杆，通过自己的榜样作用影响别人，使别人成为其追随者，跟其一起干，同时鼓舞员工朝着工作的预定目标迈进，给他们成功的力量。

（七）竞争激励

竞争激励就是在企业内部创造一种竞争的机制，把企业变成一个赛场，让员工由外激到内激，尽情施展自己的才华，以立足于企业。竞争是激励员工最有效的手段之一，人人都有一种不甘落后、以落后为耻的心理，竞争恰恰可以使员工在绩效上拉开差距，从而激励其上进心，激发其自动自发的奋斗精神。

（八）企业文化激励

企业文化是指一个企业的全体成员所共有的信念和期望模式。推行企业文化，有助于建立员工共同价值观和企业精神，树立团队意识。《孙子兵法·谋攻篇》曰："上下同欲者胜。"讲的是目标一致，才能心往一处想，劲往一处使，攻无不克、战无不胜。企业的目标是企业凝聚力的核心，预示着企业的美好未来，能够在理想和信念的层次上激励全体员工。员工的工作行为不仅是为了追求金钱，还是为了追求个人的成长与发展，以满足自我实现的需求。特别是一些高素质员工，更加注重这种需求的实现。作为企业的员工，大部分人都有自己的职业生涯规划，有意识地确立目标并努力追求实现目标。企业的管理者应该让员工了解企业的愿景，用共同的目标引领员工勇往直前，让员工看到企业光明的未来和自己的良好发展机会，引导员工准确自我定位，做好职业生涯规划，使员工个人职业目标与企业整体目标融为一体。两个目标的统一对于企业与个人都有积极的意义，其结果必是双赢的。

　　在成功的企业中，通常用塑造一个共同的目标、创造共同的价值立场和相同的价值理念来激励员工。

二、激励原则

　　为了做好激励工作，必须把握好以下几个原则：

（一）目标结合原则

　　在激励机制中，设置目标是一个关键环节。目标的设置必须同时体现组织目标和员工的要求。只有设置了目标，员工心中有明确的方向，他才能向着目标前进。目标设置不宜过高，也不宜过低。目标设置过高，员工很难达到甚至达不到，容易产生挫败感；目标设置过低，员工能够轻易达到，不能激发员工的潜能。

讲课视频3-14

激励原则

（二）物质激励和精神激励相结合的原则

　　物质激励是基础，精神激励是根本。在社会经济发展的现阶段，从工作中获得物质利益仍然是人们工作的主要目标之一，所以物质激励是非常重要的。然而，随着社会经济的进一步发展，人们生活水平的进一步提高，就能够从物质激励和精神激励两者并重，逐步过渡到以精神激励为主。

自学课件3-14

激励原则

（三）公平合理原则

　　员工的工作动机和积极性不仅受绝对报酬的影响，还受相对报酬的影响。员工总会把自己的贡献和报酬与另一个和自己相等条件的人的贡献和报酬相比较，当这种比值相等时，就会有公平感，就会心情舒畅，工作积极性高涨；反之，就会导致不满，产生怨气和牢骚，甚至出现消极怠工的行为。公平一词，很多人都错误地理解为"大家都一样"，这对管理非常有害。管理学家史蒂格说得好："不能搞平均主义，平均主义惩罚表现好的，鼓励表现差的，得来的只是一支坏的员工队伍。"

（四）时效性原则

　　要把握激励的时机，"雪中送炭"和"雨后送伞"的效果是不一样的。在激励员工的时候，如果错失了时机，即使花同样的代价，也达不到同样的效果。管理人员在分配任务时，预先告知达到目标能得到什么奖励，容易激发员工的工作热情和斗志，完成任务过程中的执行效果就会非常好。目标达到，及时奖励，不能久拖不兑现。在员工遇到困难的时候，管理人员要及时地帮助他，给予关怀，这样在以后的工作中，他会怀着感恩的心情来努力工作。

（五）正激励和负激励相结合的原则

　　所谓正激励，就是对员工的符合组织目标的期望行为进行奖励，从而产生激励效应。所谓负激励，就是对员工违背组织目标的非期望行为进行惩罚。正负激励都是必要而有效的，不仅作用于当事人，而且会间接地影响其他人。在实际工作中，应该把正负激励相结合，才可以起到更好的激励效果。

（六）按需激励原则

　　激励的起点是满足员工的需求。人的需求是丰富而复杂的，存在丰富的个体差异性与动态性，只有满足迫切需求的措施，其效价才高，其激励强度才大。例如，有一名优秀的保险销售员，已经连续多年获得公司授予的年度优秀销售人员的称号，也因此捧回了一大堆奖杯与奖章，最后他再也不参加公司的颁奖仪式了。有个聪明的经理注意到了他的缺席，便思考"此人看中的是什么呢?"后来他发现，这名销售人员的生活重心是他的太太以及三个女儿。于是，第二年公司请人给他们全家画了一张像，以此作为奖励。这名员工对此当然是喜不自禁。另外，收入较低的员工较需要奖金激励，而荣誉证书、纪念品等对其来说并不重要。因此，领导者必须进行深入的调查研究，不断了解员工需求层次和需求结构的变化趋势，有针对性地采取激励措施，才能收到好的效果。

素质提升

新生代员工的特征

新生代员工定义为 1985 年以后出生的，在各企事业单位组织工作的年轻员工，既包括"85后"，又包括"90后""95后"。新生代员工的特征有：

（1）个性张扬，不循规蹈矩。由于更多地受儒家文化的影响，我国上一代员工在工作与生活中更多秉持"没有规矩，不成方圆"的价值理念，在工作中常被动接受领导的工作安排，愿意遵守规则，忍辱负重、任劳任怨。但新生代员工在工作与生活中表现出较强的个性，更追求自由，自我意识强。他们不愿意被动地服从领导，常常主动地表达自己的感受和看法以及对工作的建议。同时，新生代员工喜欢富有挑战性和趣味性的工作，对重复的、一成不变的工作提不起兴趣。新生代员工不会轻易认可企业的规则和制度，同样不会轻易认同企业文化。

（2）自尊心强，抗压能力较弱。与上一代员工相比，新生代员工不太具备"忍辱负重"的品质，更为重视自己的人格，渴望得到尊重和认可，希望领导给予他们平等的沟通和关怀。如果他们觉得受到了不公正或不平等的待遇，就容易产生不满，进而表现出不利于工作的行为。同时，新生代员工的心理承受能力较差，在生活中及工作上遇到不如意的事或者挫折，容易悲观失望、怨天尤人，进而破罐子破摔甚至离职。

（3）忠诚度低，职业观念多样化。上一代员工对组织有强烈的依赖心理，忠诚于组织，愿意为组织奉献自己的一切。但新生代员工看重的不是对所在企业的忠诚，而是自身的职业发展，他们的职业观念更加多样化。新生代员工常根据自己的特长和兴趣进行职业规划，更加注重组织能否为其提供发展的平台，如果组织不能为他们提供学习和发展的机会，一旦时机成熟，就会离开组织。

（4）喜欢虚拟空间和信息化手段。新生代员工在信息社会中长大，见识多，思维活跃，有较强的学习能力和接受能力。他们对信息化的电子产品情有独钟，对网络虚拟空间高度依赖，在虚拟空间显得游刃有余，更喜欢虚拟空间的沟通，而对现实生活中的沟通交流不热衷。同时，他们更偏向于利用现代化的电子信息技术解决问题，不愿意从事手工劳动。他们不仅生活上更简单，思想上也更简单，没有上一代人的城府，对工作中的勾心斗角不屑一顾。

资料来源：俞文钊，李成彦. 现代激励理论与应用 [M]. 3 版. 大连：东北财经大学出版社，2020.

➡ **自学测试**

一、选择题

1.在日常管理实践中，常用的激励方式主要有（　　　）。

A.工作激励　　　　　B.成果激励　　　　　C.批评激励　　　　　D.培训教育激励

E.情感激励　　　　　F.领导行为激励　　　G.竞争激励　　　　　H.企业文化激励

自学测试3-6

2.工作激励的手段有（　　　）。

A.用工作乐趣来激励员工　　　　　　　　B.用挑战性的工作来激励员工

C.多给员工报酬　　　　　　　　　　　　D.安排轻松的工作

E.多安排休息时间

3.物质激励的方式有（　　　）。

A.涨薪　　　　　　　　　B.奖金　　　　　　　　　C.奖品

D.股权认购　　　　　　　E.旅游

4.精神激励的方式包括（　　　）。

A.赞美　　　　　　　　　B.表扬　　　　　　　　　C.表彰

D.晋升　　　　　　　　　E.发奖金

二、判断题

1.工作激励是指通过分配适当的工作来激发员工内在的工作热情。　　　　　（　　　）

2.批评激励是指通过批评来激发员工改正错误行为的信心和决心。　　　　　（　　　）

➡ **课后测试**

一、选择题

1.用工作来激励员工，具体包括（　　　）。

A.找到员工最喜欢做的工作，把那些工作委派给他们，尽量避免安排他们不喜
　欢的工作

B.工作丰富化

C.用使命感激发员工的内在驱动力

D.创造一个快乐的工作环境

E.用挑战性的工作来激励员工

F.授权

2.批评激励是指通过批评来激发员工改正错误行为的信心和决心。批评的原则
有（　　　）。

A.善意原则　　　　　　　　　　　　B.公平公正原则

C.对症下药、有的放矢原则　　　　　D.及时原则

E.顾及颜面原则　　　　　　　　　　F.适可而止原则

3.成果激励的种类有（　　　）。

A.工作激励　　　　　　　B.物质激励　　　　　　　C.精神激励

D.培训激励　　　　　　　E.竞争激励

二、判断题

1.授权不仅对直接下属,也能越级授权。   (   )

2.物质激励的奖励形式要将现金性薪酬和非现金性薪酬结合起来。前者包括工资、津贴、奖金等,后者则包括企业为员工提供的所有保险福利项目、实物、旅游、文体娱乐等。   (   )

三、思考题

1.日常管理实践中,常用的激励方式有哪些?

2.什么工作激励?如何进行工作激励?

3.什么是授权?如何正确授权?

4.物质激励和精神激励的方式有哪些?

5.如何批评才能达到激励的目的?

四、案例分析题

建造"大家庭"

企业家常常号召员工以厂为家、以公司为家,试图以此来增加企业的凝聚力,为企业创造更好的效益,但真正能让员工感到企业是自己的家,没有那么容易。这要求企业家在企业中真正营造出"大家庭"式的环境。中国香港新鸿基证券有限公司是1969年由冯景禧所创办的,在日成交数额达亿港元的中国香港证券市场上,占有30%的份额,年盈利额达数千万港元,冯景禧的个人财产也达数亿港元。他成了称雄一方的证券大王。公司之所以能创造出世界证券业少有的佳绩,主要得益于冯景禧的"大家庭"式的经营管理哲学。公司执行董事谭宝信介绍说,在冯景禧的掌管下,公司形成了一股难以形容的奇妙力量。这样的气氛能激发员工的创造性。在这里工作,成就肯定比别的机构大。实际情况正如谭宝信所说,冯景禧的"大家庭"式的经营管理哲学,不仅使本籍员工感到和谐,而且使外籍员工感到大家庭的温暖。这样,一种奇妙的力量就自然形成。这种力量之大是难以形容的。为了实施"大家庭"式的经营管理哲学,在管理方式上,他十分重视人的作用,强调发挥人的创造性。他曾声明,服务行业的资产就要靠管理,而管理是靠人去实行的。公司不以拥有巨额资产为荣,而以拥有一大批有知识、有能力、有胆量、善于运用大好时机、敢于接受挑战的人才为骄傲。冯景禧的管理哲学和用人艺术,既有西方人科学求实的精神,又有东方人和谐的特质;既有美国现代化管理原则,又有日本人的以感情为核心的人际关系,融东西方优点于一炉。在管理原则上,他十分强调团结的力量,注重全公司上上下下的团结一致。他在经营业务的大政方针决策之前,总是广开言路,尤其是重视反面意见,然后加以集中,再向全体员工解释宣传,使大家齐心协力。他在实施公司的决策时俨然像一位铁血将军,在体谅下属时又俨然是一位宽厚的长者。如果有哪个员工向他辞职,他首先会询问是否有亏待过他的地方。如有,就诚恳道歉、改正,并全力挽留。因为他知道,失去一个人容易,但培养一个人难。在管理作风上,他注重以身作则,平易近人。为了使员工心情愉快,他还刻意创造一种"大家庭"式的生活气氛,如组织业余球赛,在周末用公司的游艇观赏海景,亲自参加员工们的普通话学习等。有些企业的员工吃里爬外,对企业不负责任,"大家庭"式的管理,不失为医治这种病症的良方。

资料来源：沈波. 简明管理方法与艺术［M］. 南京：东南大学出版社，2014.

请问：

（1）冯景禧是如何提高中国香港新鸿基证有限公司凝聚力的？

（2）你从该案例中得到什么启示？中国香港新鸿基证券有限公司采用了什么样的激励措施？

学习模块三
群体分析

　　组织行为分析的群体层面分析，主要关注团队和群体层面的行为和心理过程。研究内容包括沟通与协作、团队决策、团队建设、团队创新、领导力等。这一层次的研究目的是揭示团队和群体在组织中的作用与影响，为组织优化管理、提高团队绩效提供指导。

学习单元四　管理决策

任务一　社会知觉与印象管理

▶ 学习目标

◆ 知识目标

了解知觉内涵和影响因素；

了解社会知觉及效应偏差；

了解印象管理的内涵；

掌握印象管理策略及应用。

◆ 能力目标

能够正确进行社会知觉应用和印象管理。

◆ 素养目标

培养塑造良好个人形象的意识。

▶ 重点难点

◆ 教学重点

社会知觉及应用。

◆ 教学难点

印象管理策略及应用。

自学任务

（1）了解本任务的学习目标和重点难点，通过线上或线下的方式进行自学，重点关注以下知识点：知觉内涵和影响因素；社会知觉及应用；印象管理策略及应用。

（2）自学结束后完成本任务的自学测试。

案例研讨

苹果公司的史蒂夫·乔布斯

熟悉计算机的人，大概没有人不知道那个被咬了一口的苹果。苹果公司创立之初是很小的，仅仅用10年时间，就占领了世界市场8%以上的份额，让IBM这样的大牌公司着实吃了一惊。又一个10年之后，当众人都在为这个苹果公司敲响丧钟时，它却再一次迸发出亮丽绚烂的火花。这不得不说是一个商界奇迹。史蒂夫·乔布斯先后作为公司的创建者和救世者，更是名扬四海，谱写了创业史上的神话。不管你是他的崇拜者还是他的厌恶者，都不会对乔布斯的领袖魅力有丝毫怀疑。

那个被咬了一口的苹果，真正的含义取自背叛上帝的亚当和夏娃偷吃的禁果，暗喻苹果电脑是 PC 领域的叛逆者。这种形象也恰如其分地勾画了乔布斯本人的特点。乔布斯成长于美国张扬个性的 20 世纪 60 年代，从小特立独行，刻意塑造一个不同寻常的形象，执意要成为人们心目中的"叛逆"。尽管有父母的悉心照顾，但他努力使自己看起来像个四处流浪了多年的孤儿。他的很多行为在外人看来十分古怪，离经叛道。例如，上大学没多久就退学；与同伴一起远赴印度要进入修道院修行；在进入阿塔利公司时，他每顿饭只吃酸奶和水果，并相信这种饮食习惯可以免去洗澡的麻烦等。

即使在苹果公司蓬勃发展的时代，乔布斯也总是以一副不修边幅的外表出现在众人面前。员工对他的描述是"瘦削、邋遢、留着长发、满面风尘、穿着牛仔服、趿着拖鞋，甚至在吃饭时也会把脚丫放在桌上，晃来晃去"。这与企业界那种西装革履的正统形象格格不入，也触怒了华尔街的不少名人。

乔布斯的管理方式曾被戏称为"愤怒管理"。他喜怒无常，经常在公司里上蹿下跳，对自己的手下大喊大叫，甚至在与员工谈话时，一句话不投机就把人辞掉。他粗暴，常出言不逊，脏话连篇。他独断专行，用他的话说，"要么照着去做，要么滚蛋"。正是这种特立独行的风格和排他的绝对主义，使得 Mac 机得以诞生。但是，这种管理方式显然是不利于一家公司长期稳定发展。终于，喜怒无常、骄傲粗鲁的乔布斯在 1985 年年初被 John Sculley 扫地出门。

1997 年，乔布斯受命于危难之中，回到苹果任职临时 CEO 时，人们看到了多年风风雨雨对他的改变。他依然带着一贯的自信和坚韧，但多了一份成熟和平和，工作方式也比以前人性化多了，在具体的工作中并不过多插手，更多关注于需要进行协调的工作，比如在财政、市场和交易等方面。20 年前帮助苹果创造奇迹的硅谷公关之王里吉斯·麦肯纳说："乔布斯成熟了。你知道我是怎么判断的？因为他一回到苹果，就虚心地向许多人请教，而且认真地听取了意见。他已从失败中学会了许多东西。"

在乔布斯带领下推出的 iMac 大获成功，公司迎来自 1995 年后的第一个盈利财年。接着，公司又推出了全新的 iMacDV、G4 和 iBook，在短短一段时间内竟然推出这么多成功出色的新产品，令人目不暇接。1999 年，美国《洛杉矶时报》评选出了"本世纪经济领域 50 名最有影响力人物"，乔布斯与另一名苹果公司创办人沃兹尼克并列第 5 名。乔布斯也是跻身《洛杉矶时报》排行榜前 10 名中唯一活跃在商业经济第一线的企业家。

乔布斯衣冠楚楚，风度翩翩，口若悬河，与 20 多年前创办苹果公司的那个不修边幅的大学生相比，完全判若两人。

资料来源：韩平. 组织行为学 [M]. 西安：西安交通大学出版社，2017.

讨论：

（1）之前和之后的乔布斯给人们留下了什么样的不同印象？

（2）你认为乔布斯使用了什么样的印象管理策略？

（3）你认为什么样的人更容易使用印象管理策略？

▶ 知识点学习 ▮▮▮

组织生活中经常有这样的情况发生，人们面对相同的事件却产生不同的看法和评价，原因在于：我们对事物的知觉，并不总是以客观世界为基础的，会受到很多主观因素的影响。

一、社会知觉的应用

（一）知觉的认知

1.知觉的内涵

知觉是客观事物直接作用于感官后，在头脑中形成的对客观事物的整体反映。

值得注意的是，这种反映不是消极、被动的，而是一种积极、能动的认识过程。

个体的知觉能动性主要体现在以下三个方面：

（1）知觉的选择性。在同一时刻进入我们各种感官渠道的信息十分丰富，我们不可能对所有信息同时给予加工，只是选择其中一部分信息进行反映，而忽视其他信息。人们这种对于外来刺激有选择地进行组织加工的过程，被称为知觉的选择性。

（2）知觉的整体性。知觉并不是孤立地反映刺激物的个别特性，而是反映事物的整体和关系。人们常常根据自己的知识经验，把直接作用于感官的不完整刺激整合成为统一的整体。

（3）知觉的理解性。人们在知觉过程中，不是被动地吸收信息，而是力求对知觉对象做出解释，形成意义。由于受知觉者的知识经验、实践经历、个人兴趣爱好等因素的影响，人们对同一事物可以形成不同的解释，做出不同的判断。正是由于知觉的这些特点，一个人所知觉的东西可能与客观实际差距很大，也可能与其他人的知觉差异很大。

理解知觉过程，对于组织行为研究和管理实践有重要意义，因为人们的行为不是以客观环境本身的存在为基础的，而是以他们对客观环境的认知与理解为基础的。要想激励他们的行为，必须首先了解他们眼中的世界是什么样的。

2.影响知觉的因素

哪些因素会影响人们的知觉过程？我们可以把它们归纳为知觉对象、知觉环境和知觉者三个方面。

（1）知觉对象。知觉产生的先决条件是外界刺激的存在，刺激本身的特点会影响人们对于知觉对象的选择、组织和理解。当知觉对象具有与众不同的特性时，被觉察到的可能性更大。体积较大、声响较大、反复出现、运动变化对比分明的事物，更容易被注意；相反，体积较小、数量不多、较少发生、静止不动、含混不清的事物，则更可能被忽视。例如，顾客服务部门更多地注意那些嗓门较大的顾客，并尽可能快地帮助他们解决问题，而安静礼貌的顾客更可能被忽视；一封信中只有一个错字时，很可能会被忽略；若错别字连篇，就很容易被看出来；闪动的霓虹灯、画面不断变换的广告牌，更容易被人们看到并记住等。这些具有鲜明特点的刺激，通常会被选择出来进行认知加工，我们称这些被选择加工的刺激为知觉对象，同时作用于感官的其他刺激会退后作为知觉背景。

　　知觉对象与知觉背景的区别在于：知觉对象有鲜明的、完整的形象，突出于知觉背景之前，容易被记忆。不过，知觉对象与知觉背景两个概念是相对而言的，此时的知觉对象也可以成为彼时的知觉背景。图4-1中的两个经典图形，就是知觉对象与知觉背景相互转换的明显例证。

少女与老妇　　　　　　　　　　　　　双面人与花瓶

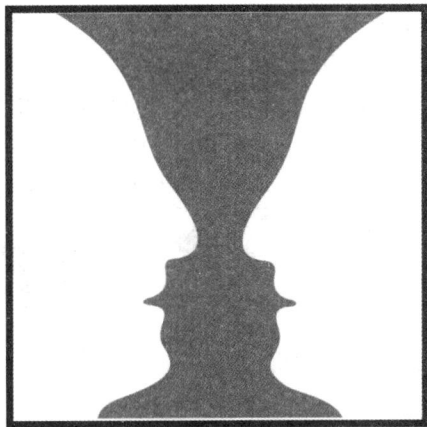

图4-1　少女与老妇、双面人与花瓶

　　知觉对象的另一些特性会影响知觉的整体性和理解性，其中包括物理性质的相似、空间上的接近、时间上的接近等特点。我们会把物理性质相似的事物联系在一起，而把性质不相似的分开识别。当我们看到足球场上纵横驰骋的22名球员时，很容易根据球衣的颜色把他们分成两队进行知觉。我们还会把形状、颜色、大小、亮度等特性相似的物体，知觉成一个整体。

　　知觉对象可能因为空间上的接近，而被看成是有联系的。当我们在马路上看到一个男人、一个女人和一个孩子站在一起，很可能认为他们属于一个家庭。如果同一部门中有好几个员工同时辞职，人们就很容易觉得他们的行为具有内在的关联性。

　　知觉对象也可能因为时间上的接近，而使人们认为它们是关联的。例如，一名新任经理就职之后，生产力大增，则人们会把生产力的增长归功于这位新任经理，即使他不具备这种能力。

　　（2）知觉环境。在不同的环境下认识和了解客观事物，会影响我们的知觉。在此，物理环境和社会环境均扮演着重要的角色。

　　①物理环境。一个事物能否被察觉，取决于它在环境中是否显著。当一只老虎在枝繁叶茂的桃林中躲避时，我们近在30米内也可能看不见；如果是在草木不生的荒野上，同样这只老虎，即使远在200米外，我们也可以看得清清楚楚。早上10点接到

朋友的一个电话，可能会令人心情愉快；如果同样的铃声半夜三更响起，就可能引起你的反感与不快。其他环境因素还包括地点、光线温度等。

②社会环境。个体所在社会环境的不同，也会使人们对于相同事件的知觉有所不同，甚至差异巨大。如果老板当众对一个员工提出建设性批评意见，可能会让员工觉得他是苛刻冷酷、不近人情的。同时，员工可能不会把注意力集中在老板说了什么，而更多集中在同事们会有什么样的反应。同样的建设性批评意见，如果是在老板办公室里进行私下交谈，员工就更可能接受它，对老板的印象也更好。再比如，同样5%的加薪，不同员工的感受可能不同。有人因此而高兴，因为其他同事平均只涨了2%的薪水；有人则可能不快和恼火，因为他看到周围人的平均加薪水平是15%。

（3）知觉者。即使面对同样的知觉对象，又在相同的物理和社会环境下，不同的人也会有不同的知觉，这取决于知觉者的需要（动机）、兴趣爱好、态度、过去经验、期待等主观因素。

①过去经验。过去经验会影响当前的知觉过程，使自己更多注意那些我们熟悉的事物或特性。看一看图4-2中的6个图形，请你从左端向右看起，你得到的是什么知觉？另一个人从右端开始向左看起，他的知觉与你的一样吗？

图4-2　知觉经验

为什么会这样，现在你自己也可以解释这个现象了。

当道路上出现一起车祸时，目睹事件全过程的警察和医生，事后回忆他们所看到的细节内容，很可能是不一样的。研究者由此得出结论：当外界刺激较为模棱两可时，个体的知觉更可能受到个体解释基础（如经历、态度、背景）的影响，而不是刺激本身的影响。

②需要。人的需要不仅影响知觉的选择性，而且会导致对同一对象的不同知觉。在知觉对象是模棱两可、缺乏明确意义的情况下，更是如此。一项研究是这样的：让饥饿程度不等的被试看模糊不清的图片。研究者把未进食的时间作为饥饿程度的指标，被试未进食的时间分别从1小时至16小时不等。研究者提供的图片本身是胡乱涂抹的，没有任何明确的意义，上面再盖上一层薄纱，更使图片上的墨迹模糊不清。然后，请被试看完图片后回忆自己看到了什么。结果表明，饥饿程度越高的人，对图片回忆的内容越与食物有关。

③期待。期待指的是一种心理准备状态，是对即将出现的情况的一种预期。这种心理准备状态对人们的知觉有着重要影响。简言之，人们会看到自己想要看到的东西。当你预期自己会看到恐怖的事情时，所看到的各种特点都会与这种心理预期相吻合。它显著地影响人们的知觉以及而后的行为。

（二）社会知觉

社会知觉是指个体觉察到社会性事物的刺激，从而表现出自己的对应性态度或者行为，是我们试图了解和理解其他人的过程。

在社会生活中的知觉对组织行为的意义更为重大。由于社会生活是离不开人的，所以社会生活中的知觉是针对于人的知觉。针对于人的知觉和针对于物的知觉有很多相似之处，也不尽相同。原因在于：物的特征多为静态，而人的特征更多是变化不定的；同类物之间的差异较小，而人与人之间的差异较大；物没有动机、信仰、态度等内在心理活动，而人有。可见，社会知觉更为复杂。不过，为了使这项工作更易于管理，个体发展了很多技术手段，能"快速阅读"他人，及时做出预测和判断。

社会知觉的效应主要表现在以下几个方面：

1.首因效应

首因效应也称第一印象作用，是指知觉者最初得到的信息，对于知觉的形成具有强烈影响。老师第一天上课，学生们会凭他的衣着、谈吐、对学生的态度等，形成对他的第一印象。第一印象一旦形成，就在人的心中占据重要地位，鲜明而牢固，长期显著影响其以后的认知。虽然常言道"不能根据一本书的封面来断定其内容"，但不幸的是，知觉在形成过程中，确实有偏重最初得到的那些表面信息，而忽视全面信息的倾向。那么，哪些因素最容易影响第一印象的形成？研究表明以下两类因素常常会影响这一知觉过程。

（1）属于相貌的因素。虽然我们总会强调不应"以貌取人"，但心理学家的研究发现，对方的相貌是影响知觉者形成第一印象的重要因素之一。一项关于对大学生偷窃行为应该如何惩罚的研究发现，一般人都相信相貌较好的大学生不会有偷窃行为。

（2）属于性格的因素。与人初次接触获得第一印象时，除了注意对方的外在形象特征外，还会注意其言行举止中表现出来的性格特征。这些性格特征出现的先后顺序不同，会影响人们对他的印象。美国社会心理学家阿希曾用实验方法研究了性格因素出现的先后顺序对于知觉的影响。他设计了甲、乙两位主人公，他们都拥有六种性格特征，只是以不同的排列顺序出现。让一组被试对主人公甲进行评价，另一组被试对主人公乙进行评价。研究者发现，尽管对甲、乙两位主人公所列的六种性格特征完全相同，但是排列顺序的先后差异影响了人们的知觉和判断。多数被试对甲产生积极印象，把最先出现的两项正面特征作为判断的主要根据；而对乙产生负面印象，主要是最先出现的两三项负面特征所致。

对他人形成的第一印象会不会持续下去呢？研究证据表明：除了第一印象与而后的事实之间产生强烈冲突，促使人们做出改变和调整之外，第一印象形成之后常常会一直保持下去。早先对他人形成的印象，会使个体产生知觉准备状态，以一种特定的方式看待他，影响个体对以后信息的选择及组织。

为什么会出现首因效应？有两种解释受到认可：一种解释认为，个体最先接收的信息在头脑中构成了核心的记忆图式，后来的信息被整合到已有记忆图式中，因此后来的信息就带上了先前信息的色彩，并不断强化先前的信息。另一种解释是以注意规律为依据的，研究者认为最先接收的信息受到更多的注意，后来的信息更容易被忽略。

认识首因效应还有一项重要意义。在与他人初次接触时，如果希望给对方留下美好的印象，就尽量把自己的优点提前显现出来。因为最初提供的信息最易于记忆，以后不易改变。

2.近因效应

近因效应指的是在社会交往环境中，时间上离知觉最近的，也就是最近的信息，容易给人留下深刻而强烈的印象，对认知和评价有着较大的影响。例如，一个人多年来总是全勤，只是最近两个月生病没来上班。另一个人是多年的老病号，最近半年才正式上班。但在年终评审的时候，人们更可能会把前者视为病号，把后者视为出勤较好。那么，什么时候首因效应起作用？什么时候近因效应起作用呢？有研究者指出，这与人际交往的时间和熟悉程度有关。当两个陌生人之间接触时，首因效应的作用更大一些。随着交往次数的增加，彼此比较熟悉，近因效应就可能有更大的影响。无论如何，有一点是清楚明确的，即在认知加工过程中，处于中间位置的信息常常受到忽略或遗忘，而最初和最近出现的信息产生的影响作用更大。

3.晕轮效应

晕轮效应又称成见效应、光圈效应、日晕效应，指在人们交往认知中，对方的某个特别突出的特点、品质，会掩盖人们对对方的其他品质和特点的正确了解。这种错觉现象，心理学中称之为晕轮效应。晕轮效应是在人际知觉中所形成的以点概面或以偏概全的主观印象。当对一个人形成的整体印象或评价，受到个体某一种特征（如智力、社会活动力、外貌等）的影响而普遍偏高或偏低时，我们就受到晕轮效应的影响。例如，当你觉得一个女同事的性格十分可爱时，也会对她的能力、态度、人品甚至外貌等均有较高评价。也就是说，你对"性格可爱"这个特质的评价影响了对她的总体评价。当然，晕轮效应的影响也可能是消极的，这种消极影响有时称作扫帚星效应。它指的是我们对一个人的总体评价，往往因为其某一方面不理想而普遍偏低。例如，一名受过处分的员工，人们常常会认为他在其他方面的表现也较差。不过，晕轮效应并不是随机发生的。研究表明，在下面这些情况下，晕轮效应最可能出现：当知觉对象的特质在行为表现上模棱两可时；当这些特质含有道德意义时；当知觉者根据自己有限的经历来判断特质时等。

阿希的经典研究，证实了一些人格特质会影响晕轮效应的出现。研究者给被试出示的一张纸上列有六种品质。一些纸上写的是聪明、灵巧、勤奋、实际、坚定和热情；在另一些纸上，研究者仅仅把"热情"换为"冰冷"，其他品质保持不变。研究者首先把一张包含全部好的品质的纸给被试，要求被试指出被评价者具备其中的哪些品质。然后，给被试另一张把"热情"换为"冰冷"、其他品质保持不变的纸，要求被试指出那个人还具备其中的哪些品质。结果发现，"热情-冰冷"这一人格特质的变化，会导致人们对被评价者的整体印象产生极大变化。

4.刻板印象

刻板印象指的是人们对某一类人或事物产生的比较固定、概括而笼统的看法，是人们在认识他人时经常出现的一种相当普遍的现象，也就是思维定式。日常生活中刻板印象的例子不胜枚举，例如，大家普遍认为北方人豪爽率直，南方人灵活精明；女人以家庭为重，男人以事业为重；销售人员是积极进取、伶牙俐齿的，财务人员是严谨认真、安静稳重的，广告设计人员是想象丰富、思维前卫的等。并非所有的刻板印象都不好。有证据指出，某些特质的确在一些社会团体的成员身上较容易找到，而在另一些社会团体的成员身上不易找到。这使复杂世界变得简化，并承认人们之间拥有一致性。但是，刻板印象的问题就在于过度类化，它抹杀了一群人当中的个别差异，所以具有形成错误印象的潜在危险。因为，未必每一个销售人员都是努力进取的，也并非所有财务人员都是安静内向的。

5.对比效应

对比效应也称感觉对比，是一种认知偏差。当我们将人或事物与其他人或事物进行比较时，会通过增强它们之间的差异而扭曲我们对它们的感知。在面试情境中常常可以看到对比效应的例子。面试考官会连续考查一系列求职者。对某一位具体的求职者而言，如果排在他前面的人水平较差，则可能有利于面试考官对他的评估；如果排在他之前的是一位极出色的申请者，则可能不利于面试考官对他的评估。在这里，知觉的失真是由于他在面试中所处的位置造成的。

6.投射效应

投射效应是指我们在判断他人时，总是有意无意地假定他人与我们相似，因而把自己的感受、态度或动机等，投射在对于他人的判断上。俗话说的"推己度人"就是这个道理。例如，如果你希望自己的工作富有挑战性，则会假定别人同样希望如此；如果你是个诚实守信之人，则会想当然地认为别人同样是诚实可信的；胆小之人常常也会把别人的行为解释为恐惧或紧张等。投射效应使人们倾向于根据自己的状况来知觉他人，而不是按照对方的真实情况进行知觉。当管理者进行投射时，他们了解个体差异的能力就降低了，很可能认为别人比实际情况更为同质，因而对其他人的知觉产生失真。虽然俗话说"将心比心"，但在知觉过程中，这样做无疑会影响我们的判断力。

7.自我实现预言

美国社会学家罗伯特·默顿提出一种社会心理学现象，人们先入为主的判断，无论其正确与否，都将或多或少地影响人们的行为，以至于这个判断最后真的实现。默顿将其定义为自我实现预言。默顿指出，如果人们相信银行即将倒闭，纷纷排队去提款，他们的错误信念最终就会制造事实；同样，如果人们相信股票将上涨，他们的信念和由此导致的行为就可能会造成股票真的上涨。自我实现预言或称皮格马利翁效应、罗森塔尔效应，用于表示人们的预期会影响他们在现实生活中的行动，进而影响实际的行为结果。在组织中，管理者对个体的预期，既影响管理者本人的行为，又影响预期对象的反应。当管理者认为某个员工有升职潜力时，就很可能花很多时间指导他，给他提供更多的挑战任务，从而培养这一个体走向成功。由于对个体的高预期可以变成现实，管理者可以利用皮格马利翁效应来提高组织的生产力。研究表明，当一名经理对一个群体持有高期望时，整个群体都将表现得更好。

（三）社会知觉在组织中的具体应用

组织环境中充满了知觉与判断活动，有很多活动过程容易受知觉偏差的干扰而出现失真或错误。充分认识社会知觉的规律，会对组织产生重要影响。社会知觉具体应用在以下几个方面：

1.招聘面试

几乎对任何组织来说，面试都是目前招聘员工的最常用方法之一。但研究证据表明，面试考官常常会做出不正确的知觉判断。另外，面试考官之间的评价一致性常常很低，也就是说，不同面试考官看到的是同一求职者的不同方面，因而对同一求职者得出了不同的结论。

在面试环境中，面试考官形成的第一印象会很快占据统治地位。研究表明，在面试开始四五分钟之后，绝大多数面试考官的决策几乎不再发生变化。因此，面试中最初出现的信息远远比其后出现的信息重要得多。求职者被录用更可能是因为他没有令人不满的特点，而不是因为他具有令人赞赏的特点。另外，面试考官的过去经历、职业背景、个性特点等各不相同，他们在求职者身上寻求的信息也往往不同，因而对同一求职者的判断也会有很大差异。如何避免面试中存在的这种知觉偏差？可以从面试的结构化着手解决。例如，对所有求职者询问相同的问题，改善面试的内容效度；增加与职务有关的行为取样等。

2.绩效评估

管理者的重要任务之一是对员工的绩效进行评估。绩效评估能够使管理者获得必要的信息，了解管理指标或管理政策的有效性；同时，它可以显示员工在工作中的优点与缺点，指出哪些方面需要改进和弥补。由于绩效评估的结果常常涉及员工的晋升、加薪或能否继续聘用等，因此绩效评估的内容或要素往往会成为员工的工作目标。但应注意，绩效评估在一定程度上受知觉过程的影响。绩效评估体现的是对员工工作的评估，虽然评估过程依赖不少客观指标（比如，销售人员创下的销售额等），但其中依然有很多内容是以主观方式进行评估的，例如工作是否努力，对组织是否忠诚等。这些主观方式的评价和判断，常常容易受到知觉偏差的影响。比如，一些员工对自己的职责并不尽心尽力，但常常在上级面前表现得十分努力，并擅长讨好上级，为的是在上级那里留下一个好印象。年终评审时，近因效应起着重要作用，首因效应同样如此。由于第一印象很难消除，那些在老板头脑中留下不良第一印象的员工，即使以后工作很努力，取得的成绩很出色，也常常难以改变老板心目中的已有印象。

3.员工行为塑造

管理者还可以运用知觉过程的规律，对员工行为进行积极干预与塑造。管理者应该认识到，怎样对待员工，员工很可能就会怎样表现。换句话说，如果管理者对下属的期望很高，他们就不太可能令管理者失望。同样，如果管理者预期员工只能完成最低水平的工作，他们就倾向于表现出这种行为以符合这种低期望。这就是心理学中所说的自我实现预言，具体指的是个人对自己或对于别人的预期，常常会在以后的行为结果中应验，也称皮格马利翁效应。

皮格马利翁效应这一术语，出自希腊神话故事。说的是，雕刻大师皮格马利翁曾经倾注全部心血雕成了一个象牙美女塑像。作品完成之后，他爱上了美女塑像，朝思暮想希望与她在一起。结果他的诚心感动了天神，天神赋予雕像以生命，让有情人终成眷属。

研究发现，教师方面的心理活动有助于这种效应的出现，他们对一群"最优秀"和"最具发展潜力"的学生另眼相待，对这些学生积极鼓励、耐心培养；学生方面的心理活动也有助于这种效应的出现，这些学生从教师对自己的爱护中，增强了自信，激发了学习动机。组织环境中也是同样，如果管理者相信员工能够取得出色的成绩，对他们重视、鼓励和爱护，员工就会因此而增强自信心与自尊感，提升自我期望水平，努力工作，更有可能取得管理者希望看到的业绩。

二、印象管理

我们每个人都非常注意自己在他人面前的形象，参加重要的会议，会见重要的客户，都要穿戴整齐，刻意修饰。在应聘的面试当中，除了注重穿着之外，还会对如何介绍自己，如何表示对这份工作的兴趣，如何表达自己的才能等，小心谨慎地考虑，字斟句酌。可见，印象管理在人际交往中是十分常见的。

讲课视频4-2

印象管理

自学课件4-2

印象管理

（一）什么是印象管理

人类不可能离群独居，都有与他人往来、建立联系的需要和愿望，也都希望从他人那里得到认可和肯定，获得自尊感，在他人面前显得有"面子"，并最终获得有利于自己的社会评价和报偿。为了使相互之间的交往能够建立并且维持下去，在别人心目中树立一个良好的印象并使别人产生好感是前提和关键，因为没有人愿意和一个给其印象不佳的人保持密切的联系。在日常生活中，这种试图控制自己在别人心目中印象的过程和现象，称为印象管理，也有人称之为印象整饰。

试图使别人积极看待自己的努力，称为获得性印象管理；而尽可能弱化自己的不足或避免使别人消极地看待自己的防御性措施，称为保护性印象管理。

对自己的印象进行管理和控制，有助于人际交往的发生与维持，这种例子在日常生活中比比皆是。例如，求职者在重要的应聘面试之前，都会精心选择自己的衣着服饰、斟酌自己的言谈表达，以展现自己的最佳形象。另外，人们在面试过程中常常会去猜测面试考官的偏爱，有意无意地使自己的行为举止投其所好，因为这样做更容易得到面试考官的接纳与认可，更有可能得到那份工作。

其实，不仅个人之间的往来如此，国家与国家之间的往来，也常常通过隆重的仪式、盛大的欢迎、热情的款待等印象管理手段，来表达自己的友好和尊重，以在对方国家心目中留下一个好印象，为双方之间的友好往来打下良好的基础。值得注意的是，为了给人留下一个良好的印象，对印象的管理必须恰当，也就是说，要符合具体环境和具体场合。比如，我国早期的革命活动家彭湃同志，刚开始下农村进行革命宣传和发动群众时，尽管革命道理讲得十分透彻，但工作总是开展不好。什么原因呢？他自己也搞不清楚。后来经人提醒才知道，自己每次到农民中去都是西装革履，总免不了让农民觉得他格格不入。于是，他换上了农民的粗衣短打，说起农民习惯的方言土语。经过一段时间的努力，农民运动终于轰轰烈烈地开展起来，他也成了农民的知心朋友。可见，只有恰当的印象管理才会赢得他人的认可和接纳。

（二）与印象管理有关的一些问题

1.印象管理是好是坏？

应该明确的是，印象管理作为生活与工作的基本组成部分，本身并无好坏之分。印象管理是好还是坏，是道德还是不道德，实际上取决于人们为什么运用它和怎样运用它。也就是说，在特定环境下，对运用印象管理的动机或结果进行判断。比如，林芳芳一直致力于进行"好上司"的印象管理，关注下属在个人及事业方面的各种需要。如果林芳芳做事考虑周到，并因此使她的下属们成为更加有效和更加能干的群体，没有人会认为她的印象管理是不道德的或者是坏的。但是，如果她利用下属对她的信任，相信她是个关爱下属的上司，从而使下属签署了对其非常不利的退休协议，情况就大大不同了。两种情况中，印象管理背后的动机决定了它是好还是坏。

2.印象管理是否意味着人们成为"社会变色龙"？

印象管理使得一个人在不同的场合，对不同的人做出不同的表现。因此，有人认为，印象管理是"墙头草""变色龙""伪君子"们的惯用伎俩，他们借此以虚伪的手段达到不同的目的。而在人际交往中，人们应该坦率诚实，以真实面目示人，不应有意识地控制他人对我们的印象。其实，印象管理是人际关系的润滑剂，能使人际关系变得更美好更愉快。不顾交往的场合、不顾交往的对象、一味我行我素的人，往往被人认为缺乏修养、粗鲁唐突，不会受到人们的欢迎。随着社会的进步和发展，人们文化水平和心理素质的提高，表达自己的观点和看法更应该适应情境的需要。

概言之，印象管理能使我们在现代社会中，更快地、更富有弹性地适应不同角色的要求，使我们面对形形色色的环境，做出恰如其分的自我表现和社会行为。

3.人们是否有意识地管理某些印象？

人们在进行印象管理时，在多大程度上是有目的、有意识的活动？这也是个颇有争议的问题。的确，某些印象管理行为是有意识和有目的的。我们可能会仔细规划并反复练习一些印象管理行为，为重要的社交场合做准备。但是，在现实生活中，很多印象管理行为是自发的，在无意间发生或未被人们特别注意。比如，对权威人士表现出尊敬，当我们看见上司的时候避免表现出不恭，我们的缺点只让自己和最亲密的朋友知道……因此，很多印象管理行为，我们可能并没有意识到。自动化的印象管理行为称为印象管理习惯。许多非语言行为，如未被提升时表现出的痛苦，或获得绩效奖励时的微笑等，都属于这一类别。当人们觉得行为的结果对自己非常重要，或与预期的结果相差很大时，会脱离"自动行为控制器"，对印象管理行为给予更密切的注意。比如，在一个重要会议上做正式报告时；当我们预计自己所展现的印象会受到挑战时；当在求职面试中谈了一些很愚蠢的事情时等。在这些场合下，我们会更多地考虑印象管理的技巧，以及它能达到的作用。

（三）印象管理策略

印象管理策略就是人们如何在他人心目中塑造一个所希望的形象的策略。

在人际交往中，常见的印象管理策略可以分为四种：

1.取悦他人

这是一种能使别人喜欢自己的重要策略。取悦他人的行为之所以能达到效果，是因为人类的本性如此，他们接受赞美，想从别人那里得到对自己意见的认同，喜欢那些喜欢自己的人。不过，这种策略也并非无往而不利。有时，当人们对逢迎背后的动机心知肚明时，反而会起戒心，认为是别有用心。一般而言，如果能够避免使用盲目地恭维、凡事不问是非就阿谀奉承，而是在别人有了优异表现之时，加以真诚的赞美，在对人尊重的同时提出善意建议等，则大多数情况下能收到良好的效果。

2.自我推销和宣传

使用此策略的个体需要表现出一种令人称道、受人赞许的形象。谦虚是我们文化中的美德，但在日常生活中，善于自我推销的人往往能近水楼台先得月。因此，如何能恰当地宣传自己和展示自己，是一门不可不学的艺术。不过，在使用自我推销这一策略时一定不能过火，适当谦虚很有必要，因为过度的自我表现很容易使别人感到威胁和压力，对相互之间的沟通与交往造成负面影响。

3.哀兵之计

这种策略是利用自己的弱点来影响别人，给人留下的是弱势的需要帮助的形象。这种策略试图激活一种强有力的社会准则，即人们应该帮助那些需要帮助的人。例如，当李健告诉丁利自己因为不会用公司的新电脑操作系统而焦虑得睡不着觉时，丁利主动提出教他如何使用该系统。有研究者指出这种策略真的很有效，因为寻求帮助如此之简单，而且很少有人会拒绝。许多人都用过这种策略。不过这种策略的使用程度是有限的，如果过度使用，恳求者可能会被视为一个逃避责任、宁愿接受公众救济而不愿自食其力的人。他人对恳求者印象的转变可能会影响其未来职业生涯的发展，因此用此策略冒的风险与付出的成本不可谓不高。

4.以身作则

印象管理常常给人以负面的联想，认为印象是在别人面前装出来的，其实不然，它应该是以客观事实作为基石，加以修饰整理而来的。在印象管理的众多策略中，言行如一、表里如一最为重要。反复无常、言不由衷、出尔反尔的人，会令人觉得难以捉摸和预料，怀疑从他那里获得信息的准确性，从而回避与他深入交往。言行一致还表明，言语与非言语行为应该是匹配的，例如努力传递一个友好的印象，不仅表达你的赞赏，还包括非言语沟通，如身体前倾、缩短人际距离、微笑、点头、目光接触等。可见，保持一致的形象是给人以良好印象的前提保证。应该说，这种策略是几种印象管理策略中最为诚实也是效果最为持久的一种。

概括起来，为了维持正常的人际关系，使他人更容易接纳和认可自己，人们对自己的印象进行管理和控制是十分必要的。人们需要根据情境、交往对象的特点来形成有利于自己的形象，即控制他人对自己的社会知觉和认知。但应当明了，印象管理在应用时，最重要的原则就是适度。

（四）管理者如何运用印象管理策略

管理者需要通过他人来完成工作。他们做出决策，制定目标，但是最终要通过下属完成任务。他们的意图能否得到贯彻落实，取决于一个重要因素，即管理者本人能否被下属接纳，也就是说，管理者能否在下属心目中树立一个良好的印象，并让下属产生好感，愿意与他并肩作战，为他付出努力。在这方面有一些印象管理策略可以参考。

1.积极地关注员工

管理者要表现出一种喜欢员工并愿意为他们做些什么的态度。管理者愿意和员工在一起，愿意倾听他们的想法、见解、意见，甚至是抱怨等。这样做的同时，管理者与员工之间的心理距离拉近了。请记住社会心理学中有这样一条规律：人们喜爱那些喜爱自己的人。

2.展示自己的实力

工作场所是管理者展示自己专业能力的主要场所。

除此之外，管理者可以通过其他业余活动，展示自己与工作相关的或其他方面的才干，以赢得员工的敬重。另外，要注意发展自己有效的沟通、交往、领导、处理冲突等人际方面的技能。

3.平等对待、相互学习

身为管理者，他无疑在某些领域中具备良好的知识和技能，才能担当此任。不过，这并不意味着管理者在各个方面都优于下属，尤其在科学技术飞速发展的今天，每一个员工都可能在某些领域超越管理者，如果管理者能放下架子，在自身不足的领域中向员工学习，无疑会让员工由衷地感到管理者是平等相待、虚心好学的，而不是高高在上、不可接近的。

4.言行一致

只有当个体的言行一致，我们才容易预期到他的行为，也容易和他打交道、对他建立信任。作为管理者，他更要兑现自己的承诺，要一视同仁地对待所有员工，要表里如一、言而有信。

5.注意非言语沟通

管理者在组织中创造温暖、亲切、平等的气氛时，不仅要注意自己的言谈、行动，还要注意一些更细微的环节，润物细无声地向员工传递自己的大度。例如，要注意，在与员工交流意见时身体前倾、保持目光接触、展示放松的身体姿态和生动友好的面部表情等。

素质提升

形象决定成败

做人真实就好比人要有一个真实的"内核"，但并不排斥在"内核"之外给予适当的包装。在当今的社会中，通常在对方认同和接受你的时候，你才能顺利进入对方的心中，给对方一个好印象，才能进一步与对方周旋和交往，从而把自己要办的事情办成和办好。

　　第一，讲究礼仪使自己受到尊重。荀子说："人无礼则不生，事无礼则不成，国家无礼则不宁。"孔子说："不学礼，无以立。"一个人只有以礼待人，注重礼仪，才能受人尊重。讲究礼仪是人际交往中相互尊重、联络感情、增进友谊的行为，也是一种感性的美。现在我们所讲的文明礼貌应该是发自内心、表里一致的行为。知书达礼的人，能"严于律己、宽以待人"，能懂得尊重别人就是尊重自己，懂得遵守并维护社会公德就是为自己创造一个文明知礼的生活环境等，为自己树立君子形象。

　　第二，树立讲信誉的形象。"敦厚之人，始可托大事"，一个人如果不够诚实，不讲信誉，往往会成为两面派，成为图利弃友的市侩小人，这样的人很难交到真正的朋友。交友如果不交心，关系不会长久。人与人之间办事需要以诚相待，以信相交。真正的大丈夫要言而有信，诚实可靠。信誉是你的一块牌子，别人认为你是一个讲信誉的人，从而会信赖、依靠你，你在办事时才会更加顺畅。

　　资料来源：李晋. 职场做人做事取舍之道［M］. 北京：中国时代经济出版社，2013.

自学测试

一、选择题

1.个体的知觉能动性主要体现在（　　　　）。

A.知觉的选择性 　　　　　　　　　　B.知觉的整体性

C.知觉的理解性 　　　　　　　　　　D.知觉的被动性

2.影响知觉的因素有（　　　　）。

A.知觉者 　　　　　B.知觉对象 　　　　　C.知觉环境 　　　　　D.情感因素

3.在影响知觉的因素中，知觉者因素有（　　　　）。

A.态度 　　　　　　　　B.动机 　　　　　　　　　C.兴趣

D.经验 　　　　　　　　E.期望

4.社会知觉的效应与偏差有（　　　　）。

A.首因效应 　　　　B.近因效应 　　　　C.晕轮效应 　　　　D.刻板印象

E.对比效应 　　　　F.投射效应 　　　　G.自我实现预言

5.印象管理策略有（　　　　）。

A.取悦他人 　　　　　　　　　　　　B.自我推销和宣传

C.哀兵之计 　　　　　　　　　　　　D.以身作则

自学测试4-1

二、判断题

1.知觉是客观事物直接作用于感官后，在头脑中形成的对客观事物的整体反映。

（　　　　）

2.印象管理是指人们试图管理和控制他人对自己所形成的印象的过程。 　　（　　　　）

➡ 课后测试 ◼◼◼

一、选择题

1.社会知觉在组织中具体应用于（　　　）。

A.招聘面试　　　　　　　B.绩效评估　　　　　　　C.员工行为塑造

2.管理者运用印象管理技术应该做好（　　　）。

A.积极地关注员工　　　B.展示自己的实力　　　C.平等对待、相互学习

D.言行一致　　　　　　　E.注意非言语沟通

二、判断题

1.社会知觉是社会生活中对人的知觉。　　　　　　　　　　　　（　　　）

2.只有恰当的印象管理才会赢得他人的认可和接纳。　　　　　（　　　）

3.印象管理策略就是人们如何在他人心目中塑造一个所希望的形象的策略。

　　　　　　　　　　　　　　　　　　　　　　　　　　　　　（　　　）

4.投射就是换位思考。　　　　　　　　　　　　　　　　　　　（　　　）

三、思考题

1.知觉内涵是什么？其影响因素有哪些？

2.什么是社会知觉？社会知觉有哪些偏差？

3.社会知觉在组织行为中应用在哪几个方面？

4.什么是印象管理？

5.印象管理策略有哪些？管理者如何运用印象管理策略？

四、案例分析题

姜村的秘密

鲁西南深处有一个小村庄，叫作姜村，因每年都有几个人考上大学、硕士、博士而闻名，久而久之人们称之为大学村。

20多年前，姜村来了一位50多岁的老师。听人说这位老师是大学教授，不知什么原因被贬到这个边远的村子。这位老师教了不长的时间以后，就有一个传说在村子里流传：这位老师能掐会算，能预测孩子的前程。原因是，有的孩子回家说"老师说了，我将来能成为数学家"；有的孩子回家说"老师说，我将来能成为音乐家"；有的孩子回家说"老师说，我将来能成为钱学森那样的人"……

不久，家长们发现他们的孩子与以前大不一样了。他们变得懂事而好学，好像真的是数学家、作家和音乐家等的材料了。老师说会成为数学家的孩子对数学学习更加刻苦；老师说会成为作家的孩子语文成绩更加出类拔萃……孩子们不再贪玩儿，不再像以前那样需要严加管教，变得更加自觉了。

家长们很纳闷，也将信将疑，莫非孩子们真的是大材料，被老师道破了天机？就这样过了些年，奇迹发生了。这些孩子到了参加高考的时候，大部分都以优异的成绩考上大学。

这位老师在姜村人的眼里变得神乎其神，他们让其看自家的宅基地，测自己的命运，可是他说，他只会给学生预测，不会其他的。

　　这位老师年龄大了，回城了，但他把预测的方法教给了接任的老师。接任的老师还在给一级一级的学生预测着，而且他们坚守着老教师的嘱托，不把这个秘密告诉村里的人。我的几个朋友是从姜村出来的。他们说从考入大学的那一刻起，就明白了这个秘密，但他们都自觉地坚守起这个秘密。

　　资料来源：曹长德. 教育学案例教学［M］. 合肥：中国科学技术大学出版社，2008.

　　请问：姜村老师的秘密是什么？请分析此案例。

任务二　决策能力的提升

▶▶▶ **学习目标** ◀◀◀

◆知识目标

了解决策内涵和基本要素；

理解基本的决策过程模型；

了解决策的偏差；

掌握科学决策的步骤。

◆能力目标

能够防范决策风险，进行科学决策。

◆素养目标

注重调查研究，培养民主、开明、谦虚的工作作风。

▶▶▶ **重点难点** ◀◀◀

◆教学重点

基本的决策过程模型。

◆教学难点

决策的偏差及防范。

自学任务

（1）了解本任务的学习目标和重点难点，通过线上或线下的方式进行自学，重点关注以下知识点：决策的内涵及基本要素；基本的决策过程模型；决策的偏差及防范。

（2）自学结束后完成本任务的自学测试。

案例研讨

巨人传奇

1980年，安徽淮北的青年才俊史玉柱凭借全县第一的优异成绩考入了浙江大学数学系，后来他又成功考取深圳大学攻读软科学管理硕士学位。1989年，史玉柱带着自己研制的M-6401桌面排版印刷系统软件踏入商海。起初，这款软件求售无门，于是他在《计算机世界》上刊登了一则广告。幸运的是，13天后便迎来了转机，2个月后，他凭借这款软件赚了10万元，首次获得了社会的认可与回报。

史玉柱凭借对市场的敏锐洞察力和惊人的胆略，决定将刚赚来的10万元全部投入广告。这一决定再次为他带来了丰厚的回报，4个月后，他的资产从10万元飙升到了100万元。然而，就在他事业蒸蒸日上、亲朋好友都为之眼热之际，史玉柱却神秘消失了。5个月后，他瘦弱的身影出现在了珠海，原来他一直在深圳大学的学生公寓里潜心研发M-6402文字处理软件系列产品。

在珠海，史玉柱成立了新科技公司，并命名为"巨人"。他向媒体宣称，巨人要成为东方的IBM。第二年，巨人公司凭借其产品的实用性和独特的营销策略，迅速编织了中国电脑行业最大的连锁销售网络，盈利达到了千余万元。史玉柱因此成为时代的宠儿，被誉为"十大优秀科技企业家""十大改革风云人物"等，成为当时青年心中的偶像。

然而，正当史玉柱的职业生涯和他的巨人集团如日中天时，他因过于追求快速发展和盲目扩张而陷入了困境。1992年，史玉柱决定建造巨人大厦，这座办公楼初定为38层，预计总投资2亿元。然而，随着建设的推进，巨人大厦的设计一再改变，楼层从38层增加到70层，建筑标准也不断提高，导致建筑预算飙升至12亿元，资金缺口巨大。

为了筹集足够的资金，史玉柱做出了后面的错误决策。他采取了多种经营方针，将业务扩展到保健品和药品领域。虽然巨人脑黄金保健品初期取得了成功，为史玉柱赚取了上亿元现金，但他对市场容量和公司管理能力的错误估计，以及对速战速决大兵团作战营销方式的迷信，为巨人集团的崩溃埋下了伏笔。

史玉柱一次性组建了万人的开发、营销队伍，同时推出电脑、保健品和药品三大系列共30多个新品，投入数亿元向全国发动中国有史以来广告密度最高的产品推销活动。在这种排山倒海的广告推销活动和数以万计狂热的青年营销人员煽动下，巨人集团的全资子公司从38家迅速发展到228家，配套工厂达到150家。然而，这种疯狂的扩张和营销方式导致了巨人集团的混乱和失控。

最终，70层的大厦尚未完工，巨人集团便轰然倒地，史玉柱债务缠身。经过5年的卧薪尝胆和暗中奋斗，史玉柱终于偿还了巨人集团的债务，并带着无锡健特药业有限公司的"脑白金"产品重新复出。此次复出，他深刻体会到了企业决策程序和投资策略的重要性，并决定在今后的决策中更加谨慎和务实。

资料来源：储企华. 现代企业绩效管理［M］. 上海：文汇出版社，2002.经节选、改编。

讨论：

(1) 史玉柱第一次成功的决策是什么？他为什么这样做？

(2) 第二次成功的决策是什么？他的决策行为有什么风格？

(3) 史玉柱的错误决策是什么？为什么会失败？

(4) 史玉柱进入了什么样的决策陷阱？如何来预防？

▶▶▶ 知识点学习 ◀◀◀

组织中的个体都要做出决策。高层管理者要决定提供什么样的产品或服务，怎样进行财务运作最为合理，提拔什么人做经理等；中层管理者要决定生产的日常安排，合理分配薪酬等；基层员工要决定在工作中做出多大的努力，是否服从上司提出的要求等。可见，无论个体处在组织中的哪个层级，做出的决策都是组织行为的重要组成部分，与组织的成功与否息息相关。

由于决策在组织中的重要意义，人们有时把管理称为决策的艺术。诺贝尔经济学奖的获得者西蒙曾经说："管理就是决策。"

讲课视频4-3

决策的内涵

自学课件4-3

决策的内涵

一、决策的内涵

（一）决策的认知

1.决策的含义

决策是为实现某一目的，而从若干个可行方案中选择一个满意方案的分析判断过程。

决策有以下特点：

（1）决策要有明确的目的。西蒙认为，人们的任何有目标、有意识的行为都可以称之为决策，决定做一件事情时，就已经排除了其他的一些选项。只要人们有目标地做一件事，就有了选择的过程。

（2）决策一般有若干个可行方案进行比较。当管理者面临一个需要做出行动的情景时，一般来说，此情景是存在多个解决方案的，而这些解决方案在不同方面有各自不同的特点，各有得失、各有所长，所以决策是在多个可行方案中做出一个选择。

（3）决策要权衡选项各个方面的特征。既然选项存在各个方面的不同特点，那么权衡比较的过程是不可缺少的。管理者在特定的情景下往往关注选项的某一个方面，而不是系统地评估方方面面，所以西蒙所给的启发是要权衡选项各方面的显著特征。

（4）决策贯穿于决策者的行动过程中。事实上，没有决策者在一开始时，就能够预料到事件发展过程中的方方面面。决策者在行动的过程中总是不断遇到新的问题，并且在面临这些问题时，新的可行方案不断产生，他需要不断地选择和权衡、采取行动、解决问题等。

2.决策的基本要素

决策由许多要素构成，包括问题、决策者、决策环境、决策过程以及决策结果。

（1）问题。任何决策都源于问题的出现，决策是针对问题做出的回应。那么什么是问题呢？问题就是达到目标过程中遇到的阻碍。问题的某些特性，会明显影响决策过程及决策结果，其中有三种特性尤其值得强调，即新异性、不确定性、复杂性。

①新异性。有些问题深为决策者所熟悉。例如，学生总要面对期终考试，护士总要面对不听话的病人，交警总要面对违反交通法规的人……决策者对于这些反复发生的问题的反应都是例行化的，通常利用过去经验和已有的决策过程。不过，另一些问题是以前从未面对的，基于过去经验总结出来的方法也难以适用。问题的新异性可能造成两种影响：第一，导致决策过程的迟缓与不确定。一般来说，大家会首先验证例行的程序或方法，如果验证失败，则可能在一段时间里出现混乱局面，大家相互推卸责任，或找出各种理由解释失败。然后，大家重新评价问题的情境，寻求新的解决方案。第二，这种问题会促使决策者必须运用创造力解决问题，使决策具有创新性。决

策者的这种素质不仅是组织生存所必需的，而且可以为组织带来成长与发展的机会。

　　②不确定性。每项决策都包含3种成分，即投资（或赌注）、产生某种后果的概率、后果本身。风险高的决策，即失败概率大的决策；反之亦然。但是，大部分的决策，在投资、可能的后果及其概率方面都或多或少具有不确定性。例如，一家公司决定引进一套培训计划，以提高新任管理者的管理技能。首先，在投资上可能存在不确定性。这项计划究竟需要花费多少时间？花费多少金钱？管理层需要多大的努力来推行和支持计划？可能的后果及其概率也存在不确定性。经过该培训后，新任管理者到底从计划中能获得有多大收益？他们的管理技能比过去会好多少？对组织中的其他人会产生多大的影响？有研究证明，风险与不确定性是决策的重要变量。一项研究显示，人们对于自己认为不太重要的方面，更愿意冒较大的风险。研究者让被试评定12个问题的重要性，然后针对每个问题指出他们愿意冒的风险有多大。结果发现，对男性而言，问题越是重要，他们越不想冒险。有趣的是，对女性而言，并没有发现这种关系。琼斯和约翰逊的研究则显示，决策的后果会影响人们面对问题愿意冒多大风险。首先，研究者让被试相信，用药剂量越大，治疗效果越好，但同时造成的不良副作用的风险越大。而后，研究者在实验中让被试选择药品的不同剂量。实验发现，当告诉被试药品将在30分钟内产生效果时，人们选择的剂量较小，平均的剂量为94mg；当告诉被试药品将在3～24小时发生作用时，则平均选取的剂量为146～175mg。研究者分析，当决策后的正效果与负效果同时发生时，对决策者而言，负效果更具重要性。

　　③复杂性。在问题的复杂性或难度方面，有一些比较清晰的预测。人们面对复杂的问题，总要比简单问题花费更多的时间。其中一部分原因在于复杂的问题需要处理更多的信息，另一部分原因可能在于，人们感到对于复杂问题的决策更没有把握。组织对于复杂问题的反应，常常是进行群体决策。理论上说，由一群人来做决策可以节省时间，提高效率，因为他们可以分工合作。此外，通过群体讨论可以降低不确定性。

　　（2）决策者。与其他行为一样，决策行为也受到个人特性的影响。决策者的人格特质、生理因素等都会影响决策行为。

　　①人格特质。并不是所有个体都以同样的方式做出决策。有的人倾向于更加理性地做出决策，有的人则喜欢决策时更为冒险。不同的个体在决策行为中常常表现出人格差异。一项关于决策者人格差异的经典研究，划分了4种不同的决策风格，这一模型的基础是认为人们的决策方式在两个维度上存在差异。第一个维度是思维方式：一些人是理性的，逻辑严谨，对信息进行序列加工，另一些人则是直觉型的，富有创造性，从整体上认知事物。第二个维度是个体对模糊性的容忍力：一些人需要结构化信息最大限度地降低模糊性程度，另一些人却能够在不确定性和模糊性的环境中泰然处之，能够在同一时间里进行多种角度的思考。通过这两个维度可以构成4种基本的决策风格，即指示型、分析型、概念型、行为型。指示型风格的人不能容忍模糊性，注重理性分析并强调效率。由于对效率的强烈关注，他们会在最低信息量时做出决策，并且没有评估太多的备选方案。指示型风格的人做出的决策十分迅速，而且更多关注

短期效益。分析型风格的人则更能容忍模糊性。他们在最终决策之前，希望得到更多的信息，并对备选方案进行更多思考。分析型管理者最典型的特点是仔细，并且能够适应或处理新异性问题。概念型风格的人倾向于使用来自多种渠道的资料，并会考虑很多备选方案。他们关注于长期效益，并且擅长找到创造性的问题解决方案。行为型风格的人在组织中关注员工的发展，关心下属的幸福感受，并接纳他人的意见。他们倾向于关注短期效益，并且在决策中不重视使用数据。这类管理者致力于回避冲突并寻求被下属接纳。虽然这4种决策风格的差异显著，但是大多数人不只落在一种风格当中。一名管理者常常会有一种主导决策风格以及其他的辅助风格。

②生理因素。不少生理因素也会影响决策的效果，例如疲劳、酒精及药物的作用等。疲劳包括生理疲劳和心理疲劳两种，前者是大量或连续性的体力活动造成的；后者则是单调枯燥的劳动或紧张焦虑的情绪引起的。人们发现，无论是生理疲劳还是心理疲劳，都会使人们忽略了应该注意的信息，在必须做出决策时，反应失常或者是反应过敏或者是反应迟钝等。另外，对于药物和酒精的研究均显示，它们使决策所需要的时间显著增多，且错误率增加。

（3）决策环境。决策发生于复杂的环境中，而环境与行为过程及行为后果之间又会相互作用、相互影响。有关决策环境的研究，大多集中在干扰或阻碍决策过程的因素上。虽然物理因素，例如时间压力、过强噪声或不适温度等因素会造成分心现象，并对决策效果产生不利影响，但总体来说，社会环境的影响更为重要。下面我们主要来看看社会环境中的一些影响因素。

①受限制的选择。在决策者拟订的各种备选方案中，有些方案会受到社会环境的限制。例如，学生在面对期末考试时，其中一种解决方案是作弊。为什么绝大部分学生不会选择该方案呢？因为该方案受到法律、道德等的约束。组织本身也限制着决策者，使其调整自己的决策，与组织的规章制度、操作程序保持一致，符合组织规定的时间限制等。另外，决策者所属的非正式群体，也对决策方案的选择产生着重要影响。

②反馈。决策中的反馈指的是个人得到自己所做的决策的质量信息。许多证据显示，反馈信息对于而后的决策有着重要影响。一项研究表明：对个体先前决策效果的反馈，会影响其而后对于工作目标的确定。失败结果的反馈往往使个体决定降低或维持先前的目标，而成功结果的反馈往往会促使个体决定提高未来目标的难度。

③他人的影响。他人对个体决策的影响不仅在于对绩效提供反馈，他人的榜样作用、赞赏与批评等，都会影响决策过程。研究表明，对大多数人来说，批评容易造成压力，如果压力过大，则会干扰决策行为。而表扬通常给人带来喜悦，让人感到被接纳和认可，有助于决策者的行为更为果断和自信。另外一个现场实验，验证了榜样作用对他人决策行为的影响。该实验是观察行人在通过十字路口时是否有闯红灯的行为。研究者让一名男性助手站在马路边上，他有时遵守交通规则（不闯红灯），有时违反交通规则（闯红灯）。通过2 500次以上的观察，研究者发现，助手的行为明显影响了其他人的决策。助手闯红灯时其他人违规闯红灯

的行为，明显高于助手不闯红灯时。可见，决策者所处的社会环境对决策行为很有影响。

（4）决策结果。一版来说，评价一项决策的好坏，其标准可以分为效率标准和效果标准两大类。

①效率标准。决策的效率指的是人们为决策进行的投入与产出的相对结果。如果管理者甲用2个工作日做出的决策，等同于管理者乙用10个工作日做出的决策，那么甲的决策更有效率。效率的一个主要指标是决策的成本，包括花费在调查、研究、讨论上的人力，也包括进行数据或资料分析、寻求外界帮助（例如聘请管理顾问等）所花费的资金等。效率的另一个主要指标是时间，也就是说，从发现问题到找出解决问题的方案过程中的时间差距。如果费时太久，拖延太长，无疑会妨害组织绩效，甚至可能使决策失效。例如，当企业最终决定采取某种价位推销产品时竞争对手已经捷足先登，占领了市场等。

②效果标准。评价决策好坏的另一个指标是决策的效果。决策效果指的是决策能够解决问题的程度。假设一位管理者决定雇用一批临时工来完成繁重的订单任务，如果这样做果然使累积的订单任务减少了许多，那么这项决策就是有效的。如果累积的订单任务只减少了一小部分，则这项决策只达到了部分效果。效果方面的第一个重要指标是决策的准确性。准确性包括：决策者是否正确评估了各种资料与信息；是否正确评估了各种方案的成本与效益等。对于财务、库存、会计、生产、运输以及其他可用数据的分析，我们可以清晰地看到决策的准确性程度。效果方面的第二个重要指标是决策的可行性。如果组织无法执行决策，即使是最周全的决策也毫无用处。例如，如果不了解战场上严酷、恶劣的环境，指挥官坐在舒适的指挥部里制定的进攻决策，即使周密而完善，也可能不会在实践中行得通。最后，大部分的组织决策必须要获得支持，才能真正发挥作用。例如，一个相当完善可行的新产品推广计划，如果没有推销员的支持，则必然会失败。

综上所述，成本、时间、准确性、可行性与获得支持是评价决策的主要标准，而问题、决策者、决策过程以及决策环境这些要素，则决定了一项决策合乎决策标准的程度。

（二）决策过程模型

1.最优化决策模型

最优化决策模型又称理性决策模型，是指个体为了获得最佳结果应该如何行动的决策模型。它强调决策者是理性的，能够针对具体情境做出价值最大化的抉择。最优化决策模型遵循以下6个步骤（如图4-3所示）：

第一步：认识问题所在。

前面已经提到，任何决策都源于问题的出现。当我们在达到目标的过程中受到阻碍时，就意味着问题的存在。不过值得注意的是，实际当中问题并不是显而易见地摆在眼前，常常需要决策者敏锐地发现问题所在。遗憾的是，组织中大部分受过正规训练的管理者都或多或少地掌握解决问题之道，却没有学过发现问题的方法。

讲课视频4-4

决策过程模型

自学课件4-4

决策过程模型

```
┌─────────────────────────────────────┐
│      第一步：认识问题所在             │
└─────────────────────────────────────┘
                  ↓
┌─────────────────────────────────────┐
│      第二步：确定决策标准             │
└─────────────────────────────────────┘
                  ↓
┌─────────────────────────────────────┐
│      第三步：给各个标准分配权重       │
└─────────────────────────────────────┘
                  ↓
┌─────────────────────────────────────┐
│      第四步：开发所有的可行性方案     │
└─────────────────────────────────────┘
                  ↓
┌─────────────────────────────────────┐
│      第五步：评估备选方案             │
└─────────────────────────────────────┘
                  ↓
┌─────────────────────────────────────┐
│      第六步：选择最佳方案             │
└─────────────────────────────────────┘
```

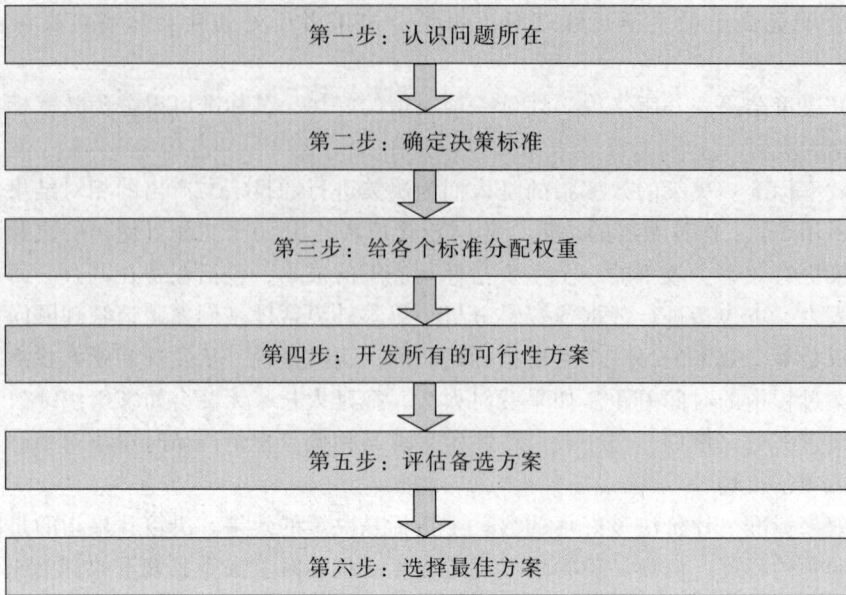

图4-3 最优化决策模型的6个步骤

为了描述方便，我们以张小柯的求职决策作为例子，来看看最优化决策是如何进行的。这里我们假设张小柯毕业后打算立刻工作，而没有考虑其他选择，如出国留学或继续读书深造等。此时，他面对的问题十分清晰：作为研究生他即将毕业，需要找到一份合适的职业。

第二步：确定决策标准。

一旦决策者界定了问题，接下来就需要确定哪些因素与决策有关。经过周全的考虑，张小柯确定了下列选择职业的标准，即收入水平、事业发展空间、受聘可能性、企业名气、企业规模、地理位置、专业对口、与父母居住地的距离、业余生活质量、企业的周边环境。这些标准的选择受到决策者的兴趣、爱好、价值观等因素的影响，因此不同个体选择的标准可能不同。例如，同班另一位已经建立家庭并有孩子的毕业生，则会重点考虑孩子的就学环境、企业是否分配住房等因素。

第二步十分重要，表明决策者认为只有这些标准与决策有关，那些没有被列入的标准，决策者确认其与决策关系不大。

第三步：给各个标准分配权重。

前一步确定的各个标准虽然都与决策有关，但并不具有同等的效力，其中一些标准比另一些更为重要。因此，第三步要求决策者权衡这些标准，并按重要性程度排列这些标准的次序。

决策者如何确定每个标准所占的权重？一个简单的评定办法是，先把最重要的标准评为10分，而后根据这个分数依次给余下的标准打分。通过给每个标准分配权重，决策者可以根据自己的个人偏好来排列这些标准，并对其重要性的程度进行量化。表4-1中列出了张小柯在求职决策中所使用的标准及权重。

表4-1　　　　　　　　　　　张小柯求职决策标准及权重

序号	标准	权重
1	受聘可能性	10
2	事业发展空间	10
3	企业名气	9
4	收入水平	8
5	专业对口	7
6	地理位置	6
7	业余生活质量	4
8	企业规模	3
9	与父母居住地的距离	2
10	企业的周边环境	2

第四步：开发所有的可行性方案。

第四步要求决策者列出解决问题的所有可行性方案，也就是说，要将满足要求的所有可行性方案全部列举出来。

在这个例子中，我们假设张小柯经过调查和分析后，确认共有8家企业具有潜在可能性，即A（康泰药业）、B（博雅公司）、C（联海公司）、D（IBM公司）、E（智库集团）、F（DELL公司）、G（巨华公司）、H（AEC公司）。

第五步：评估备选方案。

备选方案一旦确定，决策者就要开始根据自己的决策标准来分析和评价每一个备选方案。评估备选方案是针对每一个标准给各个备选方案打分。其中1分为最低分，表示最不满意；10分为最高分，表示最满意。例中张小柯根据每一个标准分别评估各家企业，评估结果详见表4-2。

表4-2　　　　　　　　　　　根据决策标准评估的备选方案

			备选方案							
序号	标准	权重	A 康泰	B 博雅	C 联海	D IBM	E 智库	F DELL	G 巨华	H AEC
1	受聘可能性	10	10	10	9	4	8	5	7	8
2	事业发展空间	10	4	9	9	5	5	5	6	7
3	企业名气	9	3	9	5	10	4	10	8	6
4	收入水平	8	4	5	9	9	5	9	5	8
5	专业对口	7	7	9	6	4	9	3	9	5
6	地理位置	6	5	7	10	6	7	8	6	7
7	业余生活质量	4	5	7	7	8	7	6	10	8
8	企业规模	3	5	8	6	10	7	8	9	4
9	与父母居住地的距离	2	10	5	5	5	8	5	2	2
10	企业的周边环境	2	5	6	10	8	3	8	5	9

第六步：选择最佳方案。

根据标准及其权重对每个备选方案进行评估，最后选择总分最高的那个备选方案。这一选择十分简单，总分最高者即为最佳选择。对于张小柯来说，总分最高的是490分，意味着他选择了B（博雅公司），见表4-3。

表4-3　　　　　　　　　　　　　　备选方案评估

序号	标准	权重	A 康泰	B 博雅	C 联海	D IBM	E 智库	F DELL	G 巨华	H AEC
1	录用的可能性	10	100	100	90	40	80	50	70	80
2	事业发展空间	10	40	90	90	50	50	50	60	70
3	企业名气	9	27	81	45	90	36	90	72	54
4	收入水平	8	32	40	72	72	40	72	40	64
5	专业对口	7	49	63	42	28	63	21	63	56
6	地理位置	6	30	42	60	36	42	48	36	42
7	业余生活质量	4	20	28	28	32	28	24	40	32
8	企业规模	3	15	24	18	30	21	24	27	12
9	与父母居住地的距离	2	20	10	10	10	16	10	4	4
10	企业的周边环境	2	10	12	20	16	6	16	10	18
11	总分	-	343	490	475	404	382	405	422	432

表4-3表明了在决策标准基础上对8种备选方案进行的评估。由于各个标准所占的权重并不相同，表中备选方案的得分是乘以相应的权重后的分数。每个企业得到的总分代表了在标准和相应权重基础上的评估结果。此时，每个方案的优点和缺点已经显现出来了。

值得说明的是，最优化决策模型中包含了一个重要的前提条件，即经济人假设。它假定人们是在完全理性的情况下进行决策的，并拥有完整全面的信息，以便使决策价值最大化。具体而言，它包括：

（1）面对的问题清楚而明确。

（2）列出可以解决问题的所有可行性方案。

（3）了解各个备选方案的所有可能结果。

（4）所有决策标准及其权重均可以量化。

（5）决策者对于具体决策标准及其权重分配的评价是稳定、不变的。

（6）没有时间和费用的限制，因而可以获得有关标准和备选方案的丰富信息。

（7）决策者最终将根据评估分数选择得分最高的方案。

在现实的组织生活中，决策者真的会仔细评估问题所在吗？真的会确定所有的相关指标吗？真的会找到所有的可行性方案吗？会为了寻求最佳选择而仔细评估所有备选方案吗？有时是这样的。当决策者面对的问题很简单而且备选方案不多时，当决策者搜寻和评估备选方案的代价很低时，当决策者是一个缺乏经验的新手时等，他们会遵循最优化决策模型描述的过程进行决策。但是，大多数时候问题具有复杂性和不确定性的特点，决策者的目标与偏好也不明确，他们不可能拥有完整的信息，也无法做到理性分析信息。反对经济人假设的研究者指出，最优化决策模型的出发点是指出人们应该如何去做，而不是指出人们的实际行为是怎样的。因此，该模型并不是预测人类行为的良好工具。甚至一些研究者尖锐地批评道："在预测人类的复杂行为方面，你即使用投硬币的方法来猜测，也可以和这种预测做得一样好。"

著名的施乐公司根据理性决策原理，设计了一个6阶段理性决策过程，要求在全公司范围内所有重要的决策按照这个过程进行，见表4-4。

表4-4　　　　　　　　　　　　　施乐公司理性决策过程

步骤	需要回答的问题	下一步需要做什么
1.确认和选择问题	我们想改变什么？	找出差距，以可以观察的术语描述期望的状态
2.分析问题	是什么阻碍我们达到期望的状态？	记录关键原因，并排出顺序
3.产生可能的方案	我们如何实施改变？	列出方案清单
4.选择与计划解决方案	最好的方案是什么？	计划、实施并监控变革，设计、评价解决方案有效的测量标准
5.实施解决方案	我们完全按计划进行了吗？	落实方案
6.评价解决方案	实施方案的效果如何？	确认问题已经解决，或者达成共识继续寻找问题

2.满意解决模型

与经济人假设相对应，西蒙提出了另一种假设，称之为管理人假设。他认为，个体在决策时并不完全受理性引导，也没有机会和实力做出完全理性的决策，只能做到部分理性而已。人们的决策行为具有以下特点：只能得出有限的可行性方案；只能知晓每个方案的部分可能后果；对于实际情况来说，只有一个有限、简单、大概的模型可循等。决策者对于可行性方案及其后果的认识，受到个体认知加工能力和不可避免的认知偏差的限制，也受到时间和资金等资源的限制。而且事实上，对于复杂问题的决策而言，无论个体最终获得多少信息，都无法达到完美状态。西蒙把人的决策过程分为3个阶段：第一个阶段是搜索活动，主要是对环境进行搜索，确定决策的情境。第二阶段是设计活动，主要是探讨、开发和分析可能的行为方案。第三阶段是选择活动，也就是进行实际的选择，从第二阶段开发出的可能行为方案中选择一个。由于远远达不到完全理性的要求，个体只能在有限理性的范围内活动。他们不是抓住问题的所有复杂方面，而是建构简化的问题，然后在简化问题的范围内进行相对理性的行为。人们满足于找到一个可以接受的或符合要求的问题解决方案，而不是一个最恰当方案。满意解决模型刻画的正是这种决策过程。

满意解决模型的决策过程具体是这样的：首先，个体对遇到的问题进行简化处理，使问题变得清晰而单一，然后开始寻求标准和备选方案。但是，他列出的标准可能远远不够详尽。决策者会确定一个有限的列表，其中包括一些最为重要的项目和十分熟悉的内容。备选方案主要包括一些显而易见的、易于实现的解决方案。一旦确定了这些有限的备选方案，决策者就开始考察它们。找到第一个"足够好"标准的备选方案后，搜寻就会工作结束。可见，运用满意解决模型进行决策，最终的决策是一个符合要求的选择，而不是一个最恰当的选择。图4-4描述了这一模型的决策过程。

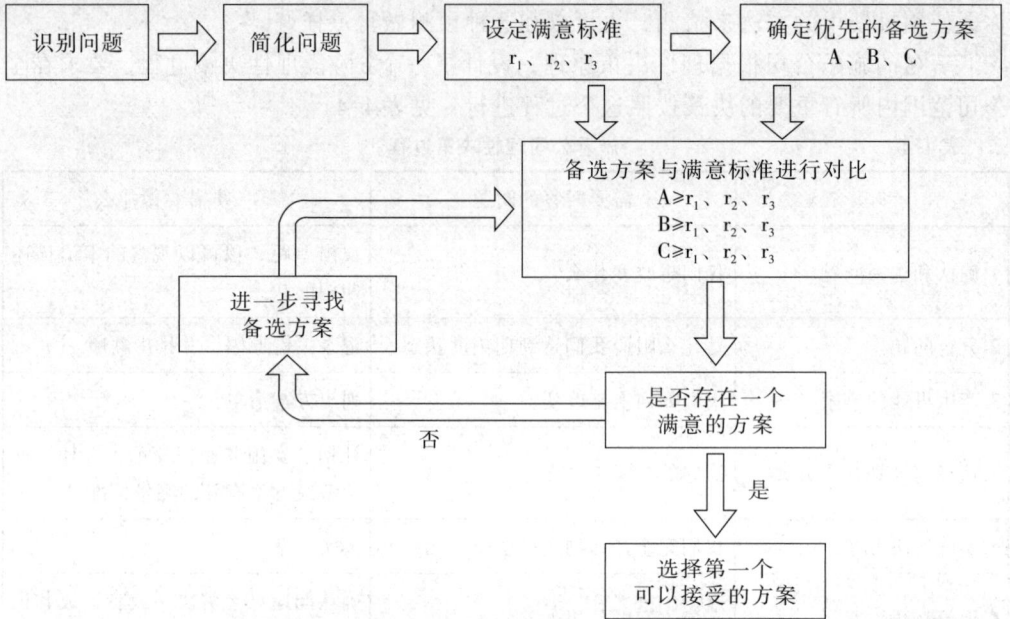

识别问题 ⇒ 简化问题 ⇒ 设定满意标准 r_1、r_2、r_3 ⇒ 确定优先的备选方案 A、B、C

备选方案与满意标准进行对比
A≥r_1、r_2、r_3
B≥r_1、r_2、r_3
C≥r_1、r_2、r_3

进一步寻找备选方案

是否存在一个满意的方案　否

选择第一个可以接受的方案　是

图4-4　满意解决模型的决策过程

满意解决模型的一个重要特点是，在确定备选方案时，方案的先后顺序非常重要。请注意，在最优化决策模型中，所有的备选方案根据偏好等级由高到低全部列出，由于考虑所有备选方案，评估时最初的备选方案顺序并不重要，任何一个备选方案都会得到充分彻底的评估。但满意解决模型的决策过程并不如此。假设某一个问题有不止一个解决方案，满意解决模型的最终选择是决策者遇到的第一个符合要求和可以接受的方案。由于此模型简单而有限，通常显而易见的、容易得到的备选方案排序靠前。尽管针对具体问题来说，独到的、富有创造性的备选方案可能是最佳解决方案，但是不太可能被选中。因为还没等到决策者去搜索最佳解决方案时，他很可能已经确定了一个可以接受的方案。

我们如何使用满意解决模型来预测张小柯的求职选择？首先，他要确定选择职业的必不可少的条件。经过粗略估计，他确定了3个满意标准，即录用的可能性、事业发展空间、企业名气。然后，对手头已有的几个备选方案进行评估，即康泰药业、博雅公司、联海公司。结果发现，博雅公司最能满足他的这些标准。当他发现了这个企业时，决策的搜索工作也就结束了。如果最初列出的企业名单中没有一个达到"足够好"的标准，他会进一步扩大搜索范围以包括更多的企业。

实际上，大学生在选择职业时所考虑的因素会因地区和个人的不同而有差异。国内对这个问题已经做了很多调查。例如，丁大建等以北京地区的本科大学生为样本，调查了职业选择决策的影响因素。从大学生职业选择考虑的因素来看，个人的发展占第一位，见表4-5。

表4-5　　　　　　　　　　　　　　**职业选择决策的影响因素**

序号	因素	重要性
1	有利于个人的发展与晋升	24.79%
2	工资水平及福利	22.47%
3	就业地区	20.67%
4	单位类型及规模	12.10%
5	对工作本身的兴趣	11.92%
6	工作环境与舒适性	4.08%
7	工作稳定性	2.60%
8	父母意见	1.22%
9	老师建议	0.11%
10	其他	0.05%

资料来源：孙健敏，李原. 组织行为学［M］. 上海：复旦大学出版社，2005.

3.隐含偏爱模型

另一个用于处理复杂决策的模型是隐含偏爱模型。与满意解决模型类似，它也认为个体会通过简化过程来解决复杂问题。但是，隐含偏爱模型中的简化意味着先不进行"备选方案的评估"这一步骤，而是先找到一个隐含偏爱的备选方案，而后再评估各个备选方案。换句话说，决策者并不是理性而客观的。在决策过程的早期，决策者已经隐含地选择了一个自己偏爱的方案，而后的过程主要是决策证明，即通过而后的过程，决策者和周围的人确信决策者的隐含偏爱方案确实是"恰当的"选项。

图4-5概括了隐含偏爱模型的决策过程。在面对某一问题时，决策者已经隐含地确定了一个自己偏爱的方案，但决策者并不因此而结束搜索工作。事实上，决策者有时并没有清楚地意识到自己确定了一个隐含偏爱方案，还会继续寻找其他备选方案，只不过其余的过程都带上了偏见色彩。这一点十分重要，因为实际上决策者而后的比较仅仅是提供了一个客观的假象。接下来，证实性过程开始了。决策者建立了决策标准和权重，为了确保隐含偏爱方案的成功，在标准和权重的选择中出现了很多知觉与解释的失真。其他若干备选方案会在相互比较中削减为一个证实性备选方案。而后是证实性备选方案与隐含偏爱方案的比较。即使隐含偏爱方案是唯一可行的方案，决策者也会努力获得另一个可接受的方案作为证实性备选方案，以使自己有东西进行比较。

如果隐含偏爱模型起作用，则决策者在愿意承认自己怎么做出决策之前，早已结束对新方案的搜寻工作。这一模型得到了一些实证检验。研究发现，大学毕业生找工作时，通常在他们正式做出决策的2至8周之前，通过他提供的线索就能以87%的准确度预测其决策。可见，决策过程更多受到直观感觉而不是理性客观的影响。

我们运用隐含偏爱模型，来看看张小柯如何选择他想加入的企业。在这过程的初

```
┌────────┐    ┌────────┐          ┌──────────────┐          ┌──────────────┐
│ 识别问题 │───▶│ 简化问题 │─────────▶│ 隐含偏爱方案   │─────────▶│ 建立有利于偏爱 │
└────────┘    └────────┘     │    │      B       │          │ 方案的决策标准 │
                             │    └──────────────┘          └──────────────┘
                             │                                       │
                             │                                       ▼
                             │    ┌──────────┐   ┌──────────┐   ┌──────────┐
                             └───▶│ 确定备选方案 │──▶│ 确定证实性 │──▶│ 隐含偏爱   │
                                  │ A、C、D   │   │ 备选方案C  │   │ 方案B与    │
                                  └──────────┘   └──────────┘   │ 证实性备选 │
                                                                │ 方案C对比  │
                                                                └──────────┘
                                                                     │
                                                                     ▼
                                                                ┌──────────┐
                                                                │ 选择隐含   │
                                                                │ 偏爱方案B  │
                                                                └──────────┘
```

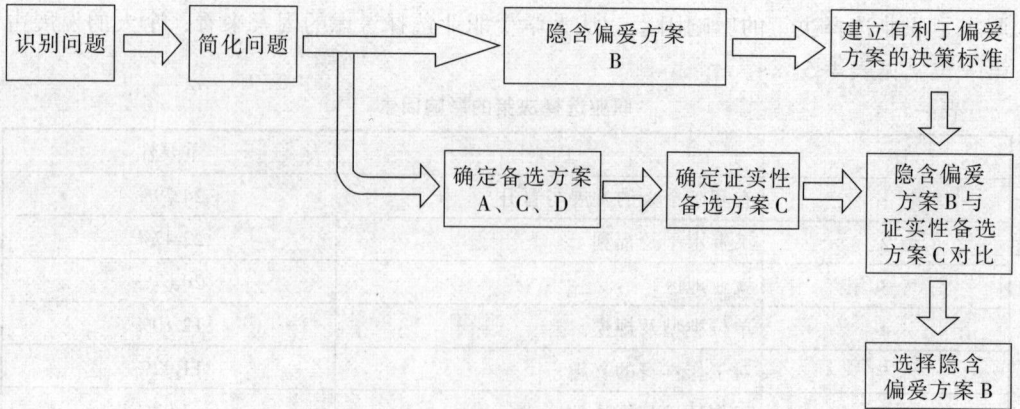

图4-5　隐含偏爱模型的决策过程

始，他会从直觉上感到某个企业很适合他，但他可能没有把这种情况告诉别人，甚至自己都并未明确地认识到这一点。他在考察了大量已有信息之后，把最终保留的两个企业进行对比，即博雅公司（B）和联海公司（C）。其中一个企业显然是他隐含偏爱的。然后，他开始确定决策的标准和权重。哪个企业名气更高？哪个企业更能提供事业发展空间？哪个企业的专业更为对口？通过对这些标准的评价，他最终发现，自己最初偏爱的企业恰恰就是最恰当的选择。

　　国内关于大学生选择职业时偏爱的单位类型的调查，可以给我们更多关于职业决策的信息。根据丁大建等的调查，在选择单位的类型上，大学生的偏爱顺序依次为外资或合资企业、大型国有企业、事业单位、政府机关、私营企业，差异十分明显，见表4-6。

表4-6　　　　　　　　　　　　　　　**大学生就业单位类型选择**

序号	就业单位类型	选择人数百分比
1	政府机关	13.5%
2	科研学校、医院、新闻等事业单位	19.7%
3	大型国有企业	27.4%
4	外企或合资企业	33.1%
5	私营企业	3.5%
6	自己创业	1.8%
7	尚未考虑好	0.6%
8	其他	0.4%

资料来源：孙健敏，李原. 组织行为学［M］. 上海：复旦大学出版社，2005.

　　在实际的决策过程中，人们的偏爱对于决策的影响往往是无意识的，可能影响偏爱的因素也是多样的。谭亚莉、廖建桥等研究了大学生就业决策的影响因素。他们以大学四年级的学生为研究对象，运用标准化的问卷，探讨个人与组织的匹配、个人与工作的匹配以及研究对象感知到的匹配程度对工作决策的影响等。研究得出六点结论：第一，求职者的价值观和应聘单位的价值取向之间的一致性程度（组织配适度）对其工作决策有影响；第二，求职者的工作偏好和应聘单位提供的工作特性之间的一致性程度（工作配适度）对其工作决策的影响并不显著；第三，求职者主观感知到的组织及工作配适度对工作决策有非常显著的影响；第四，求职者性别对其工作决策有影响，女性较男性更倾向于做出接受工作的决策；第五，求职者的潜在工作机会认知对其工作决策有影响，认为自己潜在工作机会较大的人比较倾向于做出拒绝工作的决策；第六，求职者有无相关工作经历对其工作决策没有直接的显著影响。

4.直觉决策模型

直觉决策最近在一定程度上得到人们的认可。过去，人们总认为非理性的决策是缺乏效率的。现在，人们越来越认识到，理性分析被过分强调了，在某些情况下，依赖于直觉决策能够提高决策水平。

什么是直觉决策？在这里，我们将直觉决策定义为一种从经验中提取信息的无意识加工过程，一种不经过复杂的逻辑操作而直接、迅速地感知事物的思维活动。

其实，直觉的产生并非毫无根据，它建立在牢固的知识和丰富的经验基础上。它不一定要脱离理性分析而独自运作，事实上两者是相辅相成的，直觉决策者可以在信息非常有限的条件下迅速做出决策。

什么时候人们可能使用直觉决策？有关的研究表明，在以下八种情况下人们可能使用直觉决策：

（1）不确定性水平很高时；

（2）几乎没有先例存在时；

（3）难以科学地预测影响变量时；

（4）拥有的信息及资料相当有限时；

（5）根据拥有的资料难以明确指出前进方向时；

（6）分析性资料用途不大时；

（7）当需要从几个可行方案中选择一个，而每个方案的评价都不错时；

（8）时间有限，情况危急时。

由于理性分析更符合社会期望，人们常常把自己的直觉能力隐藏起来。一位高层管理人员曾经说过："有时人们必须为自己的关键决策穿上数据的外套，以使它容易被接受或符合别人的口味，不过这种修饰常常发生在做出决策之后。"从这一点上你可以预计，组织中直觉决策所占的比例肯定比我们目前了解的多得多。

直觉决策模型让我们能够理解为什么国内民营企业在创业阶段的决策大多属于直觉决策。该模型告诉我们，直觉决策的有效性取决于很多条件，在某些条件下的直觉决策是有效的，但必须说明的是直觉决策并不总是有效，有时会导致错误的决策，甚至是致命的。

巨人集团总裁史玉柱把自己犯的错误概括为两点：一是决策失误，摊子铺得太大；二是管理不善，经营失控。

为什么巨人集团在创业阶段没有出现决策的失误，却在快速发展阶段因为决策不当而成为"明星变流星"的典型？

人们在事后分析巨人集团陷入困境的原因时，把巨人大厦工程作为影响企业发展的重要事件。实际上，巨人大厦工程事件只是表象而已，真正的原因来自决策的失误，因为"拍脑袋"式的决策，缺乏客观和科学分析，导致管理的失控。

二、决策偏差的防范

讲课视频 4-5

决策偏差的防范

自学课件 4-5

决策偏差的防范

个体的认知加工能力有限，人们的决策行为常常不是按照理性模式进行的，因此难免会在决策过程中出现偏差和错误。

（一）决策的偏差

1. "经验估计"机制带来的偏差

决策行为常常是建立在以往实践探索而产生的经验估计之上，这种经验估计有利于人们在处理复杂信息、做出决策时采取判断捷径，但是常常导致了系统性偏差。"经验估计"机制主要包括3种类型，即"代表性"机制、"联想性"机制、"取舍性"机制。每种类型都可能在判断时带来偏差。

（1）"代表性"机制。人们的许多判断是关于 A-B 两个事物之间的因果关系。心理学的研究发现，这些判断常常是建立在 A-B 之间的相似性基础上，即代表性。例如，一个心理实验设计了这样一种情境：研究者安排一组人，由律师和工程师组成，其中40%是律师，60%是工程师。然后让实验对象针对这组中的一名成员所做出的描述来判断他的职业。从概率论上说，如果这个样本中大多数人是工程师而不是律师，正确的判断应该考虑先验概率。但是实验结果发现，人们常常忽略在实验情境中工程师与律师的比率这一信息。如果描述的人具有很强的社交能力，能说会道，实验对象常常会判断他是一名律师而不是一名工程师。因为在我们的日常工作生活中，律师的行为更符合这种经验描述，即具有代表性。这种"代表性"机制使得人们只注意事物之间的相似性，而对先验概率置之不顾，从而导致系统偏差。再比如，如果从同一所大学中毕业的3名学生都是业绩不良者，那么管理者可能就会预测，以后从这所大学来的求职者不会是好员工。这种判断上的偏差也是由于"代表性"机制引起的。

（2）"联想性"机制。人们在判断某一类现象出现的频率或概率时，不是按照概率论的原理，而是按照联想到这类现象容易出现的程度来判断，联想程度不仅与事件出现的概率有关（当然，概率越大，出现的次数就越多，人们也越容易联想），还往往取决于许多因素。例如，十分熟悉的事物、引起了强烈情绪反应的事物、最近刚刚发生的事件等，都会影响人们的记忆，使我们更容易记住，也更容易建立联想。比如，很多人对乘坐飞机的担忧远甚于驾驶汽车，因为他们觉得飞行更具危险性。当然事实并非如此，统计数字表明，驾驶汽车出现的事故概率远远大于乘坐飞机。虽然空难概率很小，但每次事故都触目惊心，而且媒体对空难报以更多注意，因此在危险性方面，飞行中的空难更容易被联想。我们高估了空难风险而低估了车祸风险。

（3）"取舍性"机制。在许多情况下，人们并不是在对资料进行系统分析之后才做出结论，而是从初步的数据中就推断出最终的结论。这些最初的数据可能是不充分的，不同的最初数据会导致不同的结论。也就是说，人们常常从过程中随机取舍某一环节加以推断因果关系，而这种"取舍性"机制常常导致系统偏差。

2.承诺的升级

决策通常还会有另一种偏差，即决策者对于一项失败的活动所进行的承诺升级倾向。

承诺升级是指人们一直固守着某个决策，尽管有明显证据表明该决策是错的，但就是坚持错误的决策不放。

很多证据表明，当个体感到自己要对失败负责时，就会对这一失败活动增加投入。也就是说，他们"花钱填无底洞"，为了表明自己最初的决策没有错，并避免承认自己犯了错误。现实生活中常有这样的例子。悉尼歌剧院的建设工程项目预算不断增加，从700万澳元追加到1.02亿澳元，就是一个典型的例子。人们在赌博时的心态，很多时候可以用承诺升级来分析。赢了的人很得意，还想继续赢下去。而输了的人总会抱有一种幻想——一定要赢回来！即使他们看不到赢的机会。

对这种现象进行分析后，研究者发现有4种因素可能导致承诺的升级现象。

（1）项目的特点。项目本身的特点对于决策具有重要意义，例如投资回报的延期、回报周期过长、临时性问题的处理等，都可能使决策者在错误决策基础上坚持甚至增加投入。

（2）心理因素。一旦决策者做出了错误决策，就可能面临着由于信息加工所导致的认知不协调。为恢复协调状态，可以采取的一种方式就是认定自己的决策是正确的。同时，因为决策者身在其中，往往忽略了消极的信息，自己的防御机制就发生作用了。

（3）社会压力。决策者存在同伴等的压力，或者需要维护自己的面子，因此即使面对自己错误的决策，为了保全面子也要坚持认为正确的决策。俗话说的"死要面子活受罪"，可以用这个原因来解释。

（4）组织因素。组织的管理制度、文化、沟通渠道等结构和功能上的失灵或失效，正常决策体制的弱化，对变革和改进的抗拒等都可能造成对错误决策的盲目追加投入。承诺与投入的升级对管理决策具有显著意义。管理者常常为了证明自己的最初决策是正确的，因而继续投入大量资源给那个从一开始就注定失败的决策，很多组织因此蒙受了巨大损失。另外，锲而不舍、言行一致、坚持到底的精神常常是有效领导者的特点与风格。因此对管理者来说，为了表现出自己的领导有效性，即使转向其他活动更有利，他们也可能受到更大的激励而坚持自己的最初选择，做到善始善终。实际上，有效的管理者是那些能够区分出不同情境的人，他们知道哪些情境坚持下去会有报偿，哪些坚持则得不到任何效果。

（二）防范决策偏差的措施

防范决策偏差的措施就是坚持科学决策。科学决策的步骤如下：

1.界定问题

在很多情况下，决策不力往往是因为没有真正清楚地认识问题，或者把决策的焦点聚集到错误的或者并非重要的问题上去。所以说，正确地界定问题通常是决策成功的前提，否则可能导向错误的决策，不仅无法解决问题，还可能产生新的问题。

问题的厘清需要花费时间。在决策的过程中，有可能因为新资料的发现而对问题有了不一样的看法，因此对问题的定义是一个持续的过程，经过不断地调整、解释，对问题的定义一次比一次更为完整、更为清楚。

2.决策准备

这里所说的决策准备，主要从3个方面进行：

（1）要搜集有意义的资讯。在开始搜集资讯之前，必须先评估自己有哪些是知道的，有哪些是不知道的或是不清楚的，然后才能确定自己要找什么样的资讯。资讯不是愈多愈好。有时候过多的资讯只会造成困扰，并不会提高决策的成功机会。因此，必须依据资讯与决策目标之间的关联性以及相对重要性，判断哪些资讯是需要的，哪些可以忽略。

（2）要明确问题的限定条件。不可能同时达成所有的目标，很多情况下鱼与熊掌不可兼得，必须设定优先顺序，有所取舍。也就是说，要明确列出决策所要实现的目标，并对目标进行优先排序和取舍。

（3）摆正决策心态，要做到心静、心平、心正、心安，心安才能理得。决策前首先要知道自己的决策立场和原则，这样才能做到坚定不移；只有坚定不移才能静心而心不妄动；只有心平气和才能安心自然；只有心正才能心安；只有心安才能驱除偏见，思虑周密；只有思考缜密才能得到科学合理的决策结果。

由此可见，决策前一定要检查自己的情绪和心境状态，看看自己是否处在不安、恐惧、痛苦、烦躁、焦急、沮丧、狂妄、狂喜、愤怒等不良的心境之下，如果是，就要提醒自己暂时不要做出决策。

3.列出所有可能的方案

这个阶段最常听到的抱怨就是"想不出好的解决方法"。事实上，不是想不出来，而是因为考虑得太多，觉得什么都不可行。这个阶段的重点在于：大家相互脑力激荡，提出各种想法，不要考虑后续可行性的问题。比如，头脑风暴法等决策工具和方法，就可以帮助获得更多更好的创意和想法。要列出所有可行的方案，就要使用"如果……会……"的思考问句，每一个问句就可能是一个方案的雏形。在考虑所有可能的方案时，不要考虑"什么样的决策才会被接受"，因为在考虑这一问题的过程中，决策者往往会丢掉重点，失去决策的目标和方向，根本无法做出有效的决策。正确的做法是，先判断出正确的决策，然后采取折中的办法，让大家接受决策。

4.评估方案

每一个方案的优缺点是什么？可能造成的正反面结果是什么？这些方案是否符合设定的预期目标？首先必须把先前所搜集到的客观资料作为评估的依据，同时评估自己是否有足够的资源采取这个方案。除了理性的思考外，个人主观的感受也很重要。反复思索每一个选项，想想未来可能的结果，以及对这些结果有什么感受。有些可能觉得是对的，有些可能感觉不太对劲。可以问问自己："如果我做了这个决定，最好的结果会是什么？最坏的结果又会是什么？"再仔细想想，有没有什么方法可以改进让自己感觉"不太对劲"的方案？也许需要更多的资料消除自己的疑虑，但有可能直觉是对的，某些负面结果是当初没有考虑的。评估方案重点要把握"4性"，即对所有的方案从可能性、或然性、可行性、风险性4个方面进行分析判断，并给予综合打分或评价。

素质提升

毛泽东的决策思想

党的第一代中央领导集体核心毛泽东同志说：领导者的责任归结起来主要是出主意、用干部两件事。所谓的出主意，就是我们今天所说的决策问题。毛泽东在认识到决策的极端重要性的前提下，坚持用马克思主义的世界观和方法论去观察问题、提出问题、分析问题与解决问题。他大力倡导"从群众中来、到群众中去"的群众路线，鲜明提出"没有调查没有发言权"的论断，深刻阐述"一切从实际出发"的道理，牢固奠定了科学决策、民主决策的思想基础和实践基础。

一、贴近人民——决策的灵魂所在

毛泽东的决策思想是以人民为核心的理论体系，人民性是其坚实基础，也是其决策思想的最大特点。贴近人民，是其决策的灵魂所在，像一根红线贯穿于毛泽东决策过程的始终，使毛泽东的决策思想大放异彩。

毛泽东的决策思想深深地植根于人民群众的土壤之中。毛泽东把辩证唯物主义认识论和唯物史观关于人民群众是历史的创造者的原理系统地运用于决策全过程中，形成了决策工作中的群众路线，这是以毛泽东为代表的中国共产党的一个独创，也是毛泽东的决策思想中富有特色的部分。为保证决策和执行有效，毛泽东要求领导者在决策全过程中要坚持"从群众中来到群众中去"的决策观点。毛泽东的决策思想有严密的逻辑性和科学整体性，同现代科学决策相比，虽然在表述方式上略有差异，但实质是完全一致的。在具体的决策过程中，无不渗透着人民性这一基本特点。在发现问题、确定目标时，毛泽东认为"从群众中来"是其重要的来源与基础。他认为领导者或领导机关就制定决策来说只起加工的作用，而群众实践经验是"原材料"和"半成品"，领导决策的过程就是领导者对来自原料和半成品进行加工制作的过程。在调查预测、拟制方案时，毛泽东要求领导者在做调查研究时，必须具备谦逊的态度和甘当小学生的精神，虚心向人民群众请教，向社会实践学习。要与多方面商量，要听取各方面的意见，集思广益，博采众长。不但要听取相同意见，更要听取不同或相反意见；不但要在老干部中互通情报，互相交流，尤其要与具有丰富实践经验的人民群众商量探讨。毛泽东特别重视人民群众在拟制方案中的作用，指出各级党委要做调查工作，绝对禁止党内少数人不做调查，不同群众商量，关在房子里做危害人民的主观主义的所谓决策。

二、调查研究——决策的牢固基石

毛泽东认为调查研究是决策的基础，调查研究是决策发展的根本动力，只有经过实事求是的调查研究才能检验决策是否实事求是，经过调查研究才能使马克思主义的理论和中国革命的实际紧密结合。

毛泽东认为调查可以是直接调查，也可以是间接调查。他非常重视亲身实践，进行直接的调查研究，强调一切结论产生于调查情况的末尾，而不是它的开头，认为光在办公室里研究文件，冥思苦想地"想办法""打主意"，必然导致决策的失误。在直接调查中，首先，他主张调查要深入，反对蜻蜓点水、走马观花式的调查。只有深入，才能得到真实具体的信息，才能做到实事求是。其次，他坚持系统、周密　调查，反对片面性、主观性。只有坚持系统、周密调查，才能透过现象看本质，获得正确的调查结果，做出符合客观情况的决策。再次他认为，调查中要有研究，研究中要有调查，必须把调查和研究紧密地结合起来，把调查和研究统一于决策目标之中。

另外毛泽东也利用间接调查获取决策的高质量信息。由于个人精力、时间、能力以及社会的复杂性，任何决策都要决策者亲自去调查研究，事必躬亲，既是不可能的，也是不必要的，因此决策要利用一切间接的手段获取资料。间接调查可以为决策者开辟一个接收信息的窗口，从而能多渠道、多层面获取材料，以避免决策者直接调查的局限性。

三、一切从实际出发——科学决策的首要原则

一切从实际出发、实事求是，这既是毛泽东思想活的灵魂，也是毛泽东确立的最根本的领导决策原则。毛泽东认为，任何一项领导决策的产生，都应当是按照实际情况做出缜密分析的结果。在他看来，按照实际情况进行领导决策，应该包括三方面的内涵：

一是要从客观存在的事实出发，从分析这些事实中找出方针、政策、办法来。这里所说的"客观存在的事实"，就是指现有的条件，包括客观条件与主观条件、有利条件与不利条件、原有条件与新产生的条件、领导者的条件与被领导者的条件等。领导者只有在全面地掌握并客观分析现有条件基础上做出的决策，提出的计划、措施，才能被群众接受，才能充分发挥主观能动性，实现既定的决策目标。毛泽东特别强调，从客观存在的事实出发，就必须力戒主观主义。任何一项领导决策，决不能从"善良"的愿望出发，凭想当然办事；也不能从别人的经验或上级指示出发，缺乏主观能动性；也不能从原则出发，呆板而又抽象地做。

二是要根据客观情况的变化及时地调整方针、计划和措施。"当某一客观过程已经从某一发展阶段向另一发展阶段推移转变的时候，必须得善于使自己和参加革命的一切人员在主观认识上也跟着转移转变，即要使新的革命任务和新的工作方案的提出，适合于新的情况的变化。"从决策学的角度看，任何决策系统都包含决策者、决策对象、决策观念与方法、决策结果等要素。任何一个要素都经常处于动态变化之中。各种复杂的决策因素的联系和影响，决定了决策行为不存在一成不变的固定模式，也不可能一劳永逸，"一次定终身"。对此，毛泽东特别强调，领导者的决策思维应该经常随着变化了的客观实际，灵活应变，尽力在动态变化中寻求最佳决策。

三是要经常注意吸取我们在决策上发生失误的教训，并研究其发生的原因。领导决策是否正确，需要经过实践检验。"政策必须在人民群众实践中，也就是经验中，才能证明其正确与否，才能确定其正确和错误的程度。"这就是说，领导决策是否切实可行，除了在理论上进行科学论证外，还必须通过实践的检验。毛泽东认为，在领导决策中，任何一项决策都会有时空上的限制，不可能百分之百地符合客观实际。问题的关键是，对于决策的局限性或失误持何种态度。他指出正确的态度应该是及时总

结经验教训，找出失误存在的原因，纠正偏差。

资料来源：辛向阳. 决策科学基础理论研究［M］. 北京：同心出版社，2005.

▶ 自学测试

一、选择题

1.决策的特点有（　　）。

A.决策要有明确的目的　　　　　　　B.决策一般有若干个可行方案的比较

C.决策要权衡各个方面的选项特征　　D.决策贯穿于决策者的行动过程中

2.决策的基本要素有（　　）。

A.问题　　　　　　　　B.决策者　　　　　　　　C.决策环境

D.决策过程　　　　　　E.决策结果

3.科学决策的步骤包括（　　）。

A.界定问题　　　　　　　　　　　B.决策准备

C.列出所有可能的方案　　　　　　D.评估方案

自学测试4-2

二、判断题

1.管理就是决策。　　　　　　　　　　　　　　　　　　　　　　　　（　　）

2.决策是为实现某一目的而从若干个可行方案中选择一个最优方案的分析判断过程。　　　　　　　　　　　　　　　　　　　　　　　　　　　　（　　）

▶ 课后测试

一、选择题

1.评价一项决策的好坏，其标准可以分为（　　）两大类。

A.效率标准（决策成本、时间）

B.效果标准（决策准确性、可行性、获得支持）

C.决策环境

D.决策过程

2.基本的决策过程模型有（　　）。

A.最优化决策模型　　　　　　　　B.满意解决模型

C.隐含偏爱模型　　　　　　　　　D.直觉决策模型

3.决策的偏差有（　　）。

A."代表性"机制偏差　　　　　　　B."联想性"机制偏差

C."取舍性"机制偏差　　　　　　　D.承诺升级

二、判断题

1.评估决策方案重点要把握"四性"，即对所有的方案从可能性、或然性、可行性、风险性四个方面进行分析判断。　　　　　　　　　　　　　　　　（　　）

2.直觉决策是一种从经验中提取信息的无意识加工过程，一种不经过复杂的逻辑操作而直接、迅速地感知事物的思维活动。　　　　　　　　　　　　（　　）

三、思考题

1.什么是决策？影响决策的基本要素有哪些？

2.决策者的哪些个人特点会影响决策过程和决策效果？

3.什么是理性决策模型？它在哪些条件下是切实可行的？

4.在有效的决策当中直觉具有什么作用？什么时候它可能最有效？

5.基本的决策过程模型有哪几种？

6.决策的偏差有哪些？

7.科学决策有哪些步骤？

四、案例分析题

王厂长的决策

　　王厂长是佳迪饮料厂的厂长，回顾8年的创业历程真可谓艰苦创业、勇于探索的过程。全厂上下齐心合力、同心同德、共献计策，为饮料厂的发展立下了不可磨灭的汗马功劳。但最令全厂上下佩服的还数4年前王厂长决定购买二手设备（国外淘汰的生产设备）的举措。饮料厂也因此挤入国内同行业强手之林，令同类企业刮目相看。今天王厂长又通知各部门主管及负责人早上8点在厂部会议室开会。部门领导们都清楚地记得4年前在同一时间、同一地点召开会议，王厂长做出了购买进口二手设备这一关键性的决定。在他们看来，又有一项新举措即将出台。

　　早上8点会议准时召开，王厂长庄重地讲道："我有一个新的想法，将大家召集到这里是想听听大家的意见或看法。我们厂比起4年前已经发展了很多，可是比起国外同类行业的生产技术、生产设备来，还差得很远。我想，我们不能满足于现状，我们应该力争世界一流水平。当然，我们的技术、人员等诸多条件还差得很远，但是我想为了达到这一目标，我们必须从硬件条件入手，即引进世界一流的先进设备，这样一来，就会带动我们的技术、人员等一起前进。我想这也并非不可能，4年前我们不就是这样做的吗？现在厂的规模扩大了，厂内外事务也相应地增多了，大家都是各部门的领导及主要负责人，我想听听大家的意见，然后做决定。"

　　会场一片肃静，大家都清楚记得，4年前王厂长宣布他引进二手设备的决定时，有近七成人员反对，即使后来王厂长谈了他近3个月对市场、政策、全厂技术人员、工厂资金等厂内外环境的一系列调查研究结果后，仍有半数以上人员持反对意见，一成人员持保留态度。因为当时很多厂家引进设备后，由于不配套和技术难以达到等，均使高价引进的设备成了一堆闲置的废铁。但是王厂长在这种情况下仍采取了引进二手设备的做法。事实表明这一举措使佳迪饮料厂摆脱了企业由于当时设备落后、资金短缺所陷入的困境。二手设备那时价格已经很低，但在我国尚未被淘汰，佳迪饮料厂由此走上了发展的道路。

　　王厂长见大家犹豫的样子，便说道："大家不必顾虑，今天这一项决定完全由大家决定，我想这也是民主决策的体现，如果大部分人同意，我们就宣布实施这一决定；如果大部分人反对的话，我们就取消这一决定。现在大家举手表决吧"。于是会场上有近七成人员投了赞成票。

　　资料来源：贺小刚. 管理学 [M]. 上海：上海财经大学出版社，2017.

请问：

（1）王厂长的两次决策过程合理吗？为什么？

（2）如果你是王厂长，在两次决策过程中应做哪些工作？

（3）影响决策的主要因素有哪些？

学习单元五　管理沟通

任务一　组织沟通方式的选择

▶ **学习目标** ◀

◆知识目标

了解组织沟通的内涵、过程；

了解组织沟通的分类、功能。

◆能力目标

能够描述组织沟通的内涵、过程、分类、功能。

◆素养目标

加强沟通意识，提升沟通能力。

▶ **重点难点** ◀

◆教学重点

组织沟通的内涵和过程。

◆教学难点

组织沟通的方向。

自学任务

（1）了解本任务的学习目标和重点难点，通过线上或线下的方式进行自学，重点关注以下知识点：组织沟通的内涵、过程；组织沟通的分类。

（2）自学结束后完成本任务的自学测试。

案例研讨

命令的传递

1910年，美军部队在一次传递命令中情况是这样的：

营长对值班军官说："明晚大约8点钟，哈雷彗星将可能在这一地区上空出现，这种彗星每隔76年才能看见一次。命令所有士兵穿着野战服在操场上集合，我将向他们解释这一罕见的现象。如果下雨的话，就在礼堂里集合，我将为他们放映一部有关彗星的影片。"

值班军官对连长说："根据营长命令，明晚8点哈雷彗星将在操场上空出现。如果下雨的话，就让士兵们穿着野战服前往礼堂，这个每隔76年才会出现一次的罕见现象将在那里出现。"

连长对排长说："根据营长的命令，明晚8点，非凡的哈雷彗星身穿野战服在礼堂中出现。如果操场上下雨的话，营长将下达另一个命令，这种命令每隔76年才会出现一次。"

排长对班长说："明晚8点，营长将带着哈雷彗星在礼堂中出现，这是每隔76年才会有的事。如果下雨的话，营长将命令哈雷彗星穿上野战服到操场上去。"

班长对士兵说："在明晚8点下雨的时候，著名的76岁的哈雷将军将在营长的陪同下身穿野战服开着那辆'彗星'牌汽车经过操场前往礼堂。"

资料来源：舒文. 天下丑闻［M］. 北京：中国广播电视出版社，1990.

讨论：为什么会出现这种情况？

➡ **知识点学习**

一、组织沟通的认知

组织沟通是管理者职业生涯中最重要的组成部分。组织内的个体几乎每天在工作中都要遇到各种摩擦与障碍，通常是因日常的沟通问题处理不当所引起的。要处理好这些问题，就得掌握沟通的艺术。

（一）组织沟通的内涵

组织沟通是发生在组织环境中的人际沟通，即在组织结构环境下，组织围绕既定的目标，通过各种信号、媒介与途径有目的地交流意见和情感等的信息传递行为，是组织内部和外部沟通的有机整合。

（二）组织沟通的目的

组织沟通的目的就是协调好组织内部和外部的各种关系，为组织的发展创造良好的沟通环境。一般来说，组织沟通包括两大重要目的，即传递信息和交流情感。

1.传递信息

管理的理想目标就是要达到人、财、物与信息等各种组织资源的有效协调。信息作为组织的一个基本要素，大量地存在于组织中。如果这些信息只是存在，固守其源而未能有效地进行交流传递，那么管理者就不能有效地对组织中的人、财、物进行协调，从而也不能很好地达到组织的目标。

组织沟通的一个重要目的就是传递信息，所传递的信息一般分为以下几类：

（1）工作技术性信息，包括工作的任务、目标、政策、数量、质量、方法等，主要解决干什么，何时、何地、如何干的问题。

（2）协调性信息，包括工作协调的条件、规划、方式等，主要解决和什么人一起干、如何配合的问题。

（3）评价及鼓励性信息，包括评价的目标、鼓励的方式等，主要解决以什么样的态度对待某种行为的问题。

　　这些信息在组织成员的岗位说明书等书面文件中有着集中反映，也反映在组织成员之间以及组织成员与外部相关主体的互动中。主管人员对这些信息的处理能力和处理结果将极大地影响组织的运行效率，因此管理者要把组织的信息交流系统设计好和控制好，也就是要进行有效的沟通。

　　2. 交流情感

　　如何准确、有效地传递信息是组织沟通的基础，目的是要让沟通对象"明白"。但是"明白"沟通信息，不一定会"接受"该信息，"交流情感"的作用就是让沟通对象易于"接受"信息。对于一个企业来说，诸多生产要素中最活跃的就是人，而在所有的企业管理问题中所占比重最大的是人与人之间的沟通问题。因此，人的因素是企业成功的关键所在，企业管理说到底就是做人的工作。管理者最重要的任务就在于培养自己与员工之间的感情。这一科学认识无论是在理论上还是在实践中都得到了印证。企业要想赢得顾客，在市场竞争中立于不败之地，就要想方设法调动企业内员工的工作积极性、主动性、创造性，必须注重企业内部的情感交流。

　　在市场经济条件下，金钱能给人们带来物质上的满足，但人们在需要金钱的同时，更渴望得到关怀、理解、信任和温暖等，渴望真情的润泽。人的情感具有巨大的潜力和激发效应，组织成员之间的情感交流使得在按传统的组织层次和部门区分的刚性结构中加入了更加具有流动性、灵活性的成分，使得组织的潜力得以被更深层次地挖掘。

　　（三）组织沟通的过程

　　组织沟通过程是指组织中信息交流的全过程。在这个过程中，发送者把所要发送出去的信息按一定程序进行编码后，使信息沿一定通道进行传递。信息到达接收者后，进行译码处理，再将收到信息后的情况或反应发回给发送者，即反馈（如图5-1所示）。

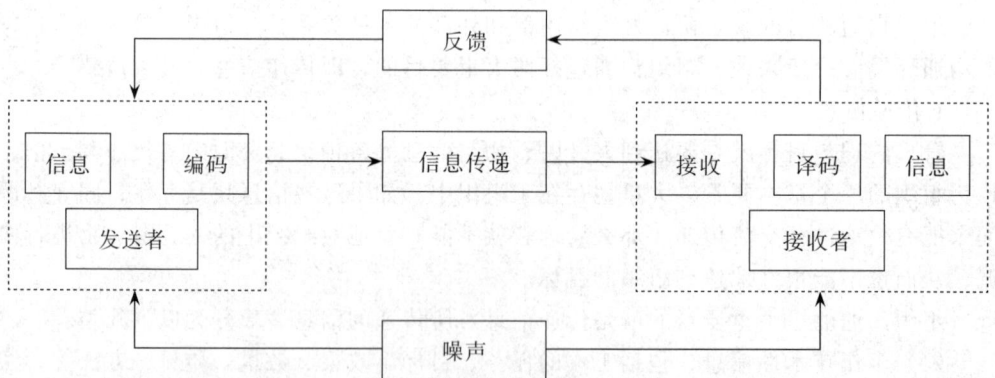

图5-1　沟通过程

　　1. 信息的发送

　　沟通始于信息的发送。发送者有某种意思或想法，但需要以一定的形式才能传送，即为编码。编码中常用的符号有语言、文字、图片、照片、手势等。编码最常用的是口头语言和书面语言，除此之外，还有体语，即身体语言（如表情）和动作语言（如手势）等，统称非语言。与之相对应，信息沟通方式可分为口头沟通、书面沟通和非语言沟通三种。

2.信息的传递

信息的传递是指通过一条连接信息发送者和接收者双方的渠道、通道或路径而将信息发送出去。传递信息可以通过谈话、演讲、信函、报纸、电话、电视节目等来实现。不同的沟通渠道适用于传递不同的信息，比如大楼着火，使用书面方式传递这一消息显然不合适。沟通过程有时需要兼用两条甚至更多条沟通渠道。例如，对员工绩效的评价，管理者在做了口头评估之后可以再提供一份书面材料。又如，面对面交谈实际上同时使用着口头沟通和非语言沟通两种方式。在现代通信技术迅速发展的今天，一条沟通渠道常可同时传送多种形式的信息，如电视电话会议和多媒体技术可以把语言、文字、图像、数字等融合在一起传送，大大便利了复杂信息的传递。但应当看到，信息传递中的障碍也会经常出现。沟通渠道选择不当，或者沟通渠道超载以及沟通手段本身出现问题，都可能导致信息传递中断、失真或无法传送至接收者。有效的沟通离不开可靠的信息传递渠道。

3.信息的接收

这是指接收者接收符号，并将这些符号译为具有特定含义的信息，包括接收、译码等步骤。这个译码的过程关系到接收者是否能正确理解发送者所传递的信息，直接影响沟通效果。由于发送者译码和传递能力的差异，以及接收者接收和译码水平的不同，信息的内容和含义有可能被错误理解。

4.信息的反馈

反馈是对信息接收情况进行核实、检验和补充的重要环节。为了核实、检查沟通是否达到了预期的效果，信息沟通过程往往需要有反馈的环节。如在口头沟通中，"听懂了吗？"所得到的答复就代表反馈。只有通过反馈，信息发送者才能最终了解和判断信息的传递是否有效。

5.噪声

所谓噪声，是指一切干扰、混淆或模糊沟通的因素，既包括来自沟通过程系统外在因素的影响，也包括系统内部功能上的扰动因素。如由于发送者、接收者自身的知识和能力不足，会造成对有效沟通的干扰等。噪声会发生在组织沟通过程的任意一个环节中。

（四）组织沟通的功能

沟通在管理工作中占有非常重要的地位，是管理者的基本技能要求，其中，沟通技能是管理者的基本技能之一。所有重要的管理职能都要依靠管理者与下属人员或其他人员之间的有效沟通来实现，比如与下属一起设置工作目标，制订工作方案，处理工作过程中可能出现的冲突或矛盾，处理有关工作信息，对下属的工作给予指导，评价下属的工作绩效并将评价结果及时反馈给下属等，同时，管理者要接受来自高层领导的指示，正确理解这些指示的含义，把握领导的意图等。可以说，管理者绝大部分的日常工作就是进行沟通。具体地说，在群体或组织中，沟通主要发挥着四个主要的功能：控制、激励、情绪表达和信息传递。

1.沟通可以通过指派任务、设立目标、建立权威和责任等方式来控制员工的行为

比如，员工必须遵守组织中的权力等级和规章制度；有关工作方面的不满和抱怨，应首先与直接上司沟通；必须按照工作说明书工作；要遵守公司的政策法规等。组织内的正式沟通可以实现这种控制功能，非正式沟通有时同样控制着员工的行为。比如，当工作群体中的某个员工的工作十分勤奋并使其他成员相形见绌时，其他人会通过非正式沟通的方式控制该成员的行为。

2.沟通可以激励员工

沟通通过以下途径激励员工：明确告诉员工做什么、怎么做、如何提高绩效，以及向员工展示战略愿景、促进团队合作、唤起员工的责任感等。有关目标设置和强化理论的介绍，也隐含了沟通的这一功能，如具体目标的设置、实现目标过程中的持续反馈以及对理想行为的强化等，这些沟通的努力都在激励员工产生高绩效。

3.沟通提供了一种释放情感的情绪表达机制

对大多数员工来说，工作群体是主要的社交场所，员工通过群体内的沟通来表达自己的挫折感和满足感。因此，沟通提供了一种释放情感的情绪表达机制，并满足了员工的社交需要。面对面的沟通，具有不可取代的效果。

4.沟通为个体和群体提供决策所需要的信息

沟通为个体和群体提供决策所需要的信息，使决策者能够确定并评估各种备选方案，并进一步做出战略选择。

以上四种功能无轻重之分，几乎可以在群体或组织的每一次沟通中，实现这四种功能之中的一种或几种。

组织中的沟通，实际上主要承担两个职能：一是帮助和支持组织成员完成组织目标；二是促使组织成员结合成一个统一的整体。

沟通在组织管理中发挥如此重要的作用，我们几乎可以把沟通视为整个管理活动的"瓶颈"。如果沟通这个瓶颈不畅通，或者堵塞了，管理者的任何管理活动都无法顺利实施。关于沟通和组织管理工作的关系可用图5-2表示。

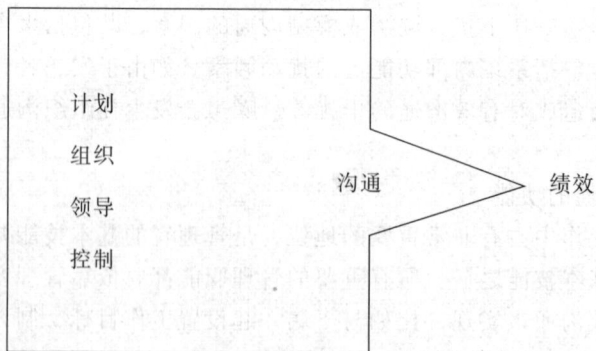

计划

组织

领导　　　　　　　　　沟通　　　　　　绩效

控制

图5-2　沟通"瓶颈"

二、组织沟通方式的分类及选择

（一）组织沟通方式的分类

组织沟通方式包括多种类型，按照不同的标准，可将沟通方式进行如下分类：

1.按照功能划分

按照功能的不同，组织沟通方式可以分为工具式沟通和情感式沟通。一般来说，工具式沟通指发送者将信息、知识、想法、要求传达给接受者，其目的是影响和改变接受者的行为，最终达到企业的目标。情感式沟通指沟通双方表达情感，获得对方精神上的同情和谅解，最终改善相互间的人际关系。

2.按照方法划分

按照方法的不同，组织沟通方式可以分为语言沟通和非语言沟通。其中语言沟通又可以进一步细分为口头沟通和书面沟通等；非语言沟通主要包括身体语言沟通、副语言沟通和物体的运用等，见表5-1。

讲课视频5-2

组织沟通方式
的选择

自学课件5-2

组织沟通方式
的选择

表5-1　　　　　　　　　　　　　　　沟通方式比较

沟通方式	举例	优点	缺点
口头	交谈、讲座、讨论会、电话	快速传递，快速反馈、信息量大	传递中经过层次愈多，信息失真愈严重，核实愈困难
书面	报告、备忘录、内部期刊、布告、传真、电子邮件	持久，有形，可以核实	效率低，单向传递，缺乏反馈
非语言	声、光信号（如红绿灯、警铃、旗语、图形、服饰标志），体态（如手势、肢体动作），语调	信息意义十分明确，内涵丰富	传递距离有限，界限含糊，只可意会不可言传

3.按组织系统划分

按组织系统的不同，沟通方式可分为正式沟通和非正式沟通。

（1）正式沟通指在组织系统内，依据组织明确规定的原则进行的信息传递与交流。比如，领导向员工布置工作、员工向领导汇报工作、组织与组织之间的公函来往、组织内部的文件传达、召开会议、上下级之间的定期工作沟通等都属于正式沟通的范畴。正式沟通的优点是正规、权威性强、沟通效果好，参与沟通的人员普遍具有较强的责任心和义务感，从而可以保证沟通信息的准确性及保密性。管理系统的信息都应采用这种沟通方式。其缺点是对组织机构依赖性较强，容易造成沟通速度缓慢，沟通形式刻板。如果组织管理层次多，沟通渠道过长，容易造成信息流失。

（2）非正式沟通是指组织在正式沟通之外进行的各种沟通活动，一般以组织人员之间的交往为基础，通过各种各样的社会交往而产生，如同事之间的私下交谈和聚会，组织内部的小道消息等。非正式沟通的优点是不拘泥于沟通形式，直接明了，速度快，容易及时了解正式沟通难以提供的"内幕新闻"。其缺点是比较难控制，传递的信息往往不确切，易于失真、曲解，容易传播流言蜚语而混淆事实，并且它可能促进小集团、小圈子的建立，影响员工关系的稳定和团体的凝聚力。

4.按信息是否有反馈划分

按照信息是否有反馈，沟通方式可划分为单向沟通和双向沟通。

（1）单向沟通是指发送者和接收者这两者之间的位置不变（单向传递），一方只发送信息，另一方只接收信息。单向沟通中双方无论是语言还是情感上都不需要信息的反馈，比如，电视新闻广播、报告、演讲、发布公示、下达命令等。这种沟通的特点是速度快、秩序好、无反馈、无逆向沟通，但接收率低，接收者容易产生挫折、埋怨和抗拒心理。一般来说，组织中例行公事、有章可循、无较大争论的情况，采用单向沟通效果较好。

（2）双向沟通是指发送者和接收者两者之间的位置不断交换，且发送者是以协商和讨论的姿态面对接收者，信息发出以后还需及时听取反馈意见，必要时双方可进行多次重复商谈，直到双方共同明确和满意为止。双向沟通的优点是沟通信息准确性较高，接收者有反馈意见的机会，能产生平等感和参与感，增加自信心和责任心，增进彼此了解，而且双方通过反复交流磋商，有助于建立双方的感情。其缺点是沟通过程中接收者要反馈意见，有时会使沟通受到干扰，影响信息的传递速度。此外，由于要时常面对接收者的提问，发送者会感受到心理压力。双向沟通在组织沟通中十分重要，这主要是基于沟通有反馈、交流，能更好地实现沟通的目的。

5.按传播方向划分

根据信息传播方向不同，沟通方式可分为纵向沟通、横向（或水平）沟通和斜向沟通，其中纵向沟通又可分为自下而上的沟通（上行沟通）和自上而下的沟通（下行沟通）。

（1）自上而下的沟通。自上而下的沟通是指沟通信息从组织上级向下级传递，表现为上级对下级的通知、指示、命令协调、传达政策、安排和布置工作计划以及绩效评价等。每个组织都缺少不了这种形式的沟通，它是管理者行使职权的重要手段。相对而言，这种沟通方式在等级比较森严的组织中较多。古典管理理论学家比较重视这种方式的沟通，卡兹和卡恩曾指出此种沟通方式大体有五个目的：一是有关工作方面的指示；二是提醒对于工作及其与其他工作的关系的了解；三是为下级提供有关程序与实务的资料；四是向下级反馈工作绩效；五是向员工阐明组织的目标，使员工增强"任务感"。自上而下的沟通不一定要通过口头形式或面对面的接触，上级在布告栏上公示一项新的政策，采取的也是自上而下的沟通方式。

当信息从上级向下级传递的时候，往往伴随着权力和权威，所以它在很大程度上影响着员工对上级的忠诚和信任度。如果员工从上级那里得不到所需的信息或得到的信息是虚假的，他们就会对上级乃至整个组织怀疑：他们为什么不告诉我们真实的情况？他们这样做的目的是什么？所以对于每条自上而下的沟通信息，管理者都应慎重对待，首先自己要了解清楚相关的信息；其次要采取积极的态度向下沟通，确保信息不仅是"传达"下去了，而且是真正为员工所接收。

另外，需要注意的是，信息本身在传递过程中可能会逐级丢失，也就是所谓的沟通漏斗，这一点在自上而下的沟通中体现得尤为明显，见表5-2。

表5-2　　　　　　　　　　　　沟通信息在组织层级上的损失百分比

组织层级	信息接收百分比	信息损失百分比
董事长	100%	0
副总裁	66%	34%
高级经理	56%	44%
工厂主管	40%	60%
总领班	30%	70%
员工	20%	80%

层级越多，沟通路径上的节点数目也就越多，信息的损失也会加剧。为了弥补这一损失，很多组织同时采用了自下而上的沟通方式。

（2）自下而上的沟通。与自上而下的沟通相对，自下而上的沟通是指信息从下级向上级传输的过程，比如下级向上级请示工作、汇报工作进展、进行申诉等。自下而上的沟通是很有必要的，因为如果管理者不了解员工的需求，对下情茫然无知，就没有办法做出科学的决策；同时，自下而上的沟通是对自上而下的沟通的补充，管理者可以从中得知下属对有关的管理政策、指示命令是否理解到位，在执行的过程中是否有什么困难等。更重要的是，自下而上的沟通给员工提供了一个表达意见、释放情绪的机会，让员工感到上级对自己的重视，工作积极性会大大提升。但是，除非管理人员积极鼓励，自下而上的沟通很容易受阻，尤其是在规模较大、层级较多的组织中信息很容易被层层过滤并延误，因为各级管理人员都不愿意把问题往上报，这样做无异于承认自己的失败。他们往往忽视反馈上来的信息，或者很自然地选择对自己有利的信息往上传递，当信息最终传到上级管理者那里，很可能已经时过境迁、面目全非了。而下级在看到自己所反馈的信息毫无用处时，会产生挫折感，也就不再积极地进行自下而上的沟通了。

要实现有效的向上沟通，一方面，要采取多种灵活的沟通渠道，比如走动管理、开门政策（接待日制度）、职工大会、意见箱等，打消员工与上级的心理距离感，鼓励员工积极向上沟通。另一方面，管理人员必须"调准"员工，如同人们用收音机调准频道。"调频"要求管理人员对来自不同渠道的员工信息，有灵活的适应能力，要求对来自员工的甚至微弱的信号，有敏锐的感觉能力，并且能够始终如一地意识到下情上达的极端重要性。

（3）水平沟通。水平沟通指在组织中处于同一层级的单位或个人之间的沟通。这种平行的沟通能够促进部门协作，培养员工之间的合作精神。和纵向沟通相比，水平沟通能够提高效率，并能在一定程度上减少信息的丢失。但是它有不利的一面，经常性的交流密切了组织成员之间的相互关系，他们极易形成自己的小群体，一旦这个群体有意越过或避开他们的直接领导做事时，他们就破坏了垂直的沟通渠道而可能导致严重的后果。水平沟通必须得到沟通双方上级的认可和支持；否则这种沟通就是一种"不合法"的越级沟通，可能破坏管理的统一性原则。

（4）斜向沟通。斜向沟通是指处于不同层次的、没有直接隶属关系的组织和人员之间的沟通。斜向沟通方式又分为上行斜向沟通方式和下行斜向沟通方式，有时还包含越级的斜向沟通方式。斜向沟通方式是组织中用得最少的一种沟通方式，在组织的其他沟通方式不能进行有效沟通时，可以采用这种沟通方式，是横向和纵向沟通方式的补充。例如，财务部门的会计，就某顾客的应付账款问题直接与地区销售经理进行沟通，就是属于斜向沟通。从速度和效率来看，斜向沟通是有益的，但斜向沟通有弊病，比如容易造成直线主管对所管辖工作的失控。在上述会计与销售经理沟通的例子中，如果会计就一些重要的问题直接与销售经理沟通并达成一致意见，而没有及时向财务部门经理汇报，就可能给财务经理的工作造成困难。所以，斜向沟通一方面和水平沟通一样，不能传递指令性信息；另一方面必须在双方同级主管领导了解情况并同意的前提下进行，并且要及时把沟通结果向主管领导汇报。

（二）组织沟通方式的选择

组织沟通方式的选择主要取决于沟通的具体需求和目标。

1.沟通方式的选择依据

（1）沟通内容：不同类型的沟通内容适合不同的沟通方式。例如，正式文件、报告等需要精确传达的信息适合书面沟通；而口头沟通则更适合快速反馈和即时交流。

（2）沟通目的：不同的沟通目的需要选择不同的沟通方式。例如，传达重要决策时，正式沟通更为合适；而在团队建设活动中，非正式沟通可能更为有效。

（3）沟通对象：根据沟通对象的特征和需求选择合适的沟通方式。例如，对上级汇报工作适合正式沟通，而与同事交流则可以选择非正式沟通。

2.不同组织结构下的沟通方式选择

（1）层级结构组织：在层级结构明确的组织中，正式沟通更为常见，如逐级上报和下达命令。

（2）扁平化组织：在扁平化组织中，非正式沟通和横向沟通更为常见，以促进团队合作和信息共享。

通过综合考虑以上因素，可以选择最适合当前情境和组织需求的沟通方式，以确保信息传递的效率和准确性。

素质提升

学好普通话

我国幅员辽阔，除了少数民族有自己独特的语言文字外，许多地区还有自己的方言。这影响了人们的思想感情和文化的交流，给工作带来了许多不便，而且由于方言语音、词汇与普通话的差异，造成了容易写错别字。

学习和推广普通话，是我国一项基本语言政策。一个国家共同语言的普及程度，反映了这个国家的教育和文化水平。社会主义市场经济体制使得各地商品的流通和人员的往来愈加频繁，倘若语言相互交流不畅，各自讲本地的方言，势必影响商业交往和经济发展，因而推广普通话的工作很重要。

资料来源：杜维东. 错别字辨析手册［M］. 北京：华文出版社，2003.

●

➤ 自学测试

一、选择题

1.一般来说，组织沟通的目的是（　　　）。

A.传递信息　　　　B.交流情感　　　　C.认识人　　　　D.打发时间

2.组织沟通按沟通方式分类有（　　　）。

A.口头沟通　　　　B.书面沟通　　　　C.电子媒介沟通　　　D.非语言沟通

3.组织沟通按沟通的组织系统分类有（　　　）。

A.正式沟通　　　　B.非正式沟通　　　　C.情绪表达　　　　D.信息失真

4.组织沟通包含的步骤有（　　　）。

A.信息的发出　　　　B.信息的传递　　　　C.信息的接收　　　　D.信息的反馈

5.组织沟通按组织内部信息沟通的流向分类有（　　　）。

A.上行沟通　　　　B.下行沟通　　　　C.横向沟通　　　　D.斜向沟通

6.组织沟通按沟通中信息发送者与接收者的地位是否变化，分为（　　　）。

A.单向沟通　　　　B.双向沟通　　　　C.浅层沟通　　　　D.深层沟通

自学测试 5-1

二、判断题

1.组织沟通是发生在组织环境中的人际沟通，即是在组织结构环境下，组织围绕既定的目标，通过各种信号、媒介和途径有目的地交流意见和情感等的信息传递行为。　　　　　　　　　　　　　　　　　　　　　　　（　　　）

2.组织沟通中的所谓噪声，是指一切干扰、混淆或模糊沟通的因素。　（　　　）

3.信息沟通可分为口头沟通、书面沟通和非语言沟通三种。　　　（　　　）

4.有效的沟通离不开可靠的信息传递渠道。　　　　　　　　　　（　　　）

➤ 课后测试

一、选择题

1.组织沟通所传递的信息一般分为（　　　）。

A.工作技术性信息　　　　　　　　B.情感交流的信息

C.协调性信息　　　　　　　　　　D.评价及鼓励性信息

2.口头沟通的形式有（　　　）。

A.交谈　　　　　　　B.讲座　　　　　　　C.讨论会

D.演讲　　　　　　　E.打电话　　　　　　F.QQ语音聊天

3.书面沟通的形式有（　　　）。

A.报告　　　　B.信件　　　　C.备忘录　　　　D.公司手册和布告

4.非语言沟通的形式有（　　　）。

A.服饰标志　　　B.手势　　　C.肢体动作　　　D.表情

5.口头沟通的优点有（　　　）。

A.用途广泛　　　　　　　　　　B.信息量大

C.传递和反馈迅速　　　　　　　D.信息失真的可能性相当大

二、判断题

1.组织沟通包括两大重要目的：传递信息和交流情感。　　　　　　　（　　）

2.企业要想赢得顾客，在市场竞争中立于不败之地，就要想方设法调动员工的工作积极性、主动性、创造性，必须注重企业内部的情感交流。　　　　　　（　　）

3.发生在组织内部不同系统、不同层次的人员之间的沟通是横向沟通。　（　　）

4.下属依照规定向上级所做出的书面或口头的报告是下行沟通。　　　（　　）

5.书面沟通优点是信息内容持久、有形，可以核实和查询。　　　　　（　　）

三、思考题

1.什么是组织沟通？

2.组织沟通过程包括哪些环节？

3.组织沟通如何分类？

4.组织沟通有什么功能？

四、案例分析题

小李与小马对话

财务部陈经理总会每月按照惯例请手下员工吃一顿。一天，他准备到休息室叫员工小马，通知其他人晚上吃饭。快到休息室时，他听到休息室里面有人在交谈，从门缝看过去，原来是小马和销售部员工小李在里面。

小李对小马说："你们陈经理对你们很关心，我见他经常请你们吃饭。"

"得了吧，"小马不屑地说，"他就这么点本事笼络人心，遇到我们真正需要他关心、帮助的事情，他没一件办成的。就拿上次公司办培训班的事来说，谁都知道如果能上这个培训班，工作能力会得到很大提高，升职机会也大大增加。我们部门几个人都很想去，但陈经理一点儿都没察觉到，也没为我们积极争取，结果让别的部门抢了先。我真的怀疑他有没有真正关心过我们。"

"别不高兴，"小李说，"走，吃饭去。"陈经理只好满腹委屈地躲进自己的办公室。

资料来源：裴培.职场礼仪与沟通技巧［M］.北京：科学技术文献出版社，2015.

请问：

（1）陈经理沟通失败的原因是什么？请用沟通障碍的相关知识进行分析。

（2）你认为如何才能实现有效的沟通，实现沟通目标？

任务二　组织沟通有效性的提升

▶ **学习目标**

◆知识目标

了解沟通障碍的类型；

掌握提升沟通有效性的方法；

了解有关沟通的当前问题。

◆能力目标

能够提升组织沟通的有效性。

◆素养目标

加强沟通能力培养，培养倾听、专注、友好、文明、礼貌等优良职业品质。

▶ **重点难点**

◆教学重点

沟通障碍的类型。

◆教学难点

提升沟通有效性的方法。

自学任务

（1）了解本任务的学习目标和重点难点，通过线上或线下的方式进行自学，重点关注以下知识点：组织沟通的障碍；组织沟通有效性的提升；有关沟通的当前问题。

（2）自学结束后完成本任务的自学测试。

案例研讨

工作布置

黄总经理与市场部李经理进行工作布置。

黄总经理："小李，今天下午我们有个非常重要的客户要过来考察，我希望你们部门能够做好充分准备。"

李经理："我明白，我会尽力的，但是你为什么不早点儿通知我？你应该知道，我手下的那些家伙是不太好对付的。"

黄总经理："哦，我应该早点儿告诉你，但是我一直都强调你平时就要加强工作纪律方面的整顿，难道你忘了吗？"

李经理："我知道，但是这一次的情况非常特殊，我真的需要时间。"

黄总经理："我理解你的处境，但是我现在是在向你分配工作，这是你的工作职责，你明白吗？"

李经理："什么，你竟然怀疑我对工作的责任心？"

……

谈话不欢而散。

讨论： 为什么谈话不欢而散？

▰▰▰▶ **知识点学习** ▰▰▰▰

有效沟通是指在恰当的时候、适宜的场合用能被别人正确理解和执行的方式表达思想与感情的互动过程。

组织中的沟通主要是以信息的有效传递水平来判断沟通的保真程度。

所谓沟通的保真程度，是指信息源的意图与接收者对信息理解的一致性程度。

事实上，任何信息在沟通过程中都会发生或多或少的损失，也就是说，由于在沟通过程中某些障碍的存在，无法绝对保证沟通的准确性和完整性。

一、组织沟通的障碍

组织沟通障碍是指信息在组织传递和交换过程中，由于信息意图受到干扰或误解，而导致信息失真的现象。

组织在沟通中的障碍主要体现在传递信息和情感交流的过程中。

（一）传递信息的障碍

1.发送者信息表达障碍

发送者要把自己的观念和想法传递给接收者，首先必须通过整理使其变成双方都能理解的信息，也就是说，要确保传达的信息能够被准确表达出来，并表达得十分清楚，而这方面容易出现障碍的情况主要有以下几种：

（1）错觉。错觉是歪曲的知觉，也就是把实际存在的事物歪曲为与实际不相符的事物。精神病人常有错觉，比如把屋顶上的圆形灯看成人头。正常人也会有错觉，比如在照明不佳或视听觉衰弱状态下，或在疲乏、精神紧张、恐惧等时都可能产生错觉，杯弓蛇影、风声鹤唳、草木皆兵等说的就是此现象，但正常人的错觉一般通过验证能较快地被纠正和消除。

（2）猜测。猜测是指人们的思想里往往存在某种偏见或某些先入为主的概念。这样接收信息的人只听他自己想要听的话，往往在没有听完别人的话时，就按想当然的先入为主的概念来理解别人的话，从而对接收的信息做出错误的猜测，造成有效沟通的障碍。

（3）信息发送方的信誉不佳。信息发送方发出的信息之所以不被信息接收方重视，常常是因为接收方对发送方的能力、人品、经验等不信任，甚至厌恶。信息发送方要使他人相信，必须经受信息接收方长期考验。因此，管理者在与人交往中必须努力做到"言必信"，以获取信誉。

（4）信息来源上的问题。这主要涉及沟通者的问题。这种问题主要来自信息过滤，比如沟通者假设接收者不需要理解一些信息，就故意截留了这些信息。另外，可能提供一些无意义的以及容易引起错误解释的信息。

（5）语言障碍。由于人们语言修养上的差异，虽然使用同一种语言，但对同一信息的理解会产生歧义。这或者是因为发送信息者表达欠清晰，或者是因为接收信息者未能正确解释信息的含义。

（6）地位与心理障碍。在阶级对立的社会中，由于阶级地位不同而会形成不同的阶级意识、价值观念和道德标准。这种沟通困难是因为不同阶级的成员对同一信息会有不同的甚至截然相反的认定。政治差别、宗教差别、职业差别等，也都可能造成沟通障碍。当某人在管理层中的地位高于另一些人时，便会产生地位影响。

（7）社会环境与知识经验的局限。当发送者把信息翻译成信号时，他只能在自己的知识经验范围内进行编译；同样，接收者只能在自己的知识经验范围内进行解译，理解对方传送来的信息的含义。文化差异会影响组织内部各个部门等之间的人际交流，例如，研发部门与生产部门之间的文化差异，研发部门的人员具有长期意识，注重未来，而生产部门的管理者关心装配流水线的运行，以及完成每日的生产指标。另外，在处于不同的社会和宗教环境的人员之间也经常产生文化差异。

2.信息传递障碍

在信息传递过程中，常出现以下几种障碍：

（1）时机不对。信息传播的时机会增加或减少信息的沟通价值。不合时宜地发送信息，对于接收者的理解将是个难以克服的障碍。时间上的耽搁与拖延会使信息过时而无用。

（2）媒介障碍与方式不恰当。这主要是指沟通渠道问题。如果沟通渠道不对，会因接收者接收不到信息而导致沟通失败。

（3）信息传送错误。比如，发送者可能希望在一定的时间内将尽可能多的信息传送给接收者，却没有考虑对方对这个话题先前已有的知识和理解能力。再如，发送者说话太快或太慢，或滥用术语往往也会导致沟通的失败。

（4）沟通技能差。人们的沟通技能有相当大的差别，这种差别往往会影响信息的有效沟通。沟通技能的差别有的源于个人的教育和训练水平，有的则源于更为重要的个人秉性等。有的接收者比别人更能倾听他人的意见。

个人之间的矛盾也可能成为障碍，有些则属于个人动机因素造成的障碍。

3.接收者对信息理解的障碍

在沟通过程中，接收者接收信息后要进行解译，实现对信息的理解。在这一过程中常出现的障碍有如下几种：

（1）知觉的选择性。接收信息是知觉的一种形式，由于知觉的选择性，人们往往习惯于接收某一部分自己感兴趣的、与自己利益紧密相关的信息，忽略其他的信息。

（2）接收者对信息的过滤。接收者在接收信息时，有时会按照自己的需要对信息进行过滤。

（3）接收者的理解差异和曲解。接收者往往会根据个人的立场和认识来解释其所获得的信息。基于个人的社会环境、生活背景和理想愿望等的不同，人们对同一信息的理解会有所差异。

（4）信息过量。在现代组织中，一些管理人员经常埋怨他们被淹没在大量的信息传递中，因而对过量的信息采取了不予理睬而搁置起来的办法。

4.组织内部固有的障碍

一个组织内部的结构以及组织长期形成的传统及气氛，对内部的沟通效果会直接产生影响。

（1）组织结构不合理引起信息沟通障碍。如果组织机构过于庞大，中间层次太多，那么信息从最高决策层传递到最基层不仅容易产生信息的失真，而且会浪费大量时间，影响信息的时效性。同时，自下而上的信息沟通，如果中间层次过多，同样浪费时间、影响效率。因此，如果组织机构臃肿，结构设置不合理，各部门之间职责不清、分工不明，形成多头领导，或因人设事、人浮于事，就会给沟通双方造成一定的心理压力，引起信息的失真和扭曲，从而失去信息沟通的有效性。

（2）组织氛围不和谐。一个组织的氛围对信息接收的程度也会产生影响。信息在一个相互高度信赖和开诚布公的组织中被接收的可能性要比在那些气氛不正、相互猜忌和提防的组织中大得多。影响信息传递的另一种组织因素是命令和请示是否拘泥于形式。如果有的组织，除例行公事外，任何工作都必须通过下达正式命令来完成，那么在这个组织中，一般性的或不是正式传达的信息则较难被接收。

5.对反馈的忽视

所谓反馈，是指接收者给发送者一个信息，告知信息已收到以及理解信息的程度。反馈的目的是证实，反馈不足可能产生两个问题：一是发送者可能发出第二次信息；二是接收者可能按不确定的信息行动。因为反馈很重要，所以发送者必须努力获得反馈，而接收者也必须经常反馈，尤其是对重要的信息沟通，一定要及时反馈。反馈的方法主要是重复原来的信息，回答自己理解的信息，用表情或身体语言等来反馈。

6.环境的影响

（1）社会环境的影响。社会环境的影响主要是指社会中的生活方式、价值观、态度等方面要素对沟通的影响。例如，在美国的社会文化背景下，组织中的上下级沟通显得较为民主，下级可以直接向上级提出自己的意见。而日本的公司等级森严，沟通一般都是逐层进行的。因此，在日本公司中，人们之间的正式交往显得非常慎重。在我国的组织中，员工的非正式沟通行为更多受社会关系的影响。

（2）组织结构的影响。组织内正式沟通渠道在很大程度上取决于组织的结构形式，所以组织的结构形式对有效的组织沟通往往有决定性的作用。比如，许多高科技企业将电子信息网络作为组织的主要沟通渠道，降低了沟通成本，提高了沟通速度。组织结构对沟通的影响主要表现为：一是组织结构的类型会直接影响信息在组织中传递的速度和方式；二是组织中提倡的沟通模式，比如一些组织强调正式沟通形式，一切都严格按照组织程序进行；三是组织规模大小，这对沟通模式选择、沟通的有效性等都有直接影响。

（3）组织文化的影响。组织文化是一些组织所创造和形成的、以一定的价值观为核心的一系列独特的制度体系和行为方式的总和。组织中员工的价值观和态度、行为方式在很大程度上要受组织文化的约束或影响，因而对组织中的信息沟通有着不可忽视的作用。例如，在一个崇尚等级制度、强调独裁式管理的官僚组织里，信息通常被高层管理者垄断，而且人与人之间的沟通过程缺乏互动性和开放性，自下而上的沟通行为常常不受重视。另外，一些组织缺乏一定的物质基础，如没有员工进行沟通所必需的物质场所等，也不利于组织的有效沟通。

（二）情感交流的障碍

组织沟通中情感交流的障碍主要存在于四个方面：

1.组织结构因素形成的情感交流障碍

（1）地位差别。由于地位的不同会使人形成上位心理与下位心理，有关的研究也表明，地位的高低对沟通的方向和频率有很大的影响，因此地位差别会影响沟通的有效性。

（2）空间约束。主管与下级之间的空间距离减少了他们面对面沟通的机会，会导致误解或不能理解所传递的信息，还会使得主管和下级之间的误解不易澄清。

2.心理因素形成的情感交流障碍

（1）认知差异。人们是按照不同的方式获取和判断信息的，即使是面对相同的信息，也可能按不同的方式挑选、组织和理解。由于认知的不同，误解在沟通中时常出现，因此认知上的差异是有效沟通的主要障碍之一，比如，"首因效应""刻板效应""晕轮效应"等。

（2）心理障碍。这是指由于不同的个性倾向或心理特征等所造成的沟通障碍。首先，性格的差异或心理病态最容易导致沟通障碍。其次，动机的不同会导致沟通障碍。管理者如果不掌握员工的需求，就不可能了解员工想要什么，而不满足员工的合理需求就不可能激发员工的工作积极性。员工的需求水平因人而异，且受环境的影响。最后，兴趣、气质、能力的差异，沟通时的情绪与态度所形成的气氛，都会导致沟通障碍的产生。

3.人际因素对情感交流的影响

（1）人际关系。这是指信息发送者与接收者之间的关系情况。双方如果相互猜疑，会增加抵触情绪，影响彼此交流；双方若坦诚相对，就有利于有效沟通。人际关系和谐，沟通自然容易；人际关系紧张，沟通难度也就加大。

（2）信任情况。这表现为沟通者从某种利益、原则出发，认为对方有不值得信任的地方，或缺乏较高的信任度，彼此怀疑而形成沟通障碍。

（3）拒绝倾听。拒绝倾听表现为一些沟通者漫不经心，或者自高自大，拒绝倾听上级和下级的意见，可能源于"我知道所有事情"的优越情绪，又或者源于"我一无是处"的自卑情绪。

4.自我中心

这表现为过分相信自己的观点，排斥不同意见。

二、组织沟通效果的提升

沟通从目的视角分为传递信息和交流情感，那么如何提升其效果呢？

（一）如何有效地传递信息

1.信息的加工处理

信息的加工是将收集到的原始信息按照一定的程序和方法进行分类、鉴别、计算、分析与编写，使之成为可供利用或储存的真实、可靠的信息资料，是信息收集的逻辑延续。

2.选择恰当的沟通渠道

信息是通过一条连接发送者与接收者双方的渠道、通道或路径而发送出去的。传送信息可以通过一席谈话、一次演讲、一封信函等来实现。不同的沟通渠道适用于传递不同的信息。有效的沟通离不开可靠的信息传递渠道。沟通渠道的拓展使得企业文化软性管理"硬着陆"，可以更好地渗透进企业，这是塑造强势企业文化的必需工具。目前，主要有以下几种沟通渠道：

（1）面对面交流。这是企业内部常见的沟通方式。上下级之间布置、报告工作，同事之间沟通协调问题等，都采用此方式。

（2）电话。这是在企业中，上下级之间、同事等之间借助电话这一传播工具进行的有声交流方式。在没有条件面对面交流时，电话无疑是很方便快捷的沟通方式。

（3）文件。企业下发有关文件是非常典型的下行沟通。对于与员工利益密切相关的或者需要员工共同遵守的文件，必须与员工进行彻底沟通。企业的文件下发到各部门后，各部门必须认真组织学习，并对学习效果进行测评，以确保对文件内容理解、执行到位。

（4）会议。会议这种沟通方式，根据需要可分为董事会、经理层会议、部门会议、全体员工大会等；根据开会周期可分为日例会、周例会、月例会等；还有各种各样的专项会议，如财务会议、表彰会议、安全会议等。无论何种会议，都要求讲究会议效率，开会要有结果，不能议而不决，随后要抓好执行、跟踪、检查、评估、反馈等环节。

（5）意见箱。意见箱是很好的上行沟通方式，企业员工对公司有什么意见和建议，都可以通过这种方式与企业及领导进行沟通。企业要对此给予高度重视，对员工的意见或建议及时反馈。

（6）企业媒体与文化活动。良好的沟通和交流一直是企业所刻意追求的，企业管理者也一直在探索企业内部沟通渠道的种种可能。比如，有条件的企业可以通过办内部报刊来增进企业与员工之间的沟通。设立企业宣传栏对大、中、小型企业都很适用。宣传栏可大可小，内容可长可短，了解信息方便、快捷。不少大中型企业还创办了企业广播。另外，企业可以通过举办各种活动如演讲比赛、各种游戏比赛、联欢会、宴会、专题培训等，有效地促进公司与员工及同事之间的沟通。

（7）互联网与企业内部局域网。沟通方式因为网络的出现而有了更多的可选择空间。比如，公司内部的人员既可以选择在局域网的BBS上发布信息、讨论专业问题，也可以越级向上司发送电子邮件以征询意见，更可以通过QQ、微信等聊天途径与同事进行随时随地的交流。

3.信息反馈

所谓反馈，是指接收者给发送者一个信息，告知信息已收到以及理解信息的程度。反馈的目的是证实。加强反馈机制的运用、正确使用信息反馈系统，能够大幅减少沟通中出现的障碍。这里所指的反馈既可以是语言的也可以是非语言的。反馈不应是简单的是与否、对与错，而应是核实信息接收者是否真正掌握了信息发送者的意图。

一方面，信息接收者要以正确的态度接收信息。沟通的最终目的在于使信息接收者接收所传递的信息并能正确理解其内容，否则沟通将失去意义。在与下属沟通的过程中，管理者应当把接收信息看作收集信息和发现组织问题的好时机，以便于科学决策和正确指挥。当然，积极接收信息也是取得下属信任、进行交流，并与下属建立密切关系、取得良好人际关系的重要条件。而对于下属，应当把接收信息看作一次重要的学习机会。

另一方面，信息接收者要学会"听"的艺术，并适度反馈。接收信息并不意味着对信息发送者主观意见或判断的完全认同，因此在沟通过程中接收者要形成自己对所接收信息的正确判断就必须认真地倾听、适度地反馈。在口头传递信息的过程中，认真"听"，恰当反馈，不仅能更多更好地获得许多有用的信息，也体现了对信息发送者的尊重和支持。尤其是各级管理者在听取下级汇报时，全神贯注地听取其反映的意见，并不时地提出问题与其讨论，会激发其发表意见的勇气和热情，把问题的探讨引向深入。

4.消除噪声

为了提高信息在渠道中传递的保真度，必须注意避免信息在传递过程中噪声的干扰。为此，组织要注意建设安全的信息传递系统和信息安全体系，确保渠道畅通。另外，通常情况下，要有意识地避开或弱化噪声源，或者重复传递信息以增加信息强度。

（二）如何恰当地交流情感

1.明确角色与换位思考

主导沟通者应该十分清楚自己在沟通过程中为实现沟通目标所扮演的主导角色与职能，同时进行换位思考、将心比心，使自己所运用的各种沟通要素能够为对方所愉快接受。在沟通过程中运用换位思考时，必须问自己三个问题：受众需要什么？我能给受众什么？如何把受众需要的和我能提供的进行有机结合？

在组织沟通的过程中，要根据沟通对象的不同选择不同的沟通策略，但其前提是对自我有正确的认识，要坚持"人所欲，施于人"而不是"己所欲，施于人"的理念去进行沟通。

2.同理心沟通

同理心沟通就是在全方位沟通模式的基础上运用同理心这一基础条件来增进沟通

的有效性和加强沟通效果，包括两个层面：一是感同身受；二是用对方习惯的方式来表达，目的是令对方能理解自己的感受。

同理心沟通与其他沟通最大的不同之处是，一般的沟通是带着"提供建议或看法的意图"来沟通，而同理心沟通是带着"了解对方的意图"来沟通，两者最大的不同是前者的互动以"说服"为主，而后者是以"倾听"并进一步"了解"对方为主。同理心沟通的主要诀窍在于"陪对方下楼，再带领对方上楼"的方式，可以让对方发现你能"将心比心"地理解他。

兹韦费尔提出"管理就是沟通"。研究表明，有两个70%能很直观地反映沟通在企业中的重要性。第一个70%是指企业的管理者实际上70%的时间都用在沟通上，其中有1/3的时间用于会晤。开会、谈话、做报告是最常见的沟通形式，撰写报告实际上是一种书面的沟通方式，而各种拜访、约见等也都是沟通的表现形式，所以说管理者70%的时间花在沟通上。第二个70%是指工作中70%的问题是由沟通障碍引起的。比如常见的效率低下问题，常常是由于大家没有进行及时的沟通或不懂得如何去沟通造成的。另外，企业里面执行力差、领导力不强的问题，归根结底都与沟通能力的欠缺有关。团队管理是从团队建设开始的，团队建设是从团队沟通开始的，而沟通是从让人讲话开始的。

同理心沟通模式能营造一种让人愿意讲话的氛围，尤其是在团队初建时，主管要先努力从横向沟通开始，让团队里的成员愿意讲话是沟通的开始。团队成员愿不愿意讲话，是成员受到外部状态影响而产生的一种反应。同理心沟通是建立在信任的基础上，没有信任就不会去真诚沟通，更不会充分沟通；只有充分沟通才能更好、更快地解决问题；只有沟通才能让个人变成群体，让群体变成真正的团队。

同理心沟通能够消除或避免各种人际冲突，实现团队成员间的交流行为，使成员间互相信任，在情感上相互依靠，在价值观念上高度统一，使事实问题清晰明朗，达到信息畅通无阻，改变成员间的信息阻隔现象。团队可以提供给个体心理上的归属感、友情，让其免受寂寞和孤独，能够享受在团队之中与他人合作联系的快乐，从而增强团队的向心力和凝聚力，为企业的团队管理做到防患于未然，为团队建设打下良好的人际基础，同时提高项目工作效率，降低因项目沟通问题而增加的经营成本。

3.与下属进行情感交流

情感交流管理是组织沟通的重要内容。在该管理中，管理者与员工不再是单纯的命令发布者和命令的实施者，他们之间进行的是除工作命令之外的其他沟通，这种沟通主要是情感上的沟通。管理者会主动去了解员工对工作的一些真实想法、员工在生活上和个人发展上的一些其他需求等，主要体现在以下几方面：

（1）尊重员工。沃尔玛认为，公司董事长、总经理应把每个员工都叫作"合伙人"。既然是事业的合伙人，就可以说是共同的理想和追求把大家联系在一起的，大家在一起不但要追求一个好的工作环境和一份较高的收入，更要注重追求一份好的心情。可以通过在公司内定期举办讨论、交流会等措施，让员工与管理者全面、坦诚地进行沟通。同时，公司应设立意见箱，鼓励员工多提意见和建议，并对切实可行的好意见和建议予以重奖。这样领导与员工之间不再只是一种单纯的领导与被领导关系，而是一种全新的伙伴式关系，共同营造一种民主、进取、合作的健康氛围。

（2）设身处地地关心员工生活。爱因斯坦曾经说过，在当今大企业林立的社会中，最大的问题就是人们感到他们个人已被完全遗忘了。生产自动化要求一个大企业的领导人比以往任何时候都要特殊照顾员工生活。上海微软全球技术中心提倡管理层为员工提供一流服务，员工也为对方提供一流服务的理念。任何一家公司都应有这样的思想，具体体现在员工福利的设计上，比如，员工生日以公司领导名义送鲜花、蛋糕；公司给员工发放结婚礼金、子女上学补助；以公司工会名义开展各种文体活动。公司网站的BBS以及员工代表见面会也是公司领导与员工情感沟通的桥梁，公司杂志的创刊发行是从企业文化的高度体现这种情感沟通。

（3）改善员工的工作环境。应用人道主义的观念去为员工的安全、健康和舒适着想，改善公司的环境，让员工在一个幽雅的环境中工作。改善工作环境中的噪声、通风、照明、温度、湿度等会使员工的身心愉悦。无论在商业界、工业界、行政单位还是在教育界等，都可以借助改善员工工作环境的品质、舒适度及内部陈设等来激励员工的工作能力，以加强与员工的情感沟通，从而强化其工作动力。

（4）与员工共同进行其职业生涯的规划。以员工为中心，以人的全面发展为出发点，以企业员工的潜能开发为基础，以工作内容的确定和变化、工作业绩评价及工资、福利、职务变动为标志，以满足需求为目标的综合的动态管理过程是人本主义的管理理念的体现。通过与员工共同进行其职业生涯的规划，找到与公司发展的契合点，是双方情感交流的最终指向。情感交流的最高境界就是以公司为纽带，把彼此的爱心最终化为为共同事业而奋斗的力量源泉，并使员工和公司共同发展。

4.倾听

在现实中，对于许多管理者而言，做一个好听众比做一个好的演说家要难得多。倾听不仅是一种十分重要但不易被掌握的沟通技巧，更是一门艺术。

（1）倾听的重要性。"听"是身体器官的功能与动作，是生理意义上对于声波的单纯感受。有效倾听是管理者必须学会的技巧，在对方行为退缩、默不作声或欲言又止的时候，能够运用积极倾听的方式来诱导对方表达真正的想法，了解对方的立场以及需求、愿望与感受，进而使其对自己和所要交流的信息产生好感与配合。美国学者研究表明，管理者每天的沟通过程中倾听占40%，交谈占35%，阅读占16%，书写占9%，善于倾听是管理者成功的重要经验。组织系统是一个借力系统，基层员工的声音、外部咨询机构顾问的建议等都能对组织的发展提供助力，但首先必须能够"集众家之长"，也就是要真诚地用心感受、聆听。日本的松下幸之助把自己的经营秘诀归结为一句话：首先细心倾听他人的意见，在充分倾听各方面人士的意见和设想后，再确定经营目标。他善于"借用"别人的头脑，从而使自己立于不败之地。在现实中，接收者对所接收的信息往往在经过过滤、知觉选择和价值判断等后做了重新组合，从而引起了信息的扭曲。因此，作为管理者必须善于倾听，这样就可以获取信息，吸收别人的智慧，弥补自己的不足。

有效的倾听有助于从他人的理念、思维模式和思考途径中探寻出适合自身的新思想，这种境界就是"听君一席话，胜读十年书"的写照。这种写照反映在积极倾听过程中，就是自己的思想和他人的思想的交融过程，一方面可以厘清自己的思想，另一方面思想的交叉是产生灵感的最有效途径。一旦沟通对象的思想撞击了你原来的观念，就产生了新的思想，这就是创造性思维活动。不要把"倾听"当作被迫要完成的任务看待，积极主动地投入其中，你就会发现它会带来很多益处。

（2）有效的倾听技能。

①倾听是一种主动的过程。在倾听时要保持心理上高度的警觉性，随时注意对方说话的重点。每个人都有自己的价值观，因此你必须站在对方的立场，仔细地倾听他所说的每一句话，不要用自己的价值观去指责或评断对方的想法，要与对方保持相互理解的态度。

②鼓励对方先开口。首先，倾听别人说话是一种礼貌，愿意听表示我们愿意客观地考虑别人的看法，这会让说话的人觉得我们很尊重他的意见，有助于建立融洽的关系，彼此接纳。其次，鼓励对方先开口可以降低谈话中的竞争意味。我们的倾听可以形成开放的气氛，有助于彼此交换意见。说话的人由于不必担心竞争的压力，也可以专心掌握重点，不必忙着为自己的矛盾之处寻找遁词。最后，对方先提出他的看法，你就有机会在表达自己的意见之前，掌握双方意见的一致之处。倾听可以使对方更加愿意接纳你的意见，让你在说话的时候，更容易说服对方。

③切勿耀武扬威或咬文嚼字。倾听的对象可能会因为你的态度而胆怯或害羞，他们可能因为不想被听起来口齿不流利而采取自我保护措施。即使你是某一个话题的专家，有时仍应学习保持沉默，同时表示你希望知道得更多。

④表示兴趣，保持视线接触。聆听时，必须看着对方的眼睛。人们判断你是否在聆听和吸收说话的内容，通常是根据你是否看着对方的眼睛来做出的。

⑤专心，全神贯注，表示赞同。不要有心不在焉的举动与表现，点头或者微笑可以表示赞同正在说的内容，表明你与说话人意见相合。

⑥让人把话说完，切勿下论断。听一听别人怎么说，在确定知道别人完整的意见后再做出反应，别人停下来并不表示他们已经说完想说的话。让人把话说完整并且不插话，这表明你很看重沟通的内容。人们总是把打断别人说话解释为想表达自己的思想，但这是对对方的不尊重。

⑦鼓励别人多说。对出现精辟的见解、有意义的陈述或有价值的信息，要以真诚的赞美来夸奖说话的人。例如，"这个故事真棒！""这个想法真好！""您的意见很有见地！"如果有人做了你欣赏的事请你应该伺机夸奖他。仅仅是良好的回应就可以激发很多有用而且有意义的谈话。

⑧使用并观察肢体语言，注意非语言性的暗示。说话者说出的话实际上可能与非语言方面的表达互相矛盾，要学习去解读情境。当我们在和别人谈话的时候，即使我们还没开口，我们内心的感觉已经通过肢体语言清清楚楚地表现出来了。听者如果态度封闭或冷淡，说话者很自然地就会特别在意自己的一举一动，比较不愿意敞开心胸。从另一方面来说，如果听者态度开放、很感兴趣，那就表示他愿意接纳说话者，很想了解说话者的想法，说话者就会受到鼓舞。

⑨回顾并整理出重点，提出自己的结论。当我们和别人谈话的时候，我们通常都

会有几秒钟的时间可以在心里回顾一下对方的话，整理出其中的重点所在。我们必须删去无关紧要的细节，把注意力集中在对方想说的重点和对方主要的想法上，并且在心中熟记这些重点和想法，在适当的情形下给对方以清晰的反馈。

三、有关沟通的当前问题

（一）男女之间的沟通差异

男性和女性，不仅在身体素质、性格特征，以及免疫力方面有很大差异，而且在交流方式上不大相同。比如，有一对夫妇正在驾车行驶，妻子问丈夫道："想停下来喝点什么吗？"丈夫实话实说："不想。"他们继续行驶。结果呢，确实想停下来喝一杯水的妻子十分懊恼，因为丈夫没有理解她的愿望；丈夫看到妻子在生气，也气得很，心里嘀咕："她干嘛不直接说？"在这种情况下，如果双方多了解一点彼此不同的交流方式，绝不可能都生起气来。很遗憾，丈夫没能看出妻子问他想不想停下来，不是想立即得到一个决定，而是想和他商量一下。妻子呢，没有意识到丈夫说"不"的时候，只是在表达自己的意愿，而不是在支配她。

一般来说，男人受着来自外部环境和内心的双重压力，他们习惯以独处的方式来减缓紧张。男性被公认"勇敢、果断、有胆识"的象征——这是外界对他们的重压。为了维护"我是顶天立地的男子汉"这一信条，男性的发言有攻击性，他们一方面忖度别人，思考怎样征服他人，又时时担心自己的尊严是否受到蔑视，自己的能力是否得到认同等。于是，男性几乎将生活中的一切活动视为验证自己是好汉的机会，谈话自然也不例外。结果，谈话成了维护自我形象的一种竞赛，在这场竞赛中，要么为了取得某种优势，要么为了阻止摆布。而女性更习惯揣摩自己，更在乎他人的评价，更多想怎样让他人接受自己。女性喜欢用倾诉来消除焦虑，交谈是获得别人确认和支持的有效方式，女性从彼此交谈中，或者找到双方的共同点，或者体会到对方的同情等。

上述特点表现在沟通上，男性一般喜欢打断别人的谈话、以沉默对抗多言、转移话题、拒绝、否定等，表现出一种非合作的谈话形态。与之相反，支持性的回应和提出鼓舞性的问题（提供对方继续阐述的机会），则是女性常见的谈话方式，我们可以称之为合作性的谈话方式。根据某些社会语言学家的研究，当合作性的女性碰到一个非合作性的男性，很容易使对话变成由男性主导谈话的场面。因为女性容易支持男性要说的话，而且将控制话题的权力让给男性。女性的问题是，当她以合作性态度支持男性的时候，她便不能将自己的观点带进讨论里。她的表现犹如球赛中的啦啦队员或裁判，而不是球赛中的队员。另外，男女的沟通特质还受男女在团体中所扮演的不同角色的影响，女性在团体中多半扮演的角色有：创造亲密和谐的气氛，以温和可被接受的方式提出批评；试图将别人的谈话做正向解释，努力去发掘对方省略下来的话或对方真正想表达的话。而男性在团体中扮演的角色往往是：运用语言以确定其支配地位；运用语言争取别人对他的注意力，让自己站在团体的中央；倾听者很少会给予说话者支持性的反应，而会以攻击性的批评或笑话处理自己对别人所陈述内容的意见。正是因为这样的角色差异，男性在团队中更勇于展现自己，而女性更倾向于表现得更

讲课视频 5-5

有关沟通的
当前问题

自学课件 5-5

有关沟通的
当前问题

符合别人的期望以获得更多的社会认可。

以下是心理学家发现的男女沟通方法的不同之处：

（1）男性比女性更为饶舌，根据研究资料统计，对同一事情的叙述，女性平均使用的叙述时间为3分钟，而男性多达13分钟。

（2）男性较女性更喜欢在交谈中插嘴，打断别人的说话。

（3）在谈话中，女性比男性更喜欢凝神注视谈话的对方，而男性只从对方的语言中寻求理解。

（4）在谈话过程中，男性注重控制谈话的内容，以显示他的力量，而女性注重维持对话的延续。

（5）女性比男性更易将个人思想向别人诉说，而男性自认为强者，故较少暴露自己。女性的谈话方式较男性生动活泼，而男性只注重语言力量的表达。

（6）一般而言，女性显露笑容的机会较男性多。

（7）女性习惯于接受挑战，而男性喜欢挑战别人。

（8）女性在交往过程中原则性、精神性较强，而男性随机性、生物性较强。

（9）女性不愿意同性当上司，也不喜欢与同性上司有深入的沟通，而男性不愿意异性当上司。

（二）跨文化沟通

在经济全球化的趋势下，越来越多的企业进入全球化发展的阶段，其经营活动的背景不再局限在单一的本土上，而是有着多种文化主体和多种差异的文化环境，这就不可避免地涉及企业的跨文化管理问题。要进行成功的跨文化管理，离不开成功的跨文化沟通。从广义上来讲，跨文化管理不仅包括跨国管理，还包括跨地区管理。

不同的文化所导致的沟通差异很大。比如，一般来说，西方人士比较注重个人发展、成就，阶级观念并不牢固，因此他们的沟通方式比较直接、注重效率。不少在中国生活或工作的西方人士，都会觉得中国人比较含蓄和不易捉摸。反过来看，中国人做事通常以中庸为本，重视团体的和谐。在工作时，他们不希望过分突出自己，更不愿意和同事或上司发生任何明显的冲突。因此，跨文化沟通的主要特点是它的差异性，来自不同文化背景的人把各自不同的感知、价值观、规范、信仰和心态等带入沟通过程，沟通的发起者来自一种文化背景，而接收者来自另一种文化背景，从一种文化中传来的信息，总是被信息接收者按照自己的文化背景以及由这种文化背景所决定的方式加以理解。与一般的沟通活动相比，跨文化沟通的难度更大。

1.跨文化沟通的影响因素

要找出跨文化沟通的有效方法，首先需要明确在跨文化沟通中有哪些影响因素，找出这些影响因素并努力正确理解和处理这些影响因素，就可以实现跨文化管理中的有效沟通。

影响跨文化沟通的因素主要有以下几个：

（1）语言障碍。每一种语言都有其特有的习惯用语，如果不知道他人的语言风格，就会导致沟通障碍。例如，一位好莱坞的工程师在完成了工作之后，向导演询问自己的工作成果怎么样，导演以一种十分欣慰的表情给了这位工程师一个格外垂青的好莱坞式的回答，导演说"你在执行一项不寻常的任务"（注："You are doing one hell of a job"，直译为"你简直像在下地狱"）。工程师不懂这句俚语的褒扬含义，理解为是对他的揶揄和非难，于是立即勃然大怒，一场争论就此爆发了。还有一些词汇根本就没有办法互译，对于没有双语理解能力的人来说，双方根本没有办法进行直接沟通。

（2）感知差异。感知是指个人对外部世界的刺激进行选择、评价和组织的过程。感知与文化有着密切的关系。萨姆瓦等学者认为，有五个主要的社会文化因素对发展感知起着重大的影响作用，这些文化方面的因素有信仰、文化价值观、心态系统、世界观、社会组织。首先，不同的民族和文化有着不同的信仰，它们决定着人们的价值选择和判断。其次，后天习得的文化价值观是人们在做出选择和解决争端时作为依据的一种规则体系。再次，不同文化背景的人具有不同的心态系统，而世界观更是在无形之中影响着人们对事物的理解。最后，跨文化沟通双方由于来自不同的社会组织，不同的社会组织拥有不同的组织文化，这种组织文化的不同，也决定了其成员的行为规范和价值判断的不同。由此可见，上述五个文化方面的因素决定了沟通者对沟通所传达信息的感知。正是由于文化差异的存在，人们会对同一事物的描述和理解产生差异，由此出现了沟通障碍。因此在跨文化沟通中，需要从上述的五个方面的文化因素入手，分析自己和沟通对方对同一事物的不同感知，才能进行有效的跨文化沟通。

（3）刻板印象。如前所述，先入为主的刻板印象会极大地影响我们对沟通信息的接收和理解。比如，当我们面对一个美国人的时候，在沟通之前我们可能就会在心里想："他是个美国人，他肯定会……"这样的结论无须耗费多少努力和精力，也无须对他人做出观察，大大简化了信息的处理过程。虽然这种因为成见而导致的信息处理过程的简化，有时可以有效提高沟通的效率，但是成见作为我们头脑中的图像，常常是僵化的、难以改变的，往往容易造成沟通失误，造成对别人传达信息的误解。国内的一位著名国企的人力资源总监曾讲过这么一个故事：通常大家在心目中都认为美国人表态比较直接，所以大家在和美国人沟通的时候一般直接关注于他最开始说的几句话，但有一次一个美国人在说了一大堆的"yes"之后才跟了一个"but"，而思维的定式让在座的很多人都忽略了那个"but"，要不是翻译最后的解释，大多数人对那个美国人的意见都完全意会反了。所以，在沟通之前，应对自己脑中的成见有一种客观的认识，设法消除这些成见，适时地从群体的总体文化特征中跳出来，对个体所存在的差异进行一定的分析。

（4）换位思考能力的缺乏。身处不同的文化背景之下，沟通双方尤其需要设身处地站在别人的角度上思考问题。而不少人缺乏此意识和能力，在沟通的时候往往以自己的价值和标准去判断别人，不能完全了解、评价、接受他人的文化差异。一旦在沟通上出现了障碍，不是从文化差异上去寻找根源，而是误认为对方的有意冒犯，这就进一步激化了矛盾。

2.实现有效的跨文化沟通的方法

实现有效的跨文化沟通，可以考虑从以下几个方面着手：

（1）学会包容。面对差异，重要的是要有一颗能够包容的心，意识到差异是必然存在的，而文化本身并没有优劣之分。当发生沟通误解时，一定要多想想自己和对方的文化规则，尤其要经常从别人的角度着想，以积极的态度对待差异。

（2）知己知彼。也就是说，一方面学习、接近对方的新文化；另一方面善于"文化移情"，理解他文化。文化移情要求人们必须在某种程度上摆脱自身的本土文化，摆脱原来自身的文化约束，从另一个不同的参照系（他文化）反观原来的文化，同时能够对他文化采取一种比较超然的立场，而不是盲目地落入另一种文化俗套中。我们要加强对自己文化的理解，了解我们平常所表现出来的共同的语言、行为等外在符号背后所隐藏的含义。这些隐藏于内心的东西不仅影响了我们传达信息的方式，同样影响了我们接收信息的方式。通过加深对双方文化的了解，我们在沟通的过程中就可以有意识地选择便于双方理解的方式。

（3）跨文化培训。培训主要解决两个方面的问题：一是观念的转变；二是技巧的提升。一些西方管理专家提出，跨文化培训是人力资源发展的重心所在。跨文化培训的主要内容有文化认识、文化敏感性训练、语言学习、跨文化沟通及处理跨文化冲突的技巧、地区环境模拟等。跨文化培训的主要目的在于：减少管理人员在跨文化管理过程中可能遇到的文化冲突；促进当地员工对公司经营理念及习惯做法的理解；维持组织内良好稳定的人际关系；促进企业内信息的畅通及决策过程的效率提升；加强团队协作精神与公司凝聚力。

（4）使用非语言沟通。在语言沟通出现障碍的时候，我们要充分调动非语言的表达方式，比如使用音乐、肢体语言等，与单纯的语言相比，这些非语言的表达方式在跨文化的沟通中可理解度更高。

（三）电子沟通

进入20世纪90年代以来，以国际互联网为代表的计算机网络技术的迅速普及和广泛应用对人类的生活方式、行为方式和社会互动关系等产生了前所未有的影响。作为一种新的传播媒介，网络带来的沟通方式的变化日益受到学者和公众的关注。

1.常用的电子沟通方式

常用的电子沟通方式包括视频会议、电子邮件（e-mail）、电子公告（如BBS等）、网络聊天（如QQ、微信等）等。

2.电子沟通的优缺点

以数字化为特征的现代信息网络技术的最大优点是信息资源的共享性、开放性以及"平民性"等，而网络技术的虚拟现实性则大大改变了人类的沟通关系和主体状况。这一点无论怎样估计都不算过分。所谓网络形成，在某种意义上可以视为人们相互联系并建立沟通关系的过程。只要有网络，人们之间的沟通就可以超越时间、地理位置的限制，并且每一个网民都可以同时是信息的创造者和使用者。新冠肺炎疫情肆虐期间，人与人之间的线下交往受到了极大的限制，很多企业启用了视频会议系统，一些学校则采用了网上教学的方式。非常时期，电子沟通所发挥的作用是无可替代的。电子沟通最大的优点是快速便捷，不过有研究表明，正是这些优点限制了电子沟通的效果。常常传入我们耳朵的关于网络的抱怨是"资料太多，简直是信息泛滥了"。因为网络被鼓励广泛地使用，具体操作起来又没有什么特殊的限制，于是信息泛滥就成了电子邮件系统和公司局域网的一大"特色"。同样，便于使用的优点意味着每个单位和个人都可能利用电子沟通方式向他人推销自己，结果造成网页和电子邮件等泛滥，大量的信息以各种形式出现，但反馈机制很有限，远远达不到与其匹配的程度。另外，由于技术性的问题，操作不当就可能导致信息的丢失，还存在信息安全和信任危机的问题。有一篇对网络传播中传播心态的分析的文章指出，虽然"调查显示99%的网民称自己的言论是真实的，但问及对他人言论的信任问题时，这个比例降到了83%"。不信任造成情感的不投入，在一定程度上影响了沟通的效果。

3.提高电子沟通效果的措施

为了提高电子沟通的效果，首先要从技术上解决沟通的安全性问题，比如可以采用数字签章等安全措施，验证正式文件的真实性与完整性，以创建出完整、可稽核的记录；其次要建立良好的信息发送机制和反馈机制，保证相关方且只有相关方能够获得信息；最后在使用电子沟通工具的时候要注意方式等。

素质提升

掌握与人说话的技巧

初次见面，双方互不了解。如果不注意讲话的一些基本要领，陌生人之间是较难交谈起来的。同陌生人讲话，温和友善能使人亲近，缺乏起码的礼貌只能使人退避三舍。两个陌生人开始交谈时都彼此友善相待，双方的讲话气氛就会逐步融洽起来。

1.见微知著

交谈前，你应使用多种方法，尽可能地多了解对方，再分析研究种种细微信息，以小见大，见微知著，作为交谈的基础。讲话时务必看清对方，以他的爱好、个性、文化及心境等为出发点。初次见面要做到这一点，就要见微知著，由细微处见品行。

2.适时切入看准形势，不放过说话的恰当时机，适时插入交谈

适时地"自我表现"，能让对方充分了解自己。陌生人如能从你切入式的谈话中有所收获，双方会更亲近。

3.借用媒介寻找媒介，引出共同语言，缩短双方距离

如你见一位陌生人手里拿着一本厚书，可问："这是什么书？这么厚！您一定十分用功！"通过媒介引发他人表露自我，交谈也会顺利进行。如果陌生人比你害羞，你就更应该跟他先谈些无关紧要的事，如天气之类，让他心情放松，以激起他谈话的兴趣。和陌生人谈话的开场白结束之后，要特别注意话题的选择，尽量避免容易引起争论的话题。所以，当你选择一个话题时，要善于察言观色，一旦发现对方有厌倦、冷淡的情绪时，应立即转换话题。

资料来源：杨建峰.好好说话［M］.成都：成都地图出版社，2020.

➤ 自学测试

一、选择题

1.沟通的障碍大致可以分为（　　　）。

A.传递信息的障碍　　　　　　　　　B.情感交流的障碍

C.技术障碍　　　　　　　　　　　　D.交通障碍

2.信息传达的问题有（　　　）。

A.发送者在信息表达上的障碍　　　　B.信息传递时的障碍

C.接收者对信息理解的障碍　　　　　D.组织内部固有的障碍

E.对反馈的忽视　　　　　　　　　　F.环境的影响

3.情感交流的障碍有（　　　）。

A.组织结构因素形成的情感交流障碍

B.心理因素形成的情感交流障碍

C.人际因素对情感交流的影响

D.自我中心

4.有效地传递信息的方法有（　　　）。

A.信息的加工处理　　　　　　　　　B.选择恰当的沟通渠道

C.信息反馈　　　　　　　　　　　　D.消除噪声

5.恰当地交流情感的方法有（　　　）。

A.明确角色与换位思考　　　　　　　B.同理心沟通

C.与下属进行情感交流　　　　　　　D.倾听

6.跨文化沟通的影响因素有（　　　）。

A.语言障碍　　　　　　　　　　　　B.感知差异

C.刻板印象　　　　　　　　　　　　D.换位思考能力的缺乏

7.实现有效的跨文化沟通的方法有（　　　）。

A.学会包容　　　　B.知己知彼　　　　C.跨文化培训　　　　D.使用非语言沟通

8.有效的倾听技能包括（　　　）。

A.倾听是一种主动的过程　　　　　　B.鼓励对方先开口

C.切勿耀武扬威或咬文嚼字　　　　　D.表示兴趣，保持视线接触

E.专心，全神贯注，表示赞同　　　　F.让人把话说完，切勿下论断

G.鼓励别人多说

H.使用并观察肢体语言，注意非语言性的暗示

I.回顾并整理出重点，提出自己的结论

二、判断题

1.所谓沟通的保真程度，是指信息源的意图与接收者对信息理解的一致性程度。

（　　　）

2.倾听不仅是一种十分重要又不易被掌握的沟通技巧，更是一门艺术。（　　　）

◆▶ **课后测试** ▪▪▪

一、选择题

1.发送者在信息表达上的障碍有（　　　）。

A.错觉　　　　　　　　B.猜测　　　　　　　　C.信息发送人的信誉不佳

D.信息来源上的问题　　E.语言障碍　　　　　　F.地位与心理障碍

G.社会环境与知识经验的局限

2.信息传递时的障碍有（　　　）。

A.时机不对　　　　　　　　　　　B.媒介障碍与方式不恰当

C.信息传送错误　　　　　　　　　D.过分被动而懒得听的人

E.沟通技能差

3.接收者对信息理解的障碍有（　　　）。

A.知觉的选择性　　　　　　　　　B.接收者对信息的过滤

C.接收者的理解差异和曲解　　　　D.信息过量

4.常用的电子沟通方式有（　　　）。

A.视频会议　　　　　　　　　　　B.电子邮件（e-mail）

C.电子公告（BBS等）　　　　　　D.网络聊天（QQ、微信等）

5.提高电子沟通效果的措施有（　　　）。

A.从技术上解决沟通的安全性问题

B.建立良好的信息发送机制和反馈机制

C.在使用电子沟通工具的时候要注意方式

D.造成网页和电子邮件泛滥

6.组织沟通渠道有（　　　）。

A.面对面交流　　　B.电话　　　　　C.文件　　　　　D.会议

E.意见箱　　　　　　　　　　　F.企业媒体与文化活动

G.互联网与企业内部局域网　　　H.流动办公室

I.沟通渠道的创新

二、判断题

1.电子沟通最大的优点是快速便捷。　　　　　　　　　　　　　　（　　　）

2.恰当的自我暴露有助于促进沟通。　　　　　　　　　　　　　　（　　　）

三、思考题

1.什么是组织沟通障碍？组织沟通的障碍有哪些？

2.倾听有哪些技巧？

3.如何提升组织沟通效果？

4.影响跨文化沟通的因素有哪些？实现有效跨文化沟通的措施有哪些？

四、案例分析题

研发部的梁经理

研发部梁经理才进公司不到一年，工作表现颇受部门主管赞赏，不管是专业能力还是管理绩效，都获得大家肯定。在他的缜密规划之下，研发部一些延宕已久的项目，都在积极推进当中。部门主管李副总发现，梁经理到研发部以来，几乎每天加班。他经常第2天早上来看到梁经理电子邮件的发送时间是前一天晚上10点多，接着又看到当天早上7点多发送的另一封邮件。这个部门下班时总是梁经理最晚离开，上班准时到。但是，即使在工作量吃紧的时候，其他同仁似乎都准时走，很少跟着他留下来。平常也难得见到梁经理和他的部属或是同级主管进行沟通。

李副总对梁经理怎么和其他同事、部属沟通工作觉得好奇，开始观察他的沟通方式。原来，梁经理都是以电子邮件部署工作。他的属下除非必要，也都是以电子邮件回复工作进度及提出问题等，很少找他当面报告或讨论。对其他同事也是如此，电子邮件似乎被梁经理当作和同仁们合作的最佳沟通工具。但是，最近大家似乎开始对梁经理这样的沟通方式反映不佳。李副总发觉，梁经理的部门向心力缺乏，属下除了不配合加班，还只执行交办的工作，不太主动提出企划或问题。而其他主管，也不会像梁经理刚到研发部时，主动到他房间聊聊，大家见了面，只是客气地点个头。开会时的讨论，也都是公事公办的味道居多。李副总趁着在楼梯间抽烟碰到另一处陈经理时，以闲聊的方式问及梁经理的工作情况，陈经理认为梁经理工作相当认真，可能对工作以外的事就没有多花心思。这天，李副总刚好经过梁经理房间门口，听到他在打电话，讨论内容似乎和陈经理业务范围有关。他到陈经理那里，刚好陈经理在接电话。李副总听谈话内容，确定是两位经理在谈话。之后，他找了陈经理，问陈经理怎么一回事。明明两个主管的办公房间相邻，为什么不直接走过去说说就好了，竟然是用电话谈。陈经理笑答，这个电话是梁经理打来的，梁经理似乎比较希望用电话讨论工作，而不是当面沟通。陈经理曾试着要在梁经理房间谈，梁经理不是用最短的时间结束谈话，就是眼睛还一直盯着计算机屏幕，让他不得不赶紧离开。陈经理说，几次以后，他也宁愿用电话的方式沟通，免得让别人觉得自己过于热情。了解这些情形后，李副总找梁经理聊了聊，梁经理觉得效率应该是最需要追求的目标，所以他希望用最节省时间的方式达到工作要求。李副总以过来人的经验告诉梁经理，工作效率重要，但良好的沟通绝对会让工作的推进顺畅许多。

资料来源：刘飞燕，张云侠. 管理学原理 [M]. 广州：华南理工大学出版社，2018.

请问：

（1）你认为该公司梁经理的沟通方式正确吗？如果你是李副总，对于梁经理的沟通方式，你会怎样和他聊？

（2）为什么梁经理的部门向心力缺乏？如果你是梁经理，听过李副总的话后，你会怎样改善和属下的沟通方式？

（3）梁经理的日常沟通属于哪种沟通类型？

（4）你认为对沟通应如何正确理解？结合案例谈谈自己的看法。

学习单元六　高效团队建设

■■■➡ 学习目标 ■■■

◆知识目标

理解群体和团队概念；

理解群体、团队的区别；

掌握高效团队建设的基本要求。

◆能力目标

能够建立高效团队。

◆素养目标

培养团队合作意识、信任感。

■■■■ 重点难点 ■■■■

◆教学重点

高效团队建设。

◆教学难点

群体和团队的区别。

自学任务

（1）了解本单元的学习目标和重点难点，通过线上或线下的方式进行自学，重点关注以下知识点：群体和团队的区别；高效团队建设的基本要求。

（2）自学结束后完成本单元的自学测试。

案例研讨

《西游记》取经团队分析

《西游记》中唐僧师徒历经磨难求取真经的故事，家喻户晓。故事的情节引人入胜，已成为团队文化建设的经典。在唐僧师徒这个团队当中，每个人物都有很强的个性，但形成了很好的团队合力，最终取得真经。

资料来源：邹雄，梁晓芳. 城市轨道交通企业班组管理［M］. 成都：西南交通大学出版社，2020.

讨论：

（1）西天取经成功的原因是什么？

（2）在西天取经中，唐僧、孙悟空、猪八戒、沙僧起什么作用？各自有哪些优势与不足？

（3）西天取经的成功对高效团队建设有哪些启示？

讲课视频 6-1

群体和团队
差异的认知

自学课件 6-1

群体和团队
差异的认知

➤➤➤ 知识点学习

　　我们在每天的生活学习和工作中，就会发现我们不是独立存在的，都在与他人发生着各种联系和相互作用，换句话说，我们都生活在群体中。

一、群体和团队差异的认知

（一）群体的内涵

1.群体的定义

　　群体是指为了实现某一特定的目标，由两个或两个以上相互依赖、相互作用的个体组成的集合体。例如一个公司，一个车间，高校里的一个系、级、班等，都属于群体的概念范畴。

2.群体分类

　　通常，群体可以分为正式群体和非正式群体。

　　（1）正式群体是指由组织结构确定的、职务分配很明确的群体。在正式群体中，一个人的行为是由组织目标规定的，并且是指向组织目标的。正式群体可以细分为命令型群体和任务型群体。

　　①命令型群体由组织结构规定，由某个主管人员和直接向其报告工作的下属组成。比如，一个小学的校长和他管辖的五十名教师组成一个命令型群体；一个公司的部门经理和他下属的五位工作人员组成一个命令型群体。

　　②任务型群体是指为完成一项工作任务而在一起工作的人。任务型群体的界限并不仅局限于直接的上下级关系，还可能跨越直接的命令关系。例如，如果一个在校大学生违反了校规，那么就需要在教务主任、学生处处长、保卫处处长、学生辅导员等之间进行协调和沟通。这些人员就组成了一个任务型群体。

　　应该指出，所有的命令型群体都是任务型群体，但因为任务型群体可以由来自组织各个部门、各个层次的人组成，因此任务型群体不一定是命令型群体。

　　（2）非正式群体是那些既没有正式结构，也不是由组织确定的联盟，是员工为了满足社会交往的需要在工作环境中自然形成的群体。非正式群体可以细分为利益型群体和友谊型群体。

　　①利益型群体是为了某个共同关心的特定目标而走到一起形成的群体。例如，当我们国家的房改政策出台的时候，往往以工作的时间作为划分人群的标准，如1998年以前参加工作的可以享受房改政策。在某大学的住房补贴政策中，对2000年以前、2003年以前以及2006年以前参加工作的人，都有不同政策，这时就会形成不同的利益群体。

　　②基于成员共同特点而形成的群体称为友谊型群体。友谊型群体往往是在工作情境之外形成的，他们所赖以形成的共同特点可能是年龄相近、同一所大学毕业、政治观点相同等。例如，大学里的兴趣社团、协会等。

　　非正式群体通过满足其成员的社交需要而发挥重要的作用。由于工作场地和任务联系的密切而导致了交往比较频繁，我们可以看到员工们在一起打球，一起上下班，一起吃午餐，一起在茶水间度过休息时间等。应该认识到，即使员工之间的这种相互作用是非正式的，它们对员工的行为和绩效的影响也是深远的。

3.人们加入群体的原因

人们加入群体的原因多种多样，对个人来说，一般可以解释为不同群体为其成员提供了不同的利益，满足了其成员个人不同的需要，常见的有以下几种：

（1）安全需要。通过加入一个群体，能减少个体独处时的不安全感。个体加入到一个群体之后，会感到自己更有力量，自我怀疑会减少，在威胁面前更有信心。

（2）地位需要。加入一个被认为很重要的群体，个体能够获得被别人承认的满足感。

（3）情感需要。群体可以满足其成员的社交需要。人们往往会在群体成员的相互作用中，感受到满足。对许多人来说，这种工作中的人际相互作用是他们满足情感需要的基本途径。

（4）权利需要。许多时候，权利需要是一个人无法实现的，只有在群体活动中才能实现。

（5）实现目标的需要。有时，为了完成特定的目标需要多个人共同努力，需要集合众人的智慧、力量。在这种时候，管理人员就要依赖正式群体来完成目标。

（二）团队的内涵

1.团队的定义

团队是由一群数量不多的、具有相互补充技能的人组成的一个群体，他们相互承诺，具有明确的团队目标且共同承担团队责任。比如，军队是团队，军队有保卫祖国的共同目标和使命，有严明的纪律，军队中的每个成员都将密切合作，分别担任哨兵、侦察兵、狙击手等不同的角色，某个军事任务的成功完成要靠所有成员的共同努力。

2.团队的分类

根据团队存在的目的，可以对团队进行分类。在组织中，有四种类型的团队比较常见，即问题解决型团队、自我管理型团队、任务型团队、虚拟型团队。

（1）问题解决型团队。问题解决型团队是指团队成员就如何改进工作程序、方法等问题交换看法，对如何提高生产效率和产品质量、改善组织工作环境等问题提出建议。在这样的团队中成员就如何改变工作程序和工作方法等相互交流，提出一些建议。成员几乎没有什么实际权力来根据建议采取行动。

（2）自我管理型团队。自我管理型团队是一种真正独立自主的团队，不仅要解决问题，还要实施解决问题的方案，并对工作结果承担全部责任。自我管理型团队通常由10~15人组成，他们分担了以前自己的上司所承担的一些责任。一般来说，他们的责任范围包括控制工作节奏、决定工作任务的分配、安排工作休息等。自我管理型团队甚至可以挑选自己的成员，并让成员相互进行绩效评估。这样，主管人员的重要性就下降了，甚至可以被取消。但仍然需要注意的是，有些组织采用了自我管理型团队，但结果令人失望。对自我管理型团队工作效果的总体研究表明，实行这种团队形式并不一定带来积极效果。例如，在自我管理型团队中，员工的满意度的确有所提高，但与传统的工作组织形式相比，自我管理型团队成员的缺勤率和流动率偏高。

（3）任务型团队。任务型团队主要由来自同一等级、不同工作领域的员工组成，他们来到一起的目的是完成一项任务。任务型团队是一种有效的方式，能使组织内（甚至组织之间）不同领域员工之间交换信息，激发出新的观点，解决面临的问题，协调复杂的项目。当然，任务型团队在形成的早期阶段往往要消耗大量的时间，因为团队成员需要学会处理复杂多样的工作任务。在成员之间，尤其是那些背景不同、经历和观点不同的成员之间，建立起信任并能真正开展合作也需要一定时间。

（4）虚拟型团队。虚拟型团队是由一些跨地区、跨组织的、通过通信和信息技术的联结、试图完成组织共同任务的成员组成。例如，波音公司在制造波音777飞机时就采用了虚拟团队的形式，因为其合作成员中有供应商（如GE公司）和客户（如美国航空公司）等。

（三）团队和群体的区别

群体不一定是团队，但团队一定属于群体的一种，是正式的工作群体。有效的工作团队与普通工作群体有严格的区分。

1.在工作目标方面

在工作目标方面，有效的工作团队不仅要像普通工作群体那样具有共同感兴趣的目标，而且要有共同的承诺。

2.在责任方面

在责任方面，由于在普通工作群体内，个人的工作成果均由个体负责，而在有效的工作团队内，工作成果既要个体负责，也要团队共同负责。

3.在协同配合方面

在协同配合方面，一个普通工作群体的工作依赖于群体成员个人的贡献，导致群体成员配合不够积极，而有效的工作团队的工作结果必须由多人共同完成，要求团队成员相互团结、积极配合。

4.在成员的技能方面

在成员的技能方面，普通工作群体内部成员的技能构成一般比较随机，而有效的工作团队内部成员的技能构成是相互补充的。

应该注意，仅仅把工作群体换种称呼，改称工作团队，不能自动地提高组织绩效。如果管理人员希望通过运用工作团队来提高组织绩效，就要先保证其工作团队具有这些特点。

二、高效的团队建设

（一）高效团队的特征

研究表明，高效的工作团队具有以下特征：

1.目标清晰

高效团队对他们要达到的目标有清楚的认识，这个目标被有机地分解到团队的每个成员，并得到了团队成员的认同。

讲课视频6-2

高效团队建设

自学课件6-2

高效团队
建设

2.技能互补

高效团队由一群具有互补技能的个体组成,这些技能及其水平是与实现目标相关的,并且是不可缺少的。

3.相互信任

团队领导者和团队成员非常重视建立与维持团队内部相互信任的氛围,每个成员之间能够做到相互信任。这是高效团队的显著特征。

4.一致承诺

高效团队的每个成员都对团队表现出高度的忠诚,只要能帮助团队获得成功,他们就愿意做出无私的奉献。这种对团队一致的忠诚和奉献精神,被称为一致的承诺。

5.自主工作

在高效团队中,成员对其工作具有较大的自主权,有一定的控制自由度。这样成员就容易充满自信和觉得受到尊重,就会有较强的工作动机。

6.良好沟通

良好的沟通是高效团队必备的特点,表现为成员之间具有畅通的交流渠道,团队领导者与成员之间保持着良性的信息反馈。这种良好的沟通有助于成员之间的相互协作,有助于领导者对团队成员的指导,有助于消除彼此之间产生的误解。

7.善于应变

与基于规章制度工作的个体不同,高效团队成员做事必须有一定的灵活性,善于调整自己的工作角色,能够及时处理随机出现的问题和应对随时变化的关系。这种应变的灵活性就需要高效团队成员具备一定的协调能力和谈判技能。

8.恰当领导

高效团队的领导者能够为团队指明前进的方向和路径,鼓舞团队的士气,激发成员的潜力,为整个团队提供指导与支持,但不试图以发号施令去控制团队,高效团队的领导者往往担任的是教练和后盾的角色。

9.环境支持

高效团队可以从团队的内部和外部环境得到必要的支持。所谓团队内部环境的支持,是指高效团队具有一个恰当的基础结构,包括适当的培训体系、合理的考评和奖酬体系以及起支撑作用的人力资源其他体系。这样的内部基础结构可以起到激励团队成员达到高绩效水平。团队外部环境的支持是指高效团队可以从组织中获得完成任务所必需的各种资源。

(二)建设高效团队

与一般团队相比,高效团队的战斗力更强,绩效更高,但建设的难度更大。在一般团队建设的基础上,高效团队建设需要重点做好以下工作:

1.高效团队要有足够的自主权

团队工作是建立在信任和责任基础上的,即组织对团队信任,团队向组织负责。团队在承担组织的责任同时,必须从组织中获得足够的授权,就团队的日常运行和处理工作中出现的问题能够在权限范围内自主决策、自主处理,不必时时、事事向组织请示。这不仅是提高工作效率的问题,更重要的是责任心的问题。上级领导应该为团队建立好自我管理的运行机制，让团队把团队的运行掌握在自己手里，而不是由上级领导亲自指挥。凡是由上级领导亲自指挥的，也必然是由上级领导亲自负责而不是由下属负责，这样的话，下属的责任压力要小得多。因此，高效的团队必然是有足够自主权的团队。

2.高效团队规范要以任务为核心

团队的行为应该是由目标牵引、任务导向的，其相应的规范也应该是以任务为核心的，高效团队在这方面尤为突出。以任务为核心的团队规范，就是要利用团队规范的引导和约束功能，鼓励那些高效的和有利于团队整体工作的行为，抵制那些低效的和不利于团队整体工作的行为，鼓励那些以任务为导向的相互交往，肯定那些帮助其他成员解决问题的行为。因此，高效团队的人事安排、绩效考评、奖惩机制、文化建设等一系列团队的组织建设都要突出以任务为核心这一原则。

3.高效团队人员与角色要优化组合

团队中的成员都拥有两种角色，即职能角色和团队角色。职能角色是团队根据任务的需要和成员的技能、专长所进行的分工安排；团队角色是指成员在团队中所发挥的作用，受成员个性和偏好的影响。高效团队成员的这两种角色应当优化组合、匹配得当。

著名团队管理专家、英国教授贝尔宾认为，虽然没有完美的个人，但只要拥有适当的角色，团队就可以成为完美的团队。为此，他在1981年研究提出了贝尔宾团队角色理论。贝尔宾教授认为，高效团队应当拥有九种对团队起着不同作用的角色，分别是创新者、信息者、实干者、推进者、协调者、监督者、完美者、凝聚者、专业者。团队成员可以一人分饰多个角色，必要时还可进行角色转换。当具备这九种角色时，团队的活动就能高效运行。高效团队应当根据这九种角色去物色和培养团队成员，使团队的人员与角色得到优化组合。

美国学者卡特森伯奇和史密斯提出，高效团队需要三种不同技能类型的人员：第一，有技术专长的人员；第二，有解决问题和决策技能的人员；第三，有善于聆听、反馈、解决冲突及其他人际关系技能的成员。团队将具有这种不同技能类型的人员结合在一起，并使他们互相合作，就可以高效地完成团队的任务。

4.高效团队要有优秀的领导者

"火车头""领头羊""球赛的场上队长"等各种比喻说明了团队领导者的重要性，对于高效团队的领导者来说，更是如此。与一般的团队领导者相比，高效团队的领导者需要在以下几个方面更加突出：

（1）追求事业成功的执着精神。这种精神是一种强大的内在驱动力，可以使团队领导者带领整个团队不畏困难、坚忍不拔、锲而不舍地争取团队的最终胜利。

（2）丰富的团队实践经验。有这样的经验，可以预测到团队可能遇到的困难，做到有备无患；有这样的经验，可以把握团队的发展规律，敢于和善于行动；有这样的经验，可以避免团队少走弯路，高效地实现最终目标。因此，具有丰富实践经验的团队领导者，对于高效团队是不可或缺的。

（3）善于知人、用人、凝聚人。领导者能否知人善任，是直接关系到团队高效与否的关键。管理学家只是在理论上给出了高效团队的角色匹配模型，如何具体应用还要靠团队领导者知人善任能力的发挥。凝聚力强是高效团队的必要条件，但这个凝聚力的核心应当是团队的领导者；否则，团队的目标就可能会和组织的目标发生偏离，高效团队也就可能变成低效团队。因此，高效团队的领导者还要善于把团队成员凝聚在自己的周围。

素质提升

团队与个人的关系

1.团队大于个人

团队不仅要强调个人的业绩，更要强调团队的整体业绩。只有团队中每个成员都努力做出自己的贡献，彼此相互配合，才能使团队的业绩更上一层楼。如果其中有人拆台或者各自为政，影响的就会是整个团队。

2.共同奉献

在一个团队里，只有大家都发挥自己的长处与优点，去配合帮助他人，才能让团队发挥最大的力量。这就需要大家共担风险，不分彼此，不各自为政，不打自己的小算盘。

3.团队成长带动个人进步

每个人都有短板，只有提高团队意识，加强与团队的合作，才能取长补短，个人才能更好地得到提升。就像一只狼可以捕捉一只绵羊，但是一群狼可以捕捉比狼大数十倍的水牛，身为狼群中的成员，也能享受到美味的水牛肉，并且在与团队作战中，积累了战斗经验，从同伴身上学到了本领。古人云："三人行，必有我师焉。"个人与团队是某种程度上的鱼水关系，没有个人就没有团队，没有团队，个人也难以提升自己。

总之，团队与个人之间是合作共赢的关系，个人在团队中成长，团队也会因个人的成长变得更加强大。

资料来源：宋政隆. 个人合伙时代——组织极简，合伙人比商业模式更重要［M］. 北京：中国商业出版社，2022.

自学测试

一、选择题

1.通常，群体可以分为（　　　）和非正式群体。

A.正式群体　　　　　　B.传统群体　　　　　　C.非正式群体　　　　　　D.创新群体

2.人们加入群体的原因有（　　　）。

A.安全需要　　　　　　　　B.地位需要　　　　　　　　C.情感需要

D.权利需要　　　　　　　　E.实现目标的需要

3.群体的发展要经过多个阶段，具体包括（　　　）。

A.形成阶段　　　　　　　　B.震荡阶段　　　　　　　　C.规范化阶段

D.执行任务阶段　　　　　　E.终止阶段

自学测试6-1

4.在组织中，比较常见的团队类型是（   ）。

A.虚拟型团队   B.问题解决型团队

C.自我管理型团队   D.任务型团队

二、判断题

1.团队是为了实现某个特定的目标，两个或两个以上相互作用、相互依赖的个体的组合。   （   ）

2.群体是由两个或两个以上的人组成的一个共同体，该共同体合理利用每一个成员的知识和技能协同工作，解决问题，达到共同的目标。   （   ）

3.团队和群体没有区别，团队即群体。   （   ）

➡ 课后测试

一、选择题

1.（   ）由组织结构规定，由直接向某个主管人员报告工作的下属组成。

A.命令型群体   B.任务型群体   C.利益型群体   D.友谊型群体

2.高效团队的特征有（   ）。

A.目标清晰   B.技能互补   C.相互信任

D.一致承诺   E.自主工作   F.良好沟通

G.善于应变   H.恰当领导   I.环境支持

3.高效团队的建设需要重点做好（   ）工作。

A.高效团队要有足够的自主权

B.高效团队的规范要以任务为核心

C.高效团队的人员与角色应当优化组合

D.高效团队要有优秀的领导者

二、判断题

1.群体规模不会影响群体的整体行为。   （   ）

2.通常，群体可以分为正式群体和非正式群体。   （   ）

3.正式群体是那些既没有正式结构，也不是由组织确定的联盟，是员工为了满足社会交往的需要在工作环境中自然形成的。   （   ）

三、思考题

1.什么是团队？什么是群体？团队和群体有哪些区别？

2.团队和群体如何分类？

3.高效团队建设的基本要求有哪些？

4.如何培养团队成员的信任感？

四、案例分析

"1+1>2"的协同效应

姜堰中学在师资力量、学生来源、设备条件等方面与其他中学相比，都不具备优势，但取得了令人瞩目的成绩，其中的奥妙是什么呢？正如校长连万能所说，二流的零件组装得好，也有可能成为一流的机器，这就是"1+1>2"的协同效应。

多年来连校长呕心沥血，建立了一个以身作则，团结向上的领导集体，他们在各自的岗位上"吹拉弹唱"，演奏着一曲曲动人心弦的奉献之歌。"惜才似珍宝，用才有良方"，连校长根据教师劳动的特点，创造性地开展工作，把思想领先和解决实际问题结合起来，把原则和情谊结合起来，寻找教师的闪光点，在他的帮助和严格要求下，10年中有30名同志加入了共产党，10多名教师走上学校和县有关部门领导岗位。

"气度的大小，对一般人是小事，对领导干部却是关系到事业成败的个性特征。"这是连万能常说的一句话。有位女教师，与连万能的夫人关系不睦，连万能当了校长后，她很担心连校长给她"穿小鞋"，而连校长从不算陈账，对她处处关心……总之，连校长带领学校领导班子和教师，团结奋斗，发挥了"1+1>2"的协同效应，合唱了一支凝聚力之歌。

资料来源：彭志刚. 校长的领导力［M］. 呼和浩特：远方出版社，2007.

请问：你对案例中的"1+1>2"的协同效应是如何理解的？

学习单元七　冲突管理

◆ 知识目标

了解冲突概念、特点、类型；

了解冲突发展的五阶段模型；

掌握冲突解决的策略；

掌握谈判的含义、分类；

掌握中国人的谈判文化。

◆ 能力目标

能够有效处理和解决冲突。

◆ 素养目标

培养睿智、谦让、宽容、与人为善的职业品德。

▶ 重点难点 ▐▐▐

◆ 教学重点

人际冲突解决的策略。

◆ 教学难点

中国人谈判的文化特征。

自学任务

（1）了解本单元的学习目标和重点难点，通过线上或线下的方式进行自学，重点关注以下知识点：冲突解决的策略；谈判策略。

（2）自学结束后完成本单元的自学测试。

案例研讨

年终奖带来的冲突

L公司是一家国内知名的手机生产厂商，其会议室中正上演着一场关于年终奖金分配的激烈争论。2002年，公司业绩辉煌，从上至下，每个员工都分得了一笔不菲的奖金。然而，到了2003年，国产手机市场在国外品牌的强烈冲击下急剧萎缩，给管理层带来了前所未有的挑战。

盈利额大幅下滑，而今年的绩效标准是在去年高基数上制定的，导致年终奖金额势必大幅缩水。这对以绩效付酬的薪酬制度来说，无疑是一个严峻考验，特别是对那些绩效奖金占收入比重较大的核心员工和中层管理人员而言。此外，公司面临着如何兑现对新员工入职承诺的难题。

市场总监黄然翔坚决反对补贴年终奖的计划，认为今年公司利润微薄的一个重要原因是忽视了市场投入，必须修正这一思路，为明年的市场推广做更好的准备。人力资源总监于薇则满脸愁容，她指出如果严格按照去年的绩效薪酬计划执行，员工所得的年终奖金将只有年初承诺的 1/6，这不仅会损害员工对公司的信任，还可能导致核心员工流失。她建议增加 900 万元预算，将年终奖水平维持在去年的 1/3，但财务总监表示从第 4 季度的回款情况来看，挤出这笔预算非常困难。

主管营销的副总裁张时则认为整个行业都不景气，无须过分担心员工离职问题。然而，于薇从研发部经理贺刚那里得知，不少员工因为年终奖问题而萌生了离职念头。贺刚直言公司缺乏诚信，他原本期望的年收入至少 20 万元，现在却连 14 万元都拿不到，这让他感到寒心。更重要的是，他觉得公司没有尊重员工的感受，在扩张和投入上忽视了员工的利益。

于薇深知研发和设计部门对公司的重要性，她努力劝说贺刚留下。她承认公司无法控制市场的变化，但希望贺刚能理解公司的困境，并看重在公司获得的成长机会。经过一番苦口婆心的劝说，贺刚最终同意继续留在公司。然而，当于薇驱车回家时，设计部经理的电话又让她陷入了沉思。她的心一沉：不再年轻且家庭负担颇重的设计部经理，该用什么办法来说服、挽留他呢？于薇忽然觉得异常疲惫。

资料来源：程云喜. 管理沟通［M］. 郑州：河南大学出版社，2014.

讨论：

（1）年终奖冲突的原因何在？

（2）如果没有兑现当初的年终奖承诺，于薇应采取什么冲突管理策略来尽力挽留设计部经理及其他准备辞职的员工？

➡ 知识点学习 ▦

一、冲突的解决

组织是一个多元系统，组织内的很多方面都能引起冲突，比如目标不一致、对事情的认识不同、消极情感、价值观和人生观不同以及资源共享引发的争端等。冲突是一种客观存在的正常现象。

讲课视频 7-1

冲突的解决

（一）冲突的内涵

1.冲突的含义

冲突是指行为主体之间在目标、认知或情感等上互不相容或相互排斥，从而产生心理或行为上的矛盾。其基本的特点是其中的一方认为另一方影响了自身利益或希望达到的目标等，从而使双方产生认识与情感等上的矛盾。

2.冲突的特征

在一个组织当中，冲突的产生有以下一些特点：

自学课件 7-1

冲突的解决

（1）冲突的产生是一个过程，包含酝酿和发展阶段。

（2）冲突是双方或多方之间的一种相互依赖。如果其间不存在相互依赖关系，就不可能发生冲突。

（3）冲突必须是双方能感知到的。如果冲突没有被人们感知到，它并不会影响人们的行为。

（4）冲突双方必须发生相互作用。冲突一方的行动必然引起另一方的反应。

3.冲突的类型

从面部表情和神经回路的角度，冲突可分为认知冲突与情绪冲突。

（1）认知冲突。认知冲突是由于不同人对同样工作任务由于信息、角度等不一致，从而引起的矛盾。认知冲突是一种与任务有关的冲突，是因决策的不同意见或者分歧等所造成的。在决策过程中，由于人们所处的位置和所思考的角度等不一样，认知差异不可避免。在组织的团队管理中，认知冲突经常发生。在管理实践中，高层管理团队的认知冲突在很多情况下还可以提高战略决策的质量。通过团队成员之间的持续争论和广泛交流，管理者可以更加全面、深刻地认识决策任务，形成创造性的解决方案。认知冲突如果发生在工作中，表现为对工作任务的决策和实施等在认识上的不一致。认知冲突经常会转化为情绪冲突。

（2）情绪冲突。情绪冲突是指由于个性、人际关系等摩擦，形成对冲突对方的负面情绪，从而引起的矛盾。认知冲突与情绪冲突总是相伴而生，并且相互转化的。在冲突发生时，如果处理不当，认知冲突马上会转化为情绪冲突。比如，由于工作关系而形成不同观点的争论应当是认知冲突，一旦其中一方认为另一方在表达对自己的歧视，或者是对方故意在反驳自己观点时，情绪冲突随即产生，而这种情绪冲突会伴随着相互作用而升级。情绪冲突表现为对冲突对方的不喜欢、负面情绪，甚至憎恶等。

4.冲突的作用

由于资源缺乏、互相依赖性、不同目标和协调需要等，在组织中冲突不可避免，也不可能完全消除。冲突的消极作用：如果处理不当，会严重影响组织运作，导致敌意、合作缺乏、暴力、关系破坏，甚至组织解散等不良后果。冲突的积极作用：冲突有许多有益的方面，比如能激发创造性，带来革新和变化，甚至可以改善关系等。假如组织内完全没有冲突，它就会缺乏活力，不易适应外界变化。只有当冲突水平适中时，它才能起到积极的作用。当组织中的冲突水平过高或过低时，它都将起破坏性作用，组织的绩效水平都不高。冲突水平太低，组织革新和变化困难，组织难以适应环境，其行为受阻；而冲突水平太高，会导致各种混乱，危及组织的生存。冲突与组织绩效之间并不是简单的线性关系，它们之间的影响呈现倒U形。管理人员与其花费大量的精力来防止或解决组织内的各种不协调行为，不如在组织中维持一个适度的冲突水平。管理者必须具备控制冲突的综合技能，包括制造冲突和解决冲突，并利用冲突实现管理目标等技能。尽管组织中保持适度的冲突可以产生较高的组织绩效，但是组织中的不同意见并不总是能让人忍受的，也是很少受到鼓励的。

（二）冲突发展的五阶段模型

根据庞迪提出的"五阶段模型"，冲突的发展会经历五个可辨认的阶段，冲突并不总是一种客观的、有形的现象，最初只存在于人的意识之中，只有冲突的各种表现形式，如争吵、斗争等才是可见的。具体而言，冲突发展各个阶段的情况如下：

　　1.第一阶段：潜在冲突

　　这一阶段，冲突处于潜伏状态，主要以能引起冲突发生的一些条件的形式存在，但是这些条件并未达到足够引起冲突发生的程度。可以说，潜在冲突随时都存在，只要人们彼此间具有相互依赖关系，而且存在各种各样的差异性。例如，企业中的工人与所有者之间就是相互依赖关系，他们之间就存在多种可能引发冲突的因素——有形因素，如报酬和资源等；或无形因素，如地位和权力等。当两个人彼此之间不发生相互作用时，他们之间便很少有机会发生冲突。

　　在组织内，诱发冲突的主要因素被理论研究者们称为混合动机的相互作用。这意味着，冲突双方既有动机进行合作，又有动机进行竞争。即使是员工和雇主之间，亦存在合作的动机。当然，也不排除在讨论某些具体细节问题时，双方之间会发生争执，而正是这种合作的动机导致劳资双方的冲突通常以问题解决的方式得到处理。一般来说，彼此间的差异越大，促使冲突表面化的可能性就越大，冲突的潜伏期就会越短。

　　2.第二阶段：知觉冲突

　　当冲突双方相信他们的处境具有相互依赖性和互不相容的特征时，这一阶段就会出现。它的出现有多种形式，比如有时可能是外部人员明确地告诉员工，他的利益与雇主的利益是互不相容的，但更多的时候，这种积蓄已久的知觉是由某一特定事件引发的。

　　潜在冲突和知觉冲突之间有一定的联系，但两者之间并不存在严格的前后顺序。有时候，可能出现没有潜在冲突的知觉冲突，如两位小兄弟争夺一块冰淇淋，而事实上，那块冰淇淋大到两个人一起都不可能吃完；也有可能会出现没有知觉冲突却有潜在冲突的情形，即只存在冲突潜势，而没有真正出现冲突。

　　3.第三阶段：情感冲突

　　与知觉冲突不同，情感冲突阶段，冲突双方开始完全划分"我们与他们"的界限。他们开始定义冲突问题，确定自己的策略以及各种可能的冲突处理方式。在情感冲突阶段，冲突者可能会表现出愤愤不平，开始把前一阶段里的各种挫折感及其他感受表露出来。同时，冲突者会对冲突进行一定的基本分析，如到底发生了何种冲突、为什么会发生冲突、现有的冲突问题是否只是一种虚假冲突等。但冲突者分析最多的可能是，自身具有哪些可以处理冲突的资源，这些资源通常包括实力、地位、信息、技能等无形资源和资金、人员等有形资源两大类。

　　在面临情感冲突时，冲突双方都不得不在公开面对和回避冲突两种策略之间进行选择。这一选择受到许多因素的影响，如双方的基本定位，当事人与可能被卷入冲突中的其他方的关系等。所以，冲突者的不同反应会导致冲突的不同发展方向。

　　公开面对冲突是一种十分危险的选择，通常会使感觉的冲突升级，迅速地转化为公开显现的冲突，进入了冲突的下一个阶段。当公开面对冲突的风险大于潜在收益时，应该考虑回避冲突。尽管回避冲突于事无补，但是至少对其中某一方而言，该结果总比继续冲突更好。

4.第四阶段：行为冲突

有时候，冲突的潜在双方都愿意接受现有的局面，不愿意把事情公开化、扩大化，那么这时冲突就不会真正出现。当一方想或双方都想公开地表达自己情感冲突时，显现的冲突就出现了。如果处理不当，冲突就容易升级。行为冲突阶段是冲突显现于行动的阶段，其中一方的行为会引起另外一方的反应。

冲突行为是互动的，冲突双方各自试图实现自己的意愿，完全按照一方意愿来解决冲突是不可能的，但是双方的行为都有可能由于对方而偏离原有的方向。冲突的升级和行为偏离通常表现出三种形式：

（1）问题的扩大化。当冲突事情发生后，冲突双方进行讨论的往往是与双方立即发生作用有关的问题。有时，问题的性质导致双方必须考虑其他方面，但是从根本上来说，还是着眼于基本问题。只要双方一直关注中心问题，并从全新的、不同的角度来看这些问题，必然会发现一些解决问题的创造性方法。一旦双方讨论的问题扩大到其他方面，那么冲突必然升级。

（2）面子问题。当冲突逐渐包含了参与者的自尊或自我形象，以及冲突方的面子时，冲突就会升级。因为这时的问题已经不仅是实质性问题，还是有关个人的情绪性问题，这时情绪和各种象征性占据了主导地位。

（3）利益比较。一旦冲突发生后，双方很容易根据对方的行为做出自己的判断。冲突者往往根据自己的冲突情形做出反应，每一方都认为对手会与自己做同样的反应，即自己友好，则认为对手也很友好。但随着冲突的进一步发展，双方更多的是根据对方的所作所为来确定自己的策略。在这样的一些比较中，判断的标准已经不再是事实本身，而是对手的所作所为，双方都已经偏离理性。

虽然冲突的升级特点有一定的差异，但是不理性的冲突是存在一定的共同点的。首先是对对方的行为和立场不敏感，以自身判断作为行动的主要依据；其次是行动已经偏离了最初的计划初衷，和初始想法有了很大偏差。

5.第五阶段：解决冲突

经过一系列的发展、变化，冲突会得到解决，产生一定的后果，双方可能是成功、失败或取得妥协，但所有的冲突后果都可以归为三种形式，即胜-胜、胜-负和负-负。当然，冲突的后果并不意味着冲突的终结。

一次冲突结束以后，由于双方面对的结果不同，双方可能会出现不同的反应。因为只有少数冲突可以通过问题解决的方式取得双方满意的结果，所以在大多数情况下，特别是后两种形式的结果出现时，总有一方的利益没有得到满足。这样的冲突解决只是暂时的，失败的一方随时都在准备下一次的进攻，这又为下一次冲突的产生提供了条件。但下一次冲突是否一定会发生，往往取决于双方对冲突的反应。

一般来说，有两种标准可以用来评价冲突的短期效果：最终决策的质量和冲突对双方关系的影响。如果一个明智的决策能够同时满足双方的需要，那么对冲突双方的短期影响就是积极的。但这种情况往往是比较少的，一般都是双方之间难以实现一致的情形。双方对冲突处理方法越不满，将来产生冲突的可能性就越大，从而导致冲突的管理也就越复杂。冲突对工作关系产生的长远影响导致许多组织使用正式程序或改变组织结构，以保证冲突的负面影响最小。但是，从某种意义上来说，工作中的相互依赖关系是无法消除的，当彼此之间的依赖度降低时，彼此进行合作的动力也随之降低。

冲突的发展一般要经历以上五个阶段，但必须认识到冲突过程是千变万化的，并不都是按照以上五个阶段的固定模式发展的。如某些冲突仅仅停留在潜伏期，因为发生冲突的原因消失了，冲突也就不可能表面化；而有的冲突似乎是一开始就进入了表面化阶段，也不足为怪。所以，应该把冲突看成一个动态发展的过程。

（三）托马斯的冲突解决模型

为了有效地解决组织中的人际关系冲突，托马斯提出了一种两维模式，用于分析冲突的可能解决方案和结果。

托马斯认为，冲突发生以后，冲突参与者有两个主要的反应维度：坚持和合作。坚持表示在追求个人利益过程中坚持己见的程度；合作表示在追求个人利益过程中与他人合作的程度。于是，就出现了五种不同的处理冲突的策略，这五种策略即代表了合作与坚持之间的五种不同组合。

1.回避策略

回避策略是指既不合作又不坚持的策略。这时，人们将自己置身于冲突之外，忽视了双方之间的差异，或保持中立态度。这种策略指的是当事人不关心事态的发展，对自己的利益和他人的利益均无兴趣，回避各种紧张和挫折的局面。回避策略可以避免问题扩大化，但常常会因为忽略了某种重要的看法而使对方受挫，易遭对手非议，长期使用，效果并不是很好。

2.竞争策略

竞争策略是指高度坚持且不合作的策略。它代表了一种"赢-输"的结果，即为了自己的利益牺牲他人的利益。一般来说，此时一方在冲突中具有占绝对优势的权力和地位。于是，该方会认为自己的胜利是必然的，相应地，另一方必然会以失败而告终。竞争策略通常会使人们只追求达到自己的目的，所以同样不受对手的欢迎。

3.迁就策略

迁就策略代表着一种高度合作而坚持程度较低的策略，当事人牺牲自己的利益而满足他人的要求。通常迁就策略是为了从长远角度出发换取对方的合作，从而暂时屈服于对手的策略。因此，迁就策略是最受对手欢迎的，但容易被对手认为过于软弱或是屈服的标志。一味迁就和牺牲自身利益也为大多数冲突解决者所拒绝。

4.整合策略

整合策略是在高度的合作和坚持的情况下采取的策略。它代表了冲突解决的双赢局面，即最大限度地扩大合作利益，既考虑了自己的利益，又考虑了他人的利益。一般来说，使用整合策略解决冲突问题的管理者具有这样一些特点：认为冲突是一种客观的、有益的现象，处理得恰当会带来一些建设性的解决方案；相信冲突双方在地位上是平等的，并认为每个人的观点都有其合理性；突破固有的思维框架，整合双方利益，创造性地解决冲突问题。

5.折中策略

在折中策略下，合作和坚持程度均处于中间状态，这种策略建立在"有予必有取"的基础之上，通常需要一系列的谈判和让步才能形成。与整合策略相比，折中策略只求部分地满足双方的要求，但折中策略是最常被使用也最为人们广泛接受的一种冲突管理策略。折中策略主要有以下优点：尽管它部分地阻碍了对手的行为，但仍然表示出合作的姿态；它反映了处理冲突问题的实用主义态度；它有助于保持双方之间的良好关系。研究表明，人们之所以欢迎折中策略，是因为折中策略的确提供了一种解决办法——能够解决管理的两难问题的方法。

相比于不成功的管理者、低效的组织，成功的管理者以及高效的组织更多地采取整合策略处理冲突问题，因为整合策略的有效运用能够使冲突双方都产生满足感。而其他的策略都会使冲突中一方的要求不能很好地得到满足而产生挫折感，进而为下一次冲突埋下伏笔。伯克曾在1970年对以上五种策略的有效程度进行过调查，他发现使用整合策略，常能有效地解决冲突问题；竞争策略效果则不是很好；回避策略和迁就策略一般很少被使用，即使被使用，效果也不好。

不同文化背景的人在冲突管理的策略上存在比较大的差异。在中国的文化中，和谐的人际关系是一个非常重要的因素，人们不愿意惹是生非，通常宁可自己吃亏也不愿意与对手进行对抗。因此，折中、回避策略是中国人最为常用的策略，而海外员工则更追求理想的情况，期望冲突能以整合的方式得到解决。

二、谈判的策略

冲突在人们的世界里无所不在，谈判是解决组织间冲突的最有效方法。

（一）谈判策略

1.谈判的含义

谈判是有关方面就共同关心的问题互相磋商、交换意见、寻求解决的途径和达成协议的过程。

说起谈判，大家很容易联想到电影里常有的情景：谈判双方十几个人围坐在长方形的谈判桌前，烟雾缭绕，还有表情严肃、目光冷峻的首席代表，激烈的言辞交锋，紧张而精彩的辩驳对抗……但是，在日常生活中，谈判无处不在。

2.谈判的分类

谈判大体分为分配性谈判和整合性谈判。

（1）分配性谈判。分配性谈判是指在零和条件下进行的，即双方的既得利益总和是固定的，我得到的就是你付出的，反之亦然。

设想一个二手房买卖的过程：你在报纸上看到关于出售二手房的信息。然后你到中介那里去看了房，觉得很满意，想买下来。房东的出价比你的出价高，于是你们开始谈价格，这种谈判便是分配性谈判。

卖主每降价一元，你就节省一元；相反，他每涨价一元，你就多花一元。分配性谈判的实质就如同两者分一张固定大小的饼，通过协商决定由谁取得哪一部分。

A和B分别代表谈判双方，每方都有一个目标点，代表各自实现的目标。每方还

讲课视频7-2

谈判策略

自学课件7-2

谈判策略

各有一个保留点，标志着各自所能接受的最差结果。低于这个点，谈判者不愿接受而宁可终止谈判。两个保留点之间为谈判结果的范围。由于两者的意愿范围有重叠之处，所以能够同时满足双方的交易期望。分配性谈判的主要策略是努力使对方同意你的观点，向你的要求点让步。

通常，谈判双方的目标点不会重合。在大多数情况下，卖方总是希望从其所提供的产品或服务中获得比买方愿意付出的更多的利益。但通常的情况是，谈判双方的保留点有所重合，达成最后的协议对双方都有好处。谈判的意义就在于如何达成一个使双方都很满意而不会让步太多的协议。谈判区域代表双方的保留点之间的区域。我们可以很肯定地预见，谈判最终的结果会落在卖方保留点之上、买方保留点之下。

两个谈判者全部的盈余加起来就等于谈判区域。在讨论谈判区域时，为了简明起见，我们采用了一个买卖的例子。由于谈判双方的出价范围不一样，谈判的区域也会出现一些差异，在进行谈判时，谈判者首先应该明白一个基本的准则。即这个谈判区域是一个积极的谈判区域还是一个消极的谈判区域。

卖方的保留点是11万元，买方的保留点是14万元，买方愿意付出的最高价格比卖方愿意接受的最低价格还要高3万元。这里的谈判区域就处于11万元至14万元之间；如果谈判双方达成协议，那么最后结果就会落在11万元至14万元之间。

在一些情况下，谈判区域可能是不存在的。卖方的保留点是14万元，而买方的保留点是12万元。买方愿意付出的最高价格比卖方愿意接受的最低价格还要低2万元。这就是一个消极的谈判区域，双方的保留点并没有重合的部分。

（2）整合性谈判。整合性谈判是指谈判双方能够找到一个兼顾双方利益，突破原有问题解决的框架，达到双赢的解决办法。

与分配性谈判相比，整合性谈判的一个重要的特点是能够达成双赢，兼顾双方的利益，使得双方的需求都得到满足。普遍认为，整合性谈判优于分配性谈判。因为整合性谈判能建立起长期的关系，并促进将来的合作。它使得双方有所联结，并且在谈判完毕时都有胜利的感觉，都会感觉自己的利益扩大了，能够在谈判中获得好处。在分配性谈判中，由于利益是相互矛盾的，总有一方是输家，或者双方都会认为得出的结果对自己是没有好处的，自己的利益受到了对方的影响，所以分配性谈判容易造成双方的对立，不利于长期交易关系的发展。

那么，为什么整合性谈判不容易在组织谈判中产生呢？

因为整合性谈判的成功有一定的前提条件，严重的对立意识往往会成为整合性谈判的障碍。整合性谈判产生的前提条件包括很多方面，重要的是双方是在共同解决一个问题，而不是通过压制对方的利益来获取成功。整合性谈判的重要条件包括双方信息公开、真诚相待、理解对方需求、互相信任、灵活处理冲突等一系列方面。因为很多组织文化和人际关系都不具备公开、信任和灵活等特点，所以在谈判中不惜任何代价，为追求己方的成功而压制对方，从而造成双方的损失也就不足为奇了。

3.谈判过程

图7-1是谈判过程的简化模型，表明谈判包括五个阶段：准备与计划；界定基本规则；阐述与辩论；讨价还价与问题解决；结束与实施。

```
┌─────────────────────────────┐
│          准备与计划          │
└─────────────────────────────┘
               ⬇
┌─────────────────────────────┐
│          界定基本规则        │
└─────────────────────────────┘
               ⬇
┌─────────────────────────────┐
│          阐述与辩论          │
└─────────────────────────────┘
               ⬇
┌─────────────────────────────┐
│       讨价还价与问题解决     │
└─────────────────────────────┘
               ⬇
┌─────────────────────────────┐
│          结束与实施          │
└─────────────────────────────┘
```

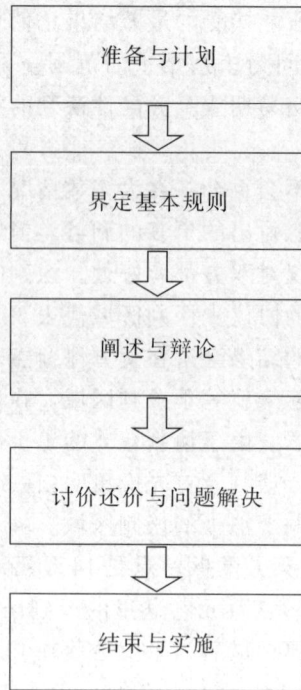

图 7-1   谈判过程

　　（1）准备与计划。谈判开始前，你需要做一些必要的准备工作。在此阶段，通常需要考虑以下问题：冲突的实质是什么？导致这一谈判的经过是什么？谁卷入了冲突，他们又是怎样理解冲突的？你想从谈判中得到什么？你的目标是什么？例如，假设你是××电脑公司的采购部经理，你的目标是对供应商提供的键盘进行大幅度压价。确保这个目标不被其他问题所干扰，成为你谈判的中心内容。那么，以下做法会对你有所帮助，把你的目标写下来，找到自己可以接受的结果范围——从"最希望达到的目标"到"可接受的最低限度"，并把你的精力集中在这上面。

　　你还要评估一下，对方对你的谈判目标有什么想法。他们可能会提出什么要求？他们坚守自己立场的程度如何？对他们来说有哪些无形的或隐含的重要利益？他们希望达成什么样的协议？如果能预期到对方的立场与观点，你就能更好地利用事实和数字支持你的观点，反击对方的观点。

　　作为谈判策略的一部分，你还应该确定各方达成谈判协议的最低接受方案。你的最低方案决定了谈判时你可接受的底线。只要你所得到的报价低于你所能接受的最高价格，谈判就不会陷入僵局。反过来说，如果你的报价不能让对方感到高出他的最低价格，你也别指望自己能获得谈判的成功。如果你在进入谈判时对双方的最低接受方案有比较清楚的了解，即使你不能满足他们的要求，你也可能会使对方做些改变。

　　（2）界定基本规则。制订计划并找到对策后，你就可以与对方一起就谈判本身界定基本规则和程序。在此阶段，通常需要考虑以下问题：谁将进行谈判？谈判在哪里进行？谈判期限是多长（如果有时间限制的话）？谈判中的哪些问题需要限定？如果谈判陷入僵局，应遵循什么具体程序？在此阶段中，双方将交流他们的最初报价和要求。

（3）阐述与辩论。相互交换了最初观点后，你和对方都会就自己的提议进行解释、阐明、澄清、论证和辩论。但是，这个阶段不一定就是对抗性的，它可以成为双方就以下问题交换信息的机会：为什么这些问题很重要？怎样才能使双方达到最终的要求？此时，你会给对方提供所有支持你观点的材料。

（4）讨价还价与问题解决。谈判过程实际上是一个为了达成协议而相互让步的过程，谈判双方毫无疑问都需要做出让步。

（5）结束与实施。谈判过程的最后一步是将已经达成的协议规范化，并为实施和监控制定出所有必要的程序。对于一些重要谈判（包括各种劳资谈判、租赁条款谈判、购买房地产谈判、提供高层管理职位的谈判等），需要在订立正式合同时敲定各种细节信息。不过，在大多数情况下，谈判过程仅仅以握手言和结束。

（二）中国人谈判的文化特征

通常在人们的印象中，中国人着装保守，重礼节，中国人的谈判方式受到很多中国文化因素的影响。除了古代哲学理念影响中国人的思想与行为外，至少还有六种重要的文化规范影响着现代中国文化背景下的谈判。

1.关系

中国人对于陌生人与熟人之间的差异较敏感。中国社会人与人之间的信任往往是建立在人际关系上的。中国人把人际关系或社会资本称为关系。这里的关系已经不是西方人之间的关系，而是个体之间的特殊连接，在这种关系中，一方往往可以对另一方提很多的要求。在中国，有时谈判者比谈判本身更重要，甚至有时公司经理是在为正确的人工作而不是为正确的合同。

关系对于商业结果的影响非常大。比如，如果好几家条件差不多的公司同时竞争某个中国企业的合同，那么关系最好的公司将会赢得这份合约。关系如此重要，以至于中国社会学家普遍认为中国社会是一个网状社会。对于没有中介的陌生人，要与中国人开展新贸易比较困难，尤其是在一些商业化程度比较低的地区。

2.社会等级

孔子定义了三种主要的关系：君臣、父子、夫妻。所有这些关系都是以等级确定的：臣子必须遵守君王的命令；儿子必须遵照父亲的规矩；妻子必须遵守丈夫的规矩。中国在很多地方是一个严格的等级社会。由于中国组织存在这种严格的等级制度，所以高层管理者在团队中必须作为决策者，即使他并不参与谈判。每一次讨论结束后，团队都将向决策者汇报，并等待其最终决策。

在中国谈判通常会有一个控制全局的决策者，在很多情况下往往是一个决策者而不是一个团队做决策。正如一位西方经理所说："在中国谈判，从一开始你就必须明白你是在和谁谈判。这个人是不是有权做决定？他是不是这个组织的新人？他需要什么？"在一个谈判小组中，一定有一个代理人代表组织做出决策。

3.家长式领导

中国的家长式领导与决策风格沿袭了中国社会的等级特点。在大多数的中国组织中，决策者往往就是个体领导者。由于这种家长式的领导，谈判团队非常强调内部纪律和小组一致性。在团队讨论中可能存在分歧，但与对手谈判时，决策者将掌握全局，并代表团队发言，其他人在谈判中是不允许发言的。与儒家思想相符，决策者被认为必须服从的"大家长"，家长的权威是不容许挑战的，没有人可以与其发生直接冲突。管理建议只能间接地提出，并且要注意方式。

4."面子"问题

中国文化中，一个人的声誉和社会地位取决于"面子"。"面子"被定义为一个人在社会关系网中的地位，是社会价值重要的衡量指标之一。中国文化中的六种重要的"面子"类型是：给自己脸上贴金；给他人脸上贴金；让某人丢脸；伤害他人的颜面；给自己留面子；补偿。对多数中国人来说，在下属面前表现软弱意味着丢脸。很多谈判的妥协通常由是由团队领导决定的，而要从中获得让步的关键在于给领导留"面子"。

5.全局观念

中国的道家观点强调所有的事物都是相关的。中国人的思维是全局性的，在谈判开始时，中方团队倾向于在讨论具体问题之前就关于普遍原则达成一致，以避免或延缓直接冲突的发生。对于中国的谈判者而言，谈判是双方关系的开始，签订一个合同只是表明双方开始一段生意上的相互交往。

6.高情境文化

中国被认为具有高情境文化。非语言行为被密切关注，正式、书面文件下的社会背景比文件本身更重要。在谈判中，相对于诸如沟通清晰等过程变量，情境因素更可能是决定谈判结果的重要因素。中国人所签的合同可能非常简单概括，因此后续行为就非常重要。长期关系与总体目标在协商具体条约、责任与时间进度方面都极其重要。

素质提升

中国解决国际争端的立场

1.坚持国际争端的和平解决

中国作为负责任的大国和联合国创始会员国，始终如一地遵守和奉行和平解决国际争端的国际法基本原则与《联合国宪章》的有关宗旨和规定。中国一直坚持独立自主的和平外交政策，主张国家不分强弱大小，一律通过平等协商解决彼此间的各种分歧和争端。

2.坚持国际争端的谈判与协商解决

在中国政府来看，由当事方直接谈判与协商来解决争端是最简明有效的方法，自愿仲裁是解决条约争端的重要补充，慎重采用调解与调停等第三方介入的争端解决办法。

3.法律方法或准司法方法的有限利用

原则上，中国反对一切形式的霸权主义和强权政治，支持国际法治的理想和追求，并且认为仲裁和司法解决国际争端是国际法治的应有之义。因此，中国不排除利用任何仲裁庭、国际法院或法庭以及准司法机构解决中国与他国间争端的可能，对于经济、贸易、文化等领域中法律性较强、不涉及重大主权利益的争端，中国可接受仲裁、国际司法或者准司法的方法。但这一方式一般不适用于领土争端，以及与国家尊严和重大主权利益相关的争端。

资料来源：任虎. 国际公法［M］. 上海：华东理工大学出版社，2021.

➤➤➤ 自学测试 ◀◀◀

一、选择题

1.冲突的产生有以下一些特点，即（　　　　）。

A.冲突的产生是一个过程，包含酝酿和发展阶段

B.冲突是双方或多方之间的一种相互依赖。如果其间不存在相互依赖关系，就不可能发生冲突

C.冲突必须是双方感知到的。如果冲突没有被人们感知到，它并不会影响人们的行为

D.冲突双方必须发生相互作用。冲突一方的行动必然引起另一方的反应

自学测试7-1

2.从面部表情和神经回路的角度，冲突的类型有（　　　　）。

A.认知冲突　　　　　B.情绪冲突　　　　　C.内部矛盾　　　　　D.外部矛盾

3.托马斯的冲突解决模型提供了五种不同的处理人际冲突的策略，即（　　　　）。

A.回避策略　　　　　　　　B.竞争策略　　　　　　　　C.迁就策略

D.整合策略　　　　　　　　E.折中策略　　　　　　　　F.分配策略

4.谈判的种类包括（　　　　）。

A.框架性谈判　　　　B.分配性谈判　　　　C.规范性谈判　　　　D.整合性谈判

二、判断题

1.行为主体之间在目标、认知或情感上互不相容或相互排斥，从而产生心理或行为上的矛盾。　　　　　　　　　　　　　　　　　　　　　　（　　　）

2.冲突都会对组织绩效产生负面的影响。　　　　　　　　　　　　　（　　　）

3.分配性谈判是谈判双方能够找到一个兼顾双方利益，突破原有问题解决的框架，达到双赢的解决办法。　　　　　　　　　　　　　　　　　　　（　　　）

➤➤➤ 课后测试 ◀◀◀

一、选择题

1.庞迪提出了著名的"五阶段模型"，认为冲突的发展会经历（　　　　）。

A.第一阶段：潜在冲突　　　　　　　　B.第二阶段：知觉冲突

C.第三阶段：情感冲突　　　　　　　　D.第四阶段：行为冲突

E.第五阶段：解决冲突

2.影响着现代中国文化背景下的谈判的文化规范包括（　　　　）。

A.关系　　　　　　　B.社会等级　　　　　　　C.家长式领导

D."面子"问题　　　　E.全局观念　　　　　　　F.高情境文化

二、判断题

1.谈判是有关方面就共同关心的问题互相磋商，交换意见，寻求解决的途径和达成协议的过程。　　　　　　　　　　　　　　　　　　　　　　　　　（　　）

2.冲突是组织中不可避免的现象。　　　　　　　　　　　　　　　（　　）

三、思考题

1.什么是冲突？它有哪些特征？

2.冲突的类别有哪些？

3.冲突发展阶段一般有哪几个阶段？

4.人际冲突解决的策略有哪些？

5.什么是谈判？谈判的类别有哪些？

6.中国人谈判有哪些文化特征？

四、案例分析题

亚通网络公司的冲突

亚通网络公司是一家专门从事通信产品生产和电脑网络服务的中日合资企业。该公司自2020年7月成立以来发展迅速，销售额每年大幅增长。但与此同时，其内部存在不少冲突，影响公司绩效的继续提高。

因为是合资企业，尽管日方管理人员带来了许多先进的管理方法，但是日本式的管理模式未必完全适合中国员工。例如，公司经常让中国员工长时间加班，引起了大家的不满，一些优秀员工还因此离开了公司。

公司的组织结构由于是直线职能制，部门之间的协调非常困难。例如，销售部经常抱怨研发部开发的产品偏离顾客的需求，生产部的效率太低，使产品错过了销售时机；生产部则抱怨研发部开发的产品不符合生产标准，销售部门的订单无法达到成本要求。

研发部胡经理虽然技术水平首屈一指，但是心胸狭窄，总怕他人超越自己，常常压制其他工程师。这使得工程部人心涣散，士气低落。

资料来源：白思俊. 现代项目管理［M］. 2版. 北京：机械工业出版社，2019.

请问：

（1）亚通网络公司的冲突有哪些？原因是什么？

（2）如何解决亚通网络公司存在的冲突？

学习单元八　领导力提升

任务一　领导理论的应用

▶▶▶ **学习目标** ◀◀◀

◆知识目标

　了解领导内涵；

　了解领导理论的具体内容；

　掌握领导理论的应用。

◆能力目标

　能够运用领导理论解决实际问题。

◆素养目标

　树立"人性化"管理意识。

▶▶▶ **重点难点** ◀◀◀

◆教学重点

　领导理论的内容。

◆教学难点

　领导理论的应用。

自学任务

（1）了解本任务的学习目标和重点难点，通过线上或线下的方式进行自学，重点关注以下知识点：领导特质理论和领导行为理论的应用；菲德勒领导权变理论；家长式领导理论；领导-成员交换理论。

（2）自学结束后完成本任务的自学测试。

案例研讨

诸葛亮挥泪斩马谡

街亭之战发生于诸葛亮第一次北伐战争期间，也是这次北伐战争中一场决定性战事。诸葛亮攻祁山时，任命自己十分赏识的参军马谡领导诸军，并在军事重地街亭防御曹魏将领张郃的进攻。马谡在街亭违反诸葛亮军令，舍水上山，遭到围攻，最后痛失街亭。后马谡与将领李盛、张休等被处死，黄袭被夺兵。

资料来源：刘永胜. 培根铸魂 启智润心 课程思政优秀教学案例集 ［M］. 北京：首都经济贸易大学出版社，2022.

讨论：

（1）诸葛亮为什么挥泪斩马谡？

（2）在马谡痛失街亭这件事情上，马谡犯了军令，诸葛亮有没有错误？

知识点学习

领导特质理论
和领导行为
理论的应用

自学课件8-1

领导特质理论
和领导行为
理论的应用

领导是一种重要的管理职能，也是人类社会活动的主要要素。任何组织都离不开领导和领导者。

一、西方文化背景下的领导理论

（一）领导的内涵

过去人们更多地把领导和拥有某种职务联系在一起，认为领导就是统治和指挥别人，如校长、厂长、局长等这些组织中的官员。现代的领导观念认为：领导的实质是影响别人，领导是一种影响过程。

对领导的定义，可谓百花齐放，众说纷纭。到目前为止，还没有一个大家公认的比较权威的定义。坦南鲍姆说："领导是在某种情况下，通过意见交流过程所实施的一种为了达成某种目标的影响力。"也就是说，领导是一种影响力与能力。孔茨说："领导是一门促使其部属充满自信、满怀热情来完成他们任务的艺术。"也就是说，领导是一门艺术。阿诺德和菲尔德曼说："领导是一个影响过程，包括影响他人的一切活动。"也就是说，领导是一个活动过程。罗宾斯说："我们把领导定义为一种影响一个群体实现目标的能力。"戴维斯说："领导是一种说服他人热心于一定目标的能力。"也就是说，领导是一种能力。

我国的一些学者认为：领导是指引和影响个人或组织在一定条件下实现目标的过程。

从上述各种定义可以看出，研究者对领导这个概念的认识并不一致。每个研究者都试图阐明领导的定义，并在其定义下研究领导行为。我们从组织行为学的角度将领导定义为：领导是具有影响力的个人或者团队，通过向组织成员施加影响，产生工作行为，实现组织目标的过程。

领导的本质是影响力，职权和个人特征是领导者施加影响的基础。职权是领导者因自己的地位获得的权力，是正式的权力；领导者的个人特征（如知识、品格、才能、处事风格和感情等）能够让其他人员（下属）心甘情愿地接受自己的领导，被自己影响，是一种非正式权力。

领导行为具有很强的文化差异性，文化背景不同，领导的内涵和效果也会发生变化。领导者对领导方式的选择在很大程度上受其文化背景的影响，而非完全由个人意志决定。领导理论基本上都是在西方文化背景下发展起来。

（二）相关领导理论

领导理论就是关于领导有效性的研究。长期以来，学者对领导有效性的研究主要集中在三个方面：领导者、被领导者和情景。与此相对应，领导理论的发展经过了领导特质理论、领导行为理论和领导权变理论。

1. 领导特质理论

20世纪30年代，众多学者开始研究领导者的个人特征。他们认为领导的有效性主要取决于个人特征，成功的领导者在个人特征之间肯定存在某些共同点。以此为理论出发点，产生了领导特质理论。领导特质理论试图找到成功或有效的领导者和失败或无效的领导者之间在特质上的差异，认为需要找出成功的领导者所应具备的素质，以此考察组织中的领导者是否具备领导特质，并研究领导特质是天生的还是后天培养的。领导特质理论可以分为传统领导特质理论和现代领导特质理论。

传统领导特质理论认为领导者的特质是天生的，后天无法改变，即一个人是否能够成为优秀的领导者来源于遗传因素。后来研究的发展，否定了这一观点，认为领导者的特质是在后天的不断实践中形成的，并且可以通过后天的培训形成领导者所应具备的特质。但是，综合来看以往对领导者特质的研究可以发现，不同学者列举的有效领导者应具备的特质千差万别，一致性很低。而且，对领导特质理论的研究没有形成一套能够完全将成功或有效的领导者和失败或无效的领导者区分开来的特质体系，不同学者之间的分歧较大，争议很多。

在对领导理论的不断研究和发展中，学者们纷纷认定，只考察领导者特质并不能判定领导的有效性，具备了某些特质只是具备了成为成功领导者的可能性，并没有一种特质能够保证一定能成功。正因为领导特质理论存在这样或那样的缺陷，从20世纪40年代末开始，有关领导者的研究开始转向领导者偏好的行为风格上。

2. 领导行为理论

领导行为理论强调领导的具体行为方式，认为领导者的具体领导行为是领导是否有效的决定因素，他们试图寻找成功或有效的领导者与失败或无效的领导者在行为方式上的差异。典型的在行为理论方面的研究有利克特的领导方式理论、俄亥俄州立大学的研究、密歇根大学的研究及管理方格理论。

（1）利克特的领导方式理论。领导方式就是领导者对待被领导者的行为模式。利克特教授和他的同事对领导人员与经理人员的领导类型和作风做了长达30年之久的研究，利克特在研究过程中所形成的某些思想和方法对理解领导行为很重要。他认为，有效的管理者坚决地面向下属，依靠人际沟通使各方团结一致地工作，包括管理者或领导者在内的全部群体成员都采取相互支持的态度，在这方面，他们具有共同的需要、价值观、抱负、目标和期望。利克特于1967年提出了领导的四系统模型，即把领导方式分成四类系统：

①管理方式一："剥削式的集权领导"，也称"专制-权威式"。采用这种方式的主管人员非常专制，很少信任下属，采取使人恐惧与惩罚的方法，偶尔兼用奖赏来激励员工，采取自上而下的沟通方式，决策权也只限于最高层。

②管理方式二："仁慈式的集权领导"，也称"开明-权威式"。采用这种方式的主管人员对下属怀有一定的信任和信心；采取奖赏和惩罚并用的激励方法；允许一定程度的自下而上的沟通，向下属征求一些想法和意见；授予下级一定的决策权，但牢

牢掌握政策性控制。

③管理方式三："洽商式的民主领导"，也称"协商式"。采取这种方式的主管人员对下属抱有相当大的但不是充分的信任和信心，常设法采纳下属的想法和意见；采用奖赏，偶尔用惩罚和一定程度的参与；更多地从事上下双向的沟通；在最高层制定主要政策和总体决策的同时，允许底层部门做出具体问题决策，并在某些情况下进行协商。

④管理方式四："参与式的民主领导"，也称"群体参与式"。采取这种方式的主管人员对下属在一切事务上都抱有充分的信心和信任，总是从下属获取设想和意见，并且积极地加以采纳；对于确定目标和评价实现目标所取得的进展方面，组织群体参与其事，在此基础上给予物质奖赏；更多地从事上下之间与同事之间的沟通；鼓励各级组织做出决策，甚至本人作为群体成员同其下属一起工作。

利克特发现那些应用管理方式从事经营的主管人员都是取得很大成就的领导者。此外，他指出了采取管理方式四进行管理的部门和公司在设置目标与实现目标方面是最有效率的，通常也是更富有成果的。他把这种成功主要归之于群体参与程度高和对支持下属参与的实际做法坚持贯彻的程度高。所以，他认为只有第四种方式——"参与式的民主领导"才能实现真正有效的领导，才能正确地为组织设定目标和有效地达到目标。鉴于这种领导方式采取激励人的办法，所以利克特认为，这是领导一个群体的最有效方式。

（2）俄亥俄州立大学的研究。20世纪40年代，俄亥俄州立大学为了确定能够促进组织和群体达成目标的领导行为，收集了1 000多种刻画领导行为的因素，并最终将这些因素归结为关怀维度和主动结构维度。

①关怀维度：以人为重，注重人际关系建设，强调领导者和被领导者之间的交流沟通。领导者关心下属需要，尊重下属意见，努力在两者之间建立相互信任、相互尊重、温暖和谐的关系。高关怀维度的领导者平易近人，特别重视群体关系的和谐和与下属心理上的亲近。

②主动结构维度：以工作为重，在完成工作目标的过程中，领导者倾向于通过明确组织结构，明确职责权利和相互关系，确定工作目标，设立意见交流渠道和工作程序，确立工作方法和制度等来引导与控制下属的工作行为。高主动结构维度的领导者对工作任务的关心程度远远高于对人际关系和谐的关心程度，通常会对员工的工作方式加以设定，要求员工保持一定的绩效标准，并为工作设定最后的完成期限。

从这两个维度出发，可以得到四种领导风格：低主动结构高关怀、低主动结构低关怀、高主动结构高关怀、高主动结构低关怀。以这个结构框架为基础的研究发现，双高风格比其他三种领导风格更能使下属产生高绩效和高工作满意感。但是，高主动结构和高关怀的领导风格并不总能产生更好的领导效果。有研究表明，领导者的高关怀特点与其直接上级对他本人的绩效评估成绩负相关。

俄亥俄州立大学的研究是从两个维度进行领导行为研究的首次尝试，为以后的领导行为研究提供了新的范式。

（3）密歇根大学的研究。在俄亥俄州立大学进行研究的同时，密歇根大学也进行了相似的研究，同样旨在研究领导者的行为特点与工作绩效之间的关系。不同的是，密歇根大学没有试图描述工作情景下的多种领导行为，只关注对有效团队做出贡献的领导行为。密歇根大学也将领导行为划分为两个维度：工作中心维度和员工中心维度。

①工作中心维度：领导者更重视工作任务的完成情况，关心工作任务是否按计划进行，关注任务事项，把员工看成达成任务目标的工具，这一维度类似于俄亥俄州立大学界定的高主动结构维度。

②员工中心维度：领导者注重人际关系建设，关心员工需求，并承认人与人之间的个体差异，这类似于俄亥俄州立大学的关怀维度。

但是，与俄亥俄州立大学的研究不同，密歇根大学的研究认为，以员工为中心的领导风格与以工作为中心的领导风格完全对立，一个领导者不可能同时兼具两方面的特征。也就是说，只界定了以员工为中心和以工作为中心这两种领导风格，并支持以员工为中心的领导者，这种领导风格可以获得更高的员工生产率和员工满意度。

（4）管理方格理论。美国得克萨斯大学的心理学教授布莱克和莫顿提出了管理方格理论。

管理方格理论包含两个维度，即"关心人"和"关心生产"，是对俄亥俄州立大学和密歇根大学两维度研究的再讨论。它以对生产的关心程度为横坐标，对人的关心程度为纵坐标，对每个维度进行9等分划分，形成81个方格，每个方格代表领导者对人的关心程度和对生产的关心程度的不同组合方式，如图8-1所示。

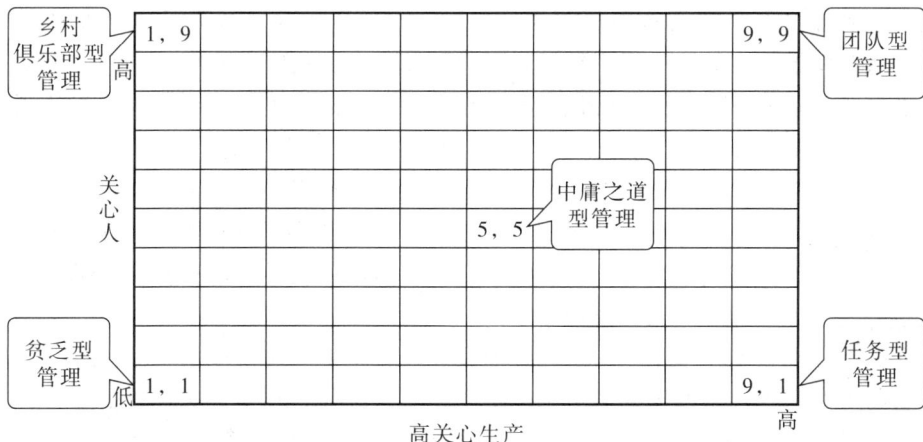

图8-1　新管理方格

（1，1）型为贫乏型管理，表现出对生产和人的关心程度都很低。这种类型的领导者只对必需的工作和为了维持恰当的组织成员关系付出了最低限度的努力。一般而言，这是不称职和失败的管理。

（1，9）型为乡村俱乐部型管理，表现出对人的关心程度很高，对生产的关心程度很低。这种类型的领导者注重为员工创造友好、舒适的工作环境和组织氛围，对人关怀备至，忽视了工作绩效。这是一种轻松的领导方式，领导者认为高的工作满意度可以带来高的工作绩效。

（9，1）型为任务型管理，表现出对生产的关心程度很高，对人的关心程度很低。这种类型的领导者高度关心生产任务，在具体安排工作任务时，力图使人的因素的干扰程度降到最低，追求高效率地完成工作。

（5，5）型为中庸之道型管理，表现出对生产和人都有适度的关心，在必须完成的工作和维持一定的员工士气之间寻求平衡。这种类型的管理者既能保持一定的效率，又能维持一定的士气，但是两方面做得都不出色，只是还过得去。

（9，9）型为团队型管理，表现出对人和对生产两方面的高度关心，努力促成工作的任务安排与员工和谐、舒适的工作氛围相结合，是一种协调式的管理。在这种领导风格中，工作的完成来自员工的自觉奉献，由于组织目标的"共同利益"而形成相互依赖关系，从而创造信任和尊重的关系。

在管理方格理论框架下，研究者得出结论：团队型管理是最有效的管理形式。但是，管理方格理论更多的是为领导风格的概念化提供了框架，并没有证据证明团队型管理在任何情景下都是有效的。

随着对领导特质理论和领导行为理论研究的深入，越来越多的研究者开始怀疑，是否真的存在一种一成不变、普遍适用的、在任何情景下都有效的领导风格？因此，研究者在继续探讨领导行为理论时，开始把情景因素考虑进来，探讨在不同的环境条件下应该采取什么样的领导行为模式，这就是领导权变理论。

3.领导权变理论

讲课视频8-2

菲德勒领导权变理论

自学课件8-2

菲德勒领导权变理论

领导权变理论认为，没有一种一成不变、普遍适用的领导行为和风格，应根据组织具体的情景和条件进行调整。领导权变理论在研究领导者行为时，加入了情景因素。它认为领导的有效性，受到领导者、被领导者和情景因素的影响。换句话说，领导的有效性是领导者、被领导者和所处情景的函数，可表示如下：领导的有效性=F（领导者，被领导者，情景）。领导权变理论认为，我们在选择最有效的领导方式时，应该综合考虑上述三方面的因素。领导权变理论有很多，影响最大的就是由美国华盛顿大学教授菲德勒提出的领导权变模型。该模型被提出来之后，受到广泛重视，对领导研究及其实践过程产生了非常大的影响。不仅如此，菲德勒的权变模型对组织行为学等其他方面的理论构建也产生了深刻影响。

菲德勒领导权变模型是第一个综合的领导权变模型。该模型主要考察的第一个因素是，与下属相互作用的领导风格和情景的因素，认为只有实现两者的相互匹配才能产生好绩效。该模型的前提假设是，在不同类型的情景中，总有一种领导风格合适。因此，在实践中运用该模型的关键首先是确定领导者的领导风格和外部情景，然后实现两者的最佳匹配。

菲德勒把领导风格分为关系取向型和任务取向型，并用LPC（least preferred co-worker，最难共事者）量表具体测量领导者属于哪种领导风格。得分高的话，说明领导者倾向于用积极性词汇来描述工作上的最难共事者，体现出领导者的宽容和对人际关系的重视，表明该领导者的领导风格是人际关系取向型。相反，如果得分低的话，说明该领导者受任务目标驱动，很看重与任务完成有关的工作行为。只有当任务完成得很好并且没有严重问题时，与下属建立良好的关系的动机才变得更重要。该类型的领导者是任务取向型的。确定了领导风格之后，接下来需要考虑工作群体所处的情景，即该模型考虑的第二个因素。具体地，菲德勒用三个维度来衡量情景变量。

（1）上下级关系：领导者和下属之间的人际关系是和谐、信任的，还是紧张、猜疑的。在和谐的人际关系中，领导者得到下属尊敬、信赖、支持和追随的程度高，领导者的权力和影响力也大。上下级关系可以分为好、坏两种状况。

（2）任务结构：分配给员工的任务的结构化程度，即工作任务的明晰化程度。工作任务的结构化程度高时，员工的工作质量容易被控制。

（3）职位权力：领导者因自己所在的职位获得的正式权力。领导者拥有的职位权力越大，越容易得到下属的尊敬和追随。

此外，菲德勒认为：这三个维度的重要程度是不一样的，其中上下级关系维度是最重要的，其次是任务结构维度，最后才是职位权力维度。通过对三个维度不同状况的组合，菲德勒界定了八种群体工作的情景，并且通过对很多团队的调查研究，得出了在各种不同情况下使领导有效的领导方式。结果显示：在有利和不利的条件下，任务取向型的领导风格最有效；而在条件适中的情景中，需要一个关系取向型的领导者。

值得注意的是，菲德勒认为一个人的领导风格是稳定不变的。因此，如果要提高领导的有效性，实际上只有两种途径。通过选择合适的领导者适应情景达到领导风格和情景的匹配。例如，如果在条件适中的环境下，领导者是任务取向型的，可以通过替换成关系取向型的领导者提高群体工作绩效。或者，改变情景以适应领导者，这可以通过改变情景的三维度来实现。比如，重新构建任务结构。

前面介绍的领导理论基本上是在西方文化背景下发展起来，并且介绍的是西方文化中的含义。

二、东方文化背景下的领导理论

东方文化中的领导理论，是在东方文化背景下发展起来的，像家长式领导理论；或者是起源于西方，但是在运用到东方文化中时，会表现出明显的文化差异性，像领导-成员交换理论。

（一）家长式领导理论

1.家长式领导的内涵

家长式领导是指一种表现在人格中的、包含强烈的纪律性和权威、饱含父亲般的仁慈和德行的领导行为方式，领导者就像一个家长。

家长式领导的文化根基是以"家"为核心的中华文化，所以有学者认为家长式领导首先存在于华人组织当中。

家长式领导的研究最早始于中国台湾。西林总结了20世纪60年代中国台湾企业的领导行为，发现这些企业的老板和经理人的领导行为具有与西方截然不同的且清晰可辨的特色，西林将其总结为教诲式领导、德行领导、中央集权、上下保持距离、领

讲课视频 8-3

家长式领导
理论的应用

自学课件 8-3

家长式领导
理论的应用

导意图及控制。西林的这一研究促使了家长式领导概念的萌芽。雷丁经过深入研究，认为华人社会的经济文化具有不同于西方的特质，他认为父权家族主义是华人企业的一个重要特征。雷丁指出，家长式领导具备以下特征：在心态上，下属必须依赖领导者；偏私性的忠诚使得下属愿意服从；领导者会明察下属的观点，据以修正自己的专断；当权威被大家认定时，不能视而不见或置之不理；层级分明，社会权力距离大；没有清晰的权威或严格的制度，领导者的意图并不明确表达出来；领导者是楷模与良师。

对家长式领导研究得最深入和最广泛的是中国台湾大学郑伯埙等。

2.郑伯埙的家长式领导二元理论

从20世纪80年代末开始，我国台湾学者郑伯埙和他的同事采用个案分析和实证检验的方式对我国台湾地区家族企业主与经理人的领导风格进行了一系列的研究，发现我国台湾企业的领导方式与西林和雷丁描述的家长式领导方式非常相似。

最初，郑伯埙提出的是领导二元理论。他认为家长式领导包含两方面的行为类型：立威和施恩。

（1）立威。在中国传统儒家文化的影响下，父亲在家庭中的权威远远大于家庭其他成员，是家庭的核心，拥有绝对权力。从"君要臣死，臣不得不死；父要子亡，子不得不亡"中可见一斑。法家的"依法治国"思想对君主权威的强调也对权威领导起到推波助澜的作用。领导者的立威正是以这种文化为基础的。

立威方面包含强调领导者个人权威以及支配下属两种不同的领导行为，具体来说，又涵盖四种典型行为，包括专权作风、贬损下属能力、形象整饰与教诲行为，下属则会相应地表现出顺从、服从、敬畏与羞愧行为。

郑伯埙对每一种典型行为进行了详细的描述。例如，他指出，专权作风表现为不愿授权、强调下行沟通、独享信息和严密控制；下属的顺从则表现为公开附和领导者的决定、避免与领导者发生冲突及不唱反调等。

（2）施恩。儒家对理想社会的人际关系的设想是君仁臣忠、父慈子孝、兄友弟顺、夫义妻柔、姑慈妇听等。儒家文化强调上下级之间的道德文化的责任，即上对下要仁慈，下要报答和顺从上。施恩是以这种文化观点为基础的。在施恩方面，家长式领导会表现出个别照顾与维护面子，下属则相应表现出感恩与图报行为。

郑伯埙认为，施恩与西方文献中所强调的体恤和支持是不同的领导行为，体恤是指领导者表现友善和支持下属，体现为关怀下属以及重视下属的福利，而支持则指领导者接受和关心下属的需求和感受。看起来，施恩好像与这两种领导行为有点相似，但其实它们是有差别的：第一，施恩并不仅限于工作上的宽大为怀，也会扩及下属的私人问题；第二，施恩是长期取向的；第三，施恩可能表现在宽容与保护方面；第四，体恤通常发生在平等对待下属和上下平权的氛围中，施恩则发生在领导者享有权威和上下级权力差距大的状况下，在这种状况下，领导者是不会让下属忘记谁才是上司的。

3.郑伯埙的家长式领导三元理论

有一些研究认为，仅有权威和仁慈对于一位具有家长式领导风格的领导者来说是不够的，品德也是非常重要的一个方面。我国学者凌文辁等对中国领导行为进行了大量研究，提出 CPM 的理论观点，C 为个人品德因素，P 为工作绩效因素，M 为团体维持因素，C 因素可以解释领导行为的 80%。据此，郑伯埙等认为，家长式领导除了立威与施恩两个维度外，还应该包括德行维度，并提出了家长式领导三元理论。

中华文化的基石儒家文化，非常强调个人的道德修养，正所谓"修身、养性、齐家、治国、平天下"，加强自身道德修炼是对中国人的基本要求，德行以此为基础。现在被广泛接受的有关华人领导的理论是郑伯埙提出的家长式领导三元理论。

根据郑伯埙的家长式领导三元理论，家长式领导包含威权、仁慈和德行三个维度，权威与仁慈和二元理论中的立威与施恩基本一致，德行则是一个新的维度。

不同学者对领导者所应具备的品德所持的观点不同，但综合来看，家长式领导者应该具备的品德主要体现在公私分明和以身作则两个方面。

家长式领导的领导者对下属并不是一视同仁，而是按照差序格局将下属区分为自己人和外人。分类标准有三条：

（1）关系，即下属与领导者之间是否存在某种社会关系，比如亲戚、同乡、同学等。

（2）忠诚，即下属服从甚至愿意为领导者牺牲个人利益的程度。

（3）才能，即下属完成组织或领导者所下达任务的胜任能力与动机。

忠诚是分类的核心，其次是才能，最后是关系，关系仅仅是分类的基础而已。

家长式领导者对自己人，较少采取权威领导方式，而较多采取仁慈领导方式，对外人则相反。

家长式领导的权威领导、仁慈领导和德行领导行为分别对应于下属的敬畏顺从、感恩图报和认同效法的反应。

（二）领导-成员交换理论的应用

领导-成员交换理论是由 Dansereau 和 Graen 等西方学者在 20 世纪 70 年代提出来的，提出后吸引了众多研究者对其进行理论探讨和实证研究。

1. 领导-成员交换理论的基本思想

领导-成员交换理论主要是在领导者和下属的关系研究方面进行了充分的阐述和探究。该理论认为在组织情景中，领导过程是在领导者和下属的不断互动中展开的，高质量的上下级关系可以促进员工的工作绩效和满意度。但是，由于时间和精力有限，领导者不可能与每个下属都建立起良好的上下级关系，因此领导者应该在工作中区分不同的下属，采用不同的领导风格。

领导-成员交换现象出现之后，不同学者采用不同的理论分别给予了说明。最早对这一现象进行解释的是角色扮演的观点，但是社会交换的观点正逐渐成为主流的观点。

（1）角色扮演的观点。该理论认为员工在社会化过程中，会经过角色获得、角色承担和角色习惯化三个阶段。第一阶段，领导者主要检验和评估下属的动机和潜能。第二阶段，领导者一般会给下属提供机会尝试一些松散的任务，下属完成任务的过程包含与领导者关系的建立。如果下属能够很好地把握住机会并且能够出色地完成任

讲课视频8-4

领导-成员
交换理论的
应用

自学课件8-4

领导-成员
交换理论的
应用

务，就很有可能与领导者建立起高质量的上下级关系。第三阶段，主要是上下级关系的稳定过程。如果下属在这三阶段表现不好，就可能与上级发展成低质量的关系。

（2）社会交换的观点。1964年，Blau把社会交换理论引入到对领导-成员交换理论的解释中。他认为："只有社会交换才能造成人际的义务感、互惠感和信任；单纯的经济交换做不到这一点。"按照Blau的观点，经济性交换和社会性交换是两种不同的交换状态。后来，Liden和Graen认为在领导-成员交换关系中呈现出经济水平交换和社会水平交换两种截然不同的状态。经济水平交换是指发生在领导者和下属之间、不超出雇用合同要求范围内的经济性或合同性交换。社会水平交换是指发生在领导者与下属之间的、超出了雇用合同要求范围之外的社会性交换。它建立在领导者与下属之间相互信任、忠诚与责任的基础之上。不论是哪一种观点，学者都认为领导者与下属之间会形成两种不同的关系：一种是高质量关系；另一种是低质量关系。

针对不同质量的关系，领导者会对下属采用不同的领导风格。在领导者区分不同的下属以采用不同的领导风格的过程中，出现了"圈内人"和"圈外人"。"圈内"的下属与领导者建立了特殊关系，得到领导者更多的关心、支持和照顾，甚至可能会享受工作上的某些特权，比如，更多的升迁机会和薪酬等。同样地，领导者也得到"圈内"下属更多的尊敬、爱戴、信任和追随。"圈外"的下属与领导者的关系局限在正式的工作关系范围内，得到领导者较少的关心和照顾。也就是说，从某一意义上来说，领导者与"圈内人"建立的是社会水平的交换，与"圈外人"建立的是经济水平的交换。社会水平的交换是高质量的交换。

研究证实，高水平的领导-成员交换关系中的下属，会得到领导者更多的关心、信任和支持，这些员工也会表现出更高水平的工作绩效、组织承诺和组织公民行为。高水平的领导-成员交换关系除了能够提高组织绩效外，还与员工的满意度、薪酬和晋升有正相关关系，与缺勤和辞职有负相关关系。

2. 领导-成员交换对下属绩效的影响

国内的一些学者也对领导-成员交换对下属绩效的影响做了很多研究，如王辉和刘雪峰认为，高水平的领导-成员交换关系会带来下属工作绩效的提高。他们认为，高水平的领导-成员交换关系会向更高层次发展，双方会更加信任和尊重彼此，由此使得员工的义务感增强；另外，高水平的领导-成员交换关系中，领导者和下属交流频繁，员工会得到更多与工作有关的信息，这两方面都能够促进绩效的提高。要想发展高质量的上下级关系，下属首先必须成为"圈内人"。那么，如何成为领导者的"圈内人"呢？很多研究证明，下属的绩效是下属成为"圈内人"的最重要的指标。下属工作越努力，个人工作绩效越高，越容易得到领导者的器重和关怀，进而成为"圈内人"。当然，领导者与下属之间的相互喜欢或相互好感也能促进上下级关系，"投缘"的人容易交流，容易相互欣赏，但是这种因素更多发生在领导者与下属的早期接触过程中。随着交往的深入，下属的绩效情况会变得越来越重要。在中国的组织环境下，领导者与成员之间的关系比在西方环境下复杂得多，不仅包含层级关系和职务关系，还夹杂着伦常关系。许多学者认为，中国的文化本质上是"关系取向"的文化，在领导者和下属的交往过程中同样会涉及"关系"的问题。比如，如果下属是领导者的亲戚或者老同学或者其他与领导者有特殊关系的人，那么领导者可能会对该下属有特殊的照顾，自然而然地把其归为"圈内人"。虽然"关系"有利于领导者和下属发展成高水平的领导–成员交换关系，但是明智的领导者仍然应该以绩效为标准判断谁是"圈内人"、谁是"圈外人"。因为，领导者重视什么，下属就会表现什么。如果领导者根据"关系"划定"圈内人"，可能会促使组织内部的员工，千方百计地通过与领导者拉"关系"，获得职位的晋升、加薪等特殊照顾，而非努力实现组织目标。这样的组织文化和风气会严重损害组织绩效。

由于文化不同，领导–成员交换在中国情景和西方情景下会表现出不同的特点。因此，中国学者在中国独特的文化背景下研究这一理论及其在实践中的应用时，要充分考虑中国的具体情景，借鉴西方，扎根中国。

三、关于领导的最新观点

（一）魅力型领导

魅力型领导者是指具有绝对人格力量，能够对下属产生深远影响的人。他们热情而充满自信，能够影响下属以某种特定的方式活动。魅力型领导者并不是具有完全相同的个人特质的一群人，每个领导者都有自己的特点。当然，魅力型领导者还是有一些共同特点的。

总结以往对魅力型领导者个人特质的研究，他们一般都具有的特点包括：

（1）具有一个令人意想不到的、引人入胜的伟大愿景。这一愿景能够使下属对领导者产生崇拜的感觉，认为领导者具有个人魅力，并且心甘情愿跟随领导者步伐，实现愿景。

（2）具有清晰描述愿景的能力。仅仅只是拥有一个伟大的愿景是不够的，领导者还要能够清晰地向他人描述自己的愿景，感染并鼓舞他人。

（3）能够提出实现愿景的办法。领导者必须能够提出实现愿景的具体方法和路径，只有理想会被人视为"纸上谈兵"或者异想天开。

（4）要有不惧困难、勇于献身、坚守目标的精神。美好理想的实现不是一蹴而就的，何况是伟大的愿景。只有领导者以自己坚持不懈的努力感染他人，才会得到追随者更多的信任和崇拜，从而展现出强大的领导魅力。

（5）拥有强烈的自信。富有魅力的领导者最明显的特征就是拥有强烈的自信，他们对自己的判断和能力充满信心。只有自己对自己有信心，才能赢得别人的信任。

（6）对环境的限制和下属的需要很敏感。富有魅力的领导者能够敏锐地察觉到环境中的变化，做出相应的反应；而且关注下属的需要，为他们提供帮助和支持，也能促使员工对自己产生信赖。

现在已有很多证据表明：魅力型领导与员工的工作绩效和满意度呈正相关关系。但是，有很多实证研究表明：魅力型领导不仅具有积极的正面作用，还会产生消极作用。事实上，魅力型领导的消极作用在实际生活中已经很深刻地显露出来，许多企业或组织都面临这种困境。例如，魅力型领导者通过冒险决策产生的重大项目常常遭遇失败的命运；由于对魅力型领导者的过分崇拜和依赖，阻碍了下属提出好的建设性意

讲课视频8-5

关于领导的
最新观点

自学课件8-5

关于领导的
最新观点

见的可能性，使他们产生领导永远都是正确的错觉等。

（二）交易型和变革型领导

早在 1978 年，交易型领导和变革型领导就被提出来了。当时伯恩思在对政治领域中的领导人进行分类时，就指出领导行为可以分为交易型和变革型两种领导行为。后来，巴斯正式提出交易型领导行为理论和变革型领导行为理论。

1. 交易型领导

交易型领导是指这样的领导行为，领导者以一系列的社会交换和隐含的契约为基础，实施领导活动。领导者和下属之间的关系是建立在交换的基础之上的，领导者用对工作成果的奖励，像薪酬提升、会议表扬等换取下属的努力工作，或者说下属通过努力工作赢得领导者的器重和表扬。

交易型领导主要关注具体事务，也关注下属需要，但指出，下属如果想满足自己的需要就要按照领导者的指示去做。具体来说，巴斯给出了该类型领导的三个维度：

一是基于绩效的奖励，体现出领导者与追随者之间的交换关系。领导者承诺为员工良好的工作绩效提供奖励，双方在工作绩效、奖惩方法等方面达成一致，最终根据下属的具体完成情况给予奖励。

二是例外管理，包括例外的积极性差错管理和消极性差错管理。前者指领导者说明标准和准则，并主动寻找对准则或标准的背离，并且在发生错误之前进行修正；后者指领导者在错误发生之后才说明准则，并采取措施惩罚或批评下属。

三是放任。领导者回避责任，避免做出决策。

总的来说，交易型领导强调相应的工作换取相应的报酬，具体到实践中，领导者倾向于采用"胡萝卜"的方法确定目标绩效，但不排除"大棒"。

2. 变革型领导

变革型领导是指强调领导的象征作用，能够引导和鼓舞员工追求超越自身利益之外的组织利益，追求组织使命和目标。变革型的领导者主要是通过向下属灌输一系列的思想和价值观，激发和鼓舞员工积极努力工作。变革型的领导者能够鼓舞员工把组织利益放在超越自身利益的位置，深入地投入到组织工作当中，在追求组织使命与目标的同时，努力实现组织利益和个人利益的双赢。变革型的领导者也关注具体事务，但是他们首先关注的是领导"软"的一面，关注文化和价值观的改造或创造。

变革型领导与魅力型领导理论基本上是在同一时期提出的，因此两者之间有一定的重叠，比如，变革型领导者需要具有魅力。具体的区别之处，学者还没有达成共识。但是，有一点可以肯定，变革型领导者越来越受欢迎。

变革型领导者的特点主要有以下几个方面：

一是具有个人魅力，能够鼓舞人心。成功的变革型领导者能够创建一个与众不同的共享的愿景和一套核心价值观。清晰明确和伟大的愿景会对下属产生强大的吸引力，赢得下属的信赖，从而心甘情愿地追随自己。此外，个人魅力或者鼓舞人心的气质，还可以通过坚强的意志力来体现。

二是心智激发。变革型领导者能够改变下属头脑中固有的一些旧想法和旧观念，促使下属用新的视角和新的方法解决问题。这种类型的领导者鼓励下属对现有事物的质疑，促进创新。

三是对员工的个人关怀。变革型领导者关心员工个人需要，针对员工的不同需要提供个性化的帮助和关怀。

四是目标设置。变革型领导者会根据目标设置理论为员工设置明确、具体又有一定困难，但是通过员工的个人努力可以实现的目标。这样的目标具有很好的激励作用，能够激发员工的工作积极性，发挥自己最大的潜力实现目标。

需要注意的是，交易型领导和变革型领导不是完全相反的领导方式，变革型领导是在交易型领导的基础上提出来的。但是，很多研究，包括国外的研究和国内的研究都已证明，变革型领导确实比交易型领导更具优势。变革型领导者更容易带来下属的信任和满意，带来更高的工作绩效。同时，这种领导者更容易得到上层领导者的赏识和青睐。

素质提升

以人为本的管理理念

"以人为本"强调管理者要以管理对象为管理工作出发点，强调对人性的理解，尊重人、关心人、爱护人、培养人、教育人，树立以人为中心的管理理念。

1. 从满足人的需求出发

心理学、社会学、行为科学等大量研究表明人是复杂的，特别是受现代文明、社会民主熏陶的现代社会人，在提倡自我、张扬个性的时代，个人的需求已不需要藏着、掖着，或借助暗示来委婉表达，是可以放到正式场合、公开讨论的正当的个人权利。这为管理者能更准确了解管理对象的需求提供了方便。对于管理者而言，利用需求对管理对象进行管理是常识，只有在真正关心了员工，能与员工之间达到无阻碍的沟通后，才能做到"在正确时间、满足员工正确需求"，令员工对管理者产生认同感，对组织产生归属感。

2. 释放个人智慧、凝聚集体智慧

每个人都有展现自我智慧的意愿，但在现实的管理活动中，各种因素造成的复杂社会现状，会让人自觉个人力量单薄，个人的智慧、能力太过渺小而微不足道；在无所不在的竞争压力下，个人明白拥有"独门绝活"才是生存的"硬道理"；在人力资源大行其道、个人智慧变成了有价的资源时，现代人有了压制自己智慧本能发挥的意识，让其待价而沽。因此，管理者面临的现代课题是：在人本管理的理念下，采取适当的措施，以适当代价让组织成员抛开顾虑，将个人智慧在组织中充分发挥，使"三个臭皮匠顶一个诸葛亮"的集体智慧的力量重新发扬光大。

3. 驱逐人的惰性、激发人的潜能

惰性是与生俱来的心理上的一种厌倦情绪，惰性会因为个人的一些主观原因让人退缩、迟疑、松懈、怠慢，从而造成不能如期完成工作或达到预期的目标后果。以人为本管理活动的一个最大亮点就是立足于驱逐管理对象的惰性，调动其工作积极性，充分发挥人的潜能。只有调动员工的工作积极性，员工才能积极参与、勤奋工作，为实现团队目标而共同努力。

4.增强人的竞技能力

科学技术的高速发展给社会带来了日新月异的变化，人们在享受变化给予的益处时，也要承受变化带来的危机。如老的工作岗位消失；旧的工作方式被淘汰；顶着四面楚歌的压力，应对似新陈代谢生物规律般的现代人竞争法则；在适者生存的职场规则下，随工作需要提高自己的专业素养、专业技能变成了职业人的头等大事。以人为本的管理如能从与员工切身利益相关的专业技能入手，多为员工岗位竞争、职场竞争、社会竞争所需的综合实力增加砝码，当员工具备了竞争的底气和优势时，就能实现员工与组织双赢。

5.转变观念促进发展

过去在强调组织利益与个人利益关系时，最常用的说辞是"锅里有了，碗里面才有""大河有水，小河水才满"。意思就是先有了组织才有了个体，没有组织就没有个体。以人为本管理的核心是人，将人置于组织中最重要的资源地位：以人为本管理的主体是组织的全体员工；以人为本管理的本质是确立"人本位"、尊重"人本性"；以人为本管理的成功标志是员工的目标与组织目标都能得以实现。因此，以人为本管理强调从员工再到组织的观念，通过满足员工需求来满足管理者的要求，通过发展员工来发展团队，通过员工满意来达成组织满意。以人为本管理将组织的发展建立在员工发展的基础之上，以发展人为根本目的，以发展组织为终极目标，在员工与组织的协调共进中，帮助员工认识人的复杂性，帮助员工不断地完善自我，让组织中的成员"人尽其才、才尽其用"，做好沟通、培训工作，增强员工与组织可持续发展实力。

资料来源：李小蔓. 以人为本的高职教师激励策略［M］. 成都：西南交通大学出版社，2014.

▰▰▰➡ **自学测试** ▰▰▰

一、选择题

自学测试8-1

1.领导行为理论有（　　）。

A.俄亥俄州立大学的研究　　　　　B.密歇根大学的研究

C.管理方格理论　　　　　　　　　D.菲德勒权变理论

2.利克特的领导方式有（　　）。

A.专制-权威式　　B.开明-权威式　　C.协商式　　　　D.群体参与式

3.密歇根大学将领导行为划分为两个维度，即（　　）。

A.关怀维度　　　B.主动结构维度　　C.工作中心维度　　D.员工中心维度

4.菲德勒把领导风格分为（　　）。

A.关系取向型　　B.任务取向型　　C.贫乏型　　　　D.乡村俱乐部型

5.东方文化中的领导理论有（　　）。

A.家长式理论　　　　　　　　　　B.新管理方格理论

C.领导-成员交换理论　　　　　　　D.菲德勒权变理论

6.根据郑伯埙的家长式领导三元理论，家长式领导包含三个维度，即（　　）。

A.权威　　　　　B.仁慈　　　　　C.德行　　　　　D.诚实

7.家长式领导者对下属分类标准有（　　　）。

A.关系　　　　　　　B.忠诚　　　　　　　C.才能　　　　　　　D.权威

二、判断题

1.领导的本质是影响力，职权和个人特征是领导者施加影响的基础。（　　　）

2.权变的观点认为：领导的有效性，受到领导者、被领导者和情景因素的影响。
（　　　）

3.家长式领导是指体现严明的纪律与权威、父亲般的仁慈以及道德廉洁性的领导方式，领导者就像一个家长。（　　　）

4.高水平的领导-成员交换关系会带来下属工作绩效的提高。（　　　）

课后测试

一、选择题

1.布莱克和莫顿提出了管理方格理论中，对人和对生产两方面都高度关心的领导风格是（　　　）。

A.贫乏型管理　　　　　B.乡村俱乐部型管理　　　C.任务型管理

D.中庸之道型管理　　　E.团队型管理

2.魅力型领导者一般都具有的特点包括（　　　）。

A.具有一个令人意想不到的、引人入胜的伟大愿景

B.具有清晰描述愿景的能力

C.能够提出实现愿景的办法

D.有不惧困难、勇于献身、坚守目标的精神

E.拥有强烈的自信

F.对环境的限制和下属的需要很敏感

3.变革型领导者的特点主要包括（　　　）。

A.具有个人魅力，能够鼓舞人心

B.心智激发，即变革型领导者能够改变下属头脑中固有的一些旧想法和旧观念，促使下属用新的视角和新的方法解决问题

C.对员工的个人关怀

D.根据目标设置理论为员工设置明确、具体，又有一定困难，但是通过员工的个人努力可以实现的目标

4.在领导-成员交换关系中呈现出两种截然不同的状态，具体为（　　　）。

A.框架性谈判　　　　　　　　B.经济水平交换

C.规范性谈判　　　　　　　　D.社会水平交换

5.下列属于领导理论的有（　　　）。

A.领导-成员交换理论　　　　　B.领导权变理论

C.领导行为理论　　　　　　　D.领导特质理论

二、判断题

1.魅力型领导都是具有绝对人格力量，能够对下属产生深远影响的人，他们热情

而充满自信，能够影响下属以某种特定的方式活动。　　　　　　　　　（　　）

2.家长式领导的权威领导、仁慈领导和德行领导行为分别对应于下属的认同效法、感恩图报和敬畏顺从的反应。　　　　　　　　　　　　　　　　（　　）

3.由于文化不同，领导-成员交换在中国情景和西方情景下会表现出不同的特点。

　　　　　　　　　　　　　　　　　　　　　　　　　　　　　（　　）

三、思考题

1.领导的内涵是什么？

2.领导特质理论的基本思想是什么？

3.领导行为理论的基本思想是什么？

4.典型的领导行为理论有哪些？

5.管理方格理论的基本思想是什么？

6.菲德勒权变理论的基本思想是什么？

7.简述郑伯埙的家长式领导二元理论的基本观点。

8.简述郑伯埙的家长式领导三元理论的基本观点。

9.简述领导-成员交换理论的基本思想。

10.魅力型领导、变革型领导、交易型领导各有哪些特点？

四、案例分析题

案例1：下午4点A中学的年级组长、教研室主任会议即将开始，与会者面前摆着笔记本，两个座位空着。差1分钟4点，张校长进来说："现在开会了，大家都很忙。这是会议议程，每人取一张。大家都知道，教委将在本市选择一些学校，进行内部管理体制改革的试点，我打算争取试点的机会。我相信大家都已看过教委的文件，以及我为本校拟订的内部管理体制改革的试点计划。"

这时门开了，迟到者小心翼翼进来，关上门，坐到空位上。校长看了他一眼，继续说："对于我所拟订的试点计划，以及对你们年级和教研室的要求，有什么困难吗？"

会议如此继续下去……

案例2：B中学的年级组长、教研室主任会议将在5分钟后开始。王校长在会议室内一角，正热心地与几位教研室主任交谈。4：03，校长环顾了一圈说："我们再等宋老师一会儿，我知道他对这个议题很有兴趣。"

4：08，王校长建议会议开始。大家随便围成一个圆圈坐着。王校长说："我希望了解各位对教委关于学校内部管理体制改革的试点计划的看法，我们学校是否试点，有什么意见。"大多数与会者都发表了意见。大家都同意学校试点，并提了改革试点的建议。王校长正要说话，宋老师进来说："抱歉，迟到了。我与家长谈话，多用了一些时间。"

"没关系。倒杯茶，拉把椅子来坐，我们告诉你刚才谈了些什么。"校长说。

宋老师坐好了，会议开始讨论校长提出的问题："我们如何拟订学校的改革计划？"

资料来源：罗品超.学校管理心理学［M］.武汉：华中科技大学出版社，2017.

请问：

（1）两位校长采取的领导方式分别是什么？

（2）两位校长领导方式有哪些主要差异？

（3）你认为哪一种领导方式较好？为什么？

任务二 领导力的提升途径

▶ 学习目标 ▪▪▪

◆知识目标

理解领导力的内涵、内容、特点；

了解制约领导力提升的主要因素；

掌握领导力提升的方法；

了解有效领导班子的构建。

◆能力目标

能够提升自身领导力。

◆素养目标

树立"德技并修"成才观、"德才兼备"选才用才观、领导力提升的
意识。

▶ 重点难点 ▪▪▪

◆教学重点

领导力提升的方法。

◆教学难点

有效领导班子的构建。

自学任务

（1）了解本任务的学习目标和重点难点，通过线上或线下的方式进行自学，
重点关注以下知识点：个体领导力的提升；有效领导班子的构建。

（2）自学结束后完成本任务的自学测试。

案例研讨

小赵辞职

小赵是某幼儿园的教学骨干，样样都干得很出色，尤其是近几年，为幼儿园争了
不少荣誉。一次，爱人不幸生病，住了医院，家里又有一个不满两岁的儿子，这无疑
增加了她的负担。小赵经过反复考虑，不得不向园领导提出了请假的要求并表示：服
侍爱人期间，不忘教学，认真备课。然而，园领导的答复是硬邦邦的：请假可以，但
要按章办事，每请一天假，扣奖金五十元，如一个月超过三天，该月奖金全部扣除。
另外，要从工资中支付部分代课金。显然，这给小赵是当头一棒，心想：没办法，只
好认扣了。不久，小赵的爱人出院了，与此同时，小赵向园领导提出了调离本园的申

请。这是园领导万万没料到的。于是，园领导来了个一百八十度的大转弯，收回当初所说的一切，补发扣除的奖金和工资。然而，小赵坚持一定要走。

资料来源：潘建林. 团队建设与管理实务［M］. 北京：机械工业出版社，2019.

讨论：

（1）小赵为什么要走？请用领导方式理论来分析。

（2）如果你是小赵，你会怎么办？

（3）如果你是园领导，你会怎么做？

知识点学习

有的人说领导力是天生的，也有的人说领导力只可意会不可言传。其实，领导力是可以通过后天的训练培养出来的。著名成功学大师库泽斯曾说过，领导力是普通人也能使用的、把他们自己和其他人的最好状态发挥出来的一个过程，当你把自身的领导力释放出来的时，你就能成就非凡的事业。

讲课视频8-6
个体领导力的提升

自学课件8-6
个体领导力的提升

一、个体领导力的提升

（一）领导力的内涵

1.领导力的含义

我们先来看看下面的故事。一个人去买鹦鹉，看到一只鹦鹉标价——此鹦鹉会两门语言，售价两百元，另一只鹦鹉则标价——此鹦鹉会四门语言，售价四百元。该买哪一只呢？两只都毛色光鲜，非常灵活可爱。这个人在那里转来转去拿不定主意。正在犹豫之中，他突然发现一只长相一般的鹦鹉，竟然标价八百元。这个人赶紧把老板叫来问道："这只鹦鹉是不是会八门语言？"店主说："不！"这个人奇怪地问道："那为什么它形象一般，会值那么多钱呢？"店主答道："因为这只鹦鹉能够管住另外两只鹦鹉，它俩管它叫领导呢！"

真正的领导不一定自己能力有多强，只要善于管理，能管住人，能团结更多的人，其价值就体现出来了。领导的本质就是影响别人行为的行为。一个好的领导就是能持久地指引、带领一批追随者不断地走向光明的未来，而不是半途而废，更不是把追随者指引、带领到黑暗的没有未来的地方。因此，领导力含义就是影响别人，让别人跟从的能力。

领导力来自两个：一是职位本身赋予的能力；二是自己本身的个人魅力对别人的影响力。前一种来自职务本身，别人是被动服从；后一种来自自己，是下属对领导的人格深深认同后产生的一种主动跟随行为。

领导者获得追随者的能力主要表现在三个方面："跟我来"——令人信服的远见卓识；"看我的"——令人信服的表率作用；"一起干"——令人信服的精神力量。

2.领导力的内容

领导力的内容包括几个方面：

（1）控制力——领导力的关键。美国著名的管理专家巴达维曾说，没有控制就无法管理，组织就不起作用，组织的日常工作如果不通过有效的控制，使它在轨道上正常运转，最好的计划和决策都会落空。

（2）决策力——领导力的重点。决策是领导者确定方针、策略的活动，是整个领导工作的重点与核心。拍脑袋、拍胸脯、拍屁股"三拍式"的经验领导容易决策失误，给组织带来损失。进行科学决策需要：讲究程序；有多种方案比较；发挥智囊的作用；依靠集体决策；注意科学方法等。

（3）执行力——领导力的展示。执行不只是那些能够完成或者不能够被完成的东西，还是一整套具体的行为和技术。执行本身就是一门学问。执行决定成败。良好执行通常需要：接受任务不讲条件；抓住细节责任到人；雷厉风行提高效能；密切协作形成合力；解决矛盾敢于较真；按程序办事；依法执行；创新机制等。

（4）领人力——领导力的标志。领导的第一要义就是领人。是否能领好人是判断一名领导水平高低的最重要尺度。领人包括育人、识人、选人、用人、管人。

（5）协调力——领导力的基础。人际关系的协调是领导协调中最重要的协调，事业上的成功一般15%靠专业技术，85%靠人际关系。

与上级关系的协调原则：尊重而不奉迎；服从而不盲从；到位而不越位；揽事而不弄权；请示而不推诿。

与上级关系的协调方法：主动了解上级；与上级的关系要适度；保持中立，等距接触；发奋工作，赢得信任；学会得到领导的赏识，巧给领导提建议，善于处理各种矛盾。

与下级关系的协调原则：信任而不放任；尊重而不训斥；民主而不武断；公正而不偏爱；关心而不讨好。

与下级关系的协调方法：要尊重信任；要理解、支持、帮助；要鼓励、商量；要诚信；要公平透明；要带头。

（6）沟通力——领导力的链接。领导者具备了良好的沟通力后，对同仁和下属就会有这种链接。沟通技巧包括：察言观色，善解人意；全神贯注，认真聆听；做出姿态，欣赏对方；用心交流，赢得好感；零距离沟通——亲和力，让他人接受自己的意见。

（7）调适力——领导力的保证。美国哲学家欧文曾说，健康是富人的幸福，穷人的财富。领导者只有具有健全的心理素质、较强的心理调适能力和心理发展完善能力等，才能沉着地应对形形色色的困难和问题。

（8）表达力——领导力的体现。掌握领导语言表达的原则与要求包括合适、得体、准确、通俗、简洁、礼貌等。

（9）创新力——领导力的动力。创新力主要包括：发现问题的敏锐观察能力；统观全局的统摄思维能力；拓展思路求索答案的能力；借鉴经验开拓新路转移经验的能力；远见卓识预见未来的能力等。

（10）学习力——领导力的核心。学习力是指个人、团队和组织所具备的有效学习的能力，是学习动力、毅力、能力、效率和转化力等要素的综合体现。领导者的学习力是指领导者带领组织学习，并不断寻求解决问题，进行变革创新的能力，是一种新的领导理念。

当今时代，知识更新周期大大缩短，各种新知识、新情况、新事物等层出不穷。如果我们不努力提高各方面的知识素养，不自觉学习各种科学文化知识，不主动加快知识更新、优化知识结构、拓宽眼界和视野，那就难以增强本领，也就没有办法赢得主动、赢得优势、赢得未来。因此，要有加强学习的紧迫感，要树立终身学习的理念。

3.领导力的特点

领导力一般表现为以下五个特点：

（1）柔性，重视应用软权力来发挥作用。

（2）双向性，特别注意领导者与追随者之间的相互影响和及时回应。

（3）人性化，在关注工作、关注利益的同时，更突出以人为本的思想，更关注人的情感、人的快乐、人的价值和人的发展。

（4）叠加性，在应用权力的同时，更注重领导者自身的品德、个性、专长、能力、业绩等方面软权力的叠加作用和放大作用。

（5）艺术性，既讲究科学，讲究遵循规律，又强调创新，强调权变融合，强调领导艺术的巧妙运用，是一种程序之外的创造力、创新力。

现代管理心理学的研究成果表明：借助于工资、奖金、福利等激励措施，只能调动下属员工60%的工作积极性，其余40%的工作积极性则要依靠领导者具有影响力的领导行为去调动。所以，一个领导者要想真正担负起自己的领导责任，必须努力提升自己的领导力。

（二）制约领导力提升的主要因素

1.道德失范

道德失范就是领导者的行为偏离了政治道德、社会道德准则的要求。"道德不厚者不可以使民"，领导者一旦道德失范，必然使其丧失政治上的坚定性、丧失表率作用，领导力也必然丧失殆尽。

2.权力滥用

权力滥用就是不能正确运用手中的权力，甚至利用手中的权力，做出违背社会大多数成员意志和利益的事情。权力滥用，是导致领导力降低，甚至完全丧失的最主要因素之一。权力滥用，扰乱了正常的工作秩序，必然导致腐败，会使领导者丧失群众的支持，影响下属工作积极性、主动性、创造性的发挥。

3.决策失误

决策事关领导活动的成败。决策失误是领导者失职的主要表现之一，是领导者弱化的重要原因。

4.用人失误

领导者如果不能正确观察人、了解人、识别选拔人、使用人、考核人，就是用人失察。用人失察是领导者失职的主要表现之一，必然会对领导力提升造成很强的制约。

5.协调失衡

协调失衡是指领导系统的各种关系出现矛盾、冲突、不团结、不和谐。这里主要是指人际关系，表现在：与上级关系不协调；与下级关系不协调；与同级关系不协调等。

6.思维僵化

思维僵化实质上是指思维方式的僵化，就是思维方式单一、封闭、静止。思维僵化会导致领导者条条框框多，照搬照抄多，丧失创新能力。

7.心理障碍

心理障碍包括心理失调和情绪失控两个方面。心理障碍的领导者可能会因心理紊乱、身心失态诱发疾病，会因虚荣而弄虚作假，会因狭隘而排挤异己，会因自负而盛气凌人，会因嫉妒而丧心病狂，会因情绪失控做出亲者痛仇者快的事，甚至违法的事等。

8.言行失体

言行失体就是言语行为主体的言谈与举止，没有遵循一定的交际规则，不得体。言行失体会阻碍人际的有效沟通，有损领导者形象。

9.眼界限制

眼界受到限制必然会制约领导力的发挥，眼界限制会导致领导者思维的僵化，妨碍领导者整体素质的提高。

（三）如何提升领导力

领导力产生于领导实践，不仅包括影响力、决断力，还包括激发力、凝聚力等诸多方面。领导力体现在具体领导工作中，如协调关系、组织活动、日常管理等。领导者必须在工作实践中提高领导力，工作实践是领导者提高领导力的必然途径。对于一个领导者来说，必须把领导和管理有机地相融于一体，形成互补，才能有效地提升领导力。

1.关注目的

三流的领导关心手段，二流的领导关注目标，一流的领导关注目的。作为一个领导，一定要有战略思考的能力。著名领导学家阿代尔指出，战略思考是指了解全部情况、在纷繁复杂中识别出本质、进行与重要程度相匹配的思考。也就是说，领导的首要任务是确定方向，即目的。然后以此为出发点来设计战略和战术，以确保组织能够达成目标。做任何事情前都需要精密策划和思考，特别要搞清楚的正是做事情的最终目的。方向比努力重要。

2.率先垂范

榜样的力量是无穷的。"火车跑得快，全靠车头带。"发挥好的模范作用可以有效提升领导力。古希腊著名将军色诺芬曾经说过："领导人无论倡导什么，只要表明他自己最擅长履行，就很少会遭到手下人的蔑视。"行动的感召力和影响力比语言强了百倍，这是人的一种天性。实际上，人从幼儿开始，便有强烈地模仿大人行为的倾向，这种倾向成年后并未消失，仍然是主导我们行为的最主要力量。因此，管理者必须管好自己，高标准地严格要求自己，一言一行、一举一动和所做的工作要经受住历史的考验，对自己负责、对家庭负责、对事业负责；要严于律己、以身作则、身先士卒，让别人做的自己先做到，要求员工不做的，自己带头不做；要吃苦在前，享受在后，自觉做到自重、自省、自警、自励，始终保持蓬勃朝气、昂扬锐气和浩然正气，为员工树立良好的榜样。

3.关心下属

著名职业经理人唐骏认为，管理的本质就是感动下属。感动下属其实并不难，只需要沟通、关心、肯定、承担责任、站在下属的立场思考问题则可。

4.知人善任

易中天在《品人录》中谈到刘邦时说过："作为一个领袖人物，刘邦最大的特点是'知人'，这里说的知人，还不是一般意义上的尊重人才和善用人才，而是懂得人情人性，既知道人性中的优点，又知道人性中的弱点，这才能最大限度地团结一切可以团结的力量，又能孤立敌人各个击破，终于运天下于股掌之中。他还懂一个道理：世间一切事物中，人是第一个可贵的。"其实，真正的领导者都是懂得人性的人，他们都知道"用人所长"，并包容人才的短处和缺点。管理者要懂得识人、育人、用人、容人。领导力的核心是用人，人一用对，整盘棋就活了。

5.目标高远

《西游记》里最没有本事的应该就是唐僧了，可为什么孙悟空、猪八戒和沙僧都愿意追随他？就是因为他有远大的目标。阿代尔在《战略领导》一书中指出，士气只能被成功或对最终成功的渴望所鼓舞。提供更好的食物、更好的办公室或更好的报酬只能给士气带来瞬间的效果，因为钱财或物资不能买来本质上属于精神层面的东西。因而，真正的领导者一定懂得利用远大的目标激发下属的潜能，最大限度地去提升组织的绩效。

6.智力、经验和美德

在古希腊，人们认为，此三者之和即智慧。智力即"才"，包括理论知识、管理知识、专业知识等，还包括实际工作中的谋划能力、决断能力、协调能力、创新能力、综合分析问题和解决问题的能力等。谋事在人，成事在能，这里的"能"指的就是做事的能力。

经验即通过实践得来的知识或技能，也指人们在同客观事物直接接触的过程中，通过感觉器官获得的、关于对客观事物的现象和外部联系的认识。

美德即"德"，在现实生活中通常表现为事业心、责任心、原则性、廉洁性、团结合作的能力以及勇于克服困难、完成工作任务等，也就是做人的能力。智力使人做事富有逻辑；经验能使人明智，避免走弯路、犯错误；最重要的是美德，美德才是领导力的源泉。如果一个人身上拥有包容、感恩、爱和同理心等，那么他一定能够受到别人的尊重和感激，继而能激发别人跟随的欲望和行为，这叫"以德服人"。

二、有效领导班子的组建

要提升组织的领导力必须组建有效的领导班子。要组建有效的领导班子，在各类

企业、各部门、各单位、各层次等的领导班子安排中，要注意不同素质、不同知识结构、不同职能结构、不同年龄的人合理搭配，即要注意领导班子的结构问题。

（一）领导班子结构的内容

现代组织领导班子最重要的还不是其中的个体优秀，而是作为集体应有最佳的结构组合。

1.专业结构

专业结构是指领导班子中的各种智力要素，按其专业与职能之不同，形成一个合理的比例构成。领导班子的专业化并不等于领导班子的科技专家化。科技专家有一技之长，从事领导和管理有许多有利条件，我们应该重视从其中间选拔领导，但并不是每一个科技专家都具有管理才能，并不是科学界越知名，工程师越高级，其管理才能也越大。

2.年龄结构

年龄结构是领导班子整个智力结构中一个重要的亚结构。不同年龄的人既有不同的智力，也有不同的职能，有的任务需要老年人来承担，有的工作则需要中年人与年轻人来完成。

3.智能结构

智能指的是人们运用知识的能力。智能结构在领导班子结构中同样占有十分重要的地位。智能结构是指具有不同特点和水平的"知""才"的人配合而组成的集体结构。这里需强调"不同"和"配合"。

4.知识结构

知识结构在领导班子结构中也占有十分重要的地位。一个领导班子通常不需要所有成员都具有同等的知识水平。一个合理的知识结构，可以由不同知识水平的人，按一定的比例构成。

（二）科学组建领导班子结构

1.注意选拔主导型人才

在大型组织的群体中，如果按人与人之间行为的传递、接收和相互影响来分，不外乎有三种人才类型：主导型、依附型、中间型。

（1）主导型人才：他们注重人本身的内在价值体系，对自己的认识很深刻，在群体中常常能成为举足轻重的角色。他们富于创造性，并能在工作中证实自己的能力。这种人在群体中是角色的传递者，通过自己的行为影响其他许多人。

（2）依附型人才：他们的行为较多地受到其他角色传递者的外在影响，属于角色的接受者。这种人所表现的行为是种顺势行为。在群体中，他们往往能较好地完成组织指派的任务，缺乏主见，更少创见。

（3）中间型人才：在现实生活中，多数人是主导型和依附型兼而有之的中间型人才，只是两者的比重大小不同罢了。

2.重视领导班子的素质结构

就素质而言，领导班子应当由这样四种人组成：

（1）有思想、有观点，全局观念很强，善于思考、出主意，决策、决断能力很强的人。

（2）非常善于行动，沉着镇定、坚毅顽强、果敢，执行能力很强的人。

（3）善于处理人事关系、协调矛盾，涵养很高，能默默无闻工作以创造良好氛围的人。

（4）对环境变化十分敏感，善于捕捉信息、发现机会的人。

3.保证领导班子的团结

由于领导班子成员具有不同的素质，他们的性格差异等可能也很大，如果他们之间出现了不团结的现象该怎么办呢？

（1）任何领导班子成员都是组织中的一员，一旦领导班子明确了各成员的基本职责和任务范围，就表明了各成员的决策权，其决定应该就是整个领导班子的决定，任何人都应该尊重其意见。如果出了问题，也应由各成员负主责，但其代表的是整个领导班子的意见。

（2）领导班子成员中任何人都不允许对不是自己责任范围内的事做决定。

（3）领导班子成员之间应该互相维护彼此在下属心目中的威望，互相尊重。

（4）领导班子者中最好有一位德高望重、最有才能和魅力的人做"班长"，但不是家长式的独断专行者，他可以协调成员之间的关系，平衡各种矛盾。

（5）在可能的情况下，领导班子成员应该主动地承担没有明确管辖范围的工作，保证领导集体的分工合作。

（三）理想的领导层次结构

1.高层领导

从行为上，高层领导应该摆脱日常事务的纠缠，离开办公室，用大量的时间与组织外部交往。这样可以及时了解和把握政策动向，捕捉商业信息。从能力上，他们应该有胆量、有魄力、有思想，善于综合各种信息、发现机会，提出思路和观点，设置远大的目标，并能把自己的想法传达给下属成员，鼓舞士气，激发斗志和干劲。

2.中层领导

中层领导应该善于领会和理解，善于沟通，及时、准确地把握高层领导的意图，具备扎实的理论功底，能够把高层领导的思路和想法变成切实可行的方案，并能得高层领导的信任和下属的支持。

3.基层领导

基层领导主要是脚踏实地、以身作则，能够带领下属把中层领导提出的方案变成实际行动，变成经济效益。

> 素质提升

干部选拔的标准

德才兼备是对干部的全面要求，也是党的各级组织选拔任用干部的标准。"德"主要是指干部的政治标准，包括政治理论和思想基础、政治立场和政治倾向、道德观念和思想品质、工作态度和工作作风、自律意识和纪律观念等。"才"主要是指干部的能力和水平，包括知识素养、业务水平、决策能力、组织协调能力、综合分析能力和解决实际问题的能力等。党章规定的各级领导干部必须具备的六项条件，是德才标准的具体化。德才兼备是一个完整的统一体，不能割裂，不能偏废，但德和才相比，德是第一位的。只有在正确的政治方向指导下，干部的聪明才智才能更好地为人民的事业服务。实践证明，德才标准是一个正确的用人标准，必须坚定不移地坚持，并随着形势的发展变化，不断加以丰富。

资料来源：中共中央组织部培训中心. 党的组织工作入门［M］. 北京：党建读物出版社，2003.

➤ 自学测试

一、选择题

自学测试8-2

1.制约领导力提升的主要因素有（　　　）。

A.道德失范　　　　　　　B.权力滥用　　　　　　　C.决策失误

D.用人失误　　　　　　　E.协调失衡　　　　　　　F.思维僵化

G.心理障碍　　　　　　　H.言行失体　　　　　　　I.眼界限制

2.领导力包括（　　　）。

A.控制力　　　　B.决策力　　　　C.执行力　　　　D.领导力

E.协调力　　　　F.沟通力　　　　G.调适力　　　　H.表达力

I.创新力　　　　J.学习力

3.领导班子结构的内容包括（　　　）。

A.专业结构　　　B.年龄结构　　　C.智能结构　　　D.知识结构

二、判断题

1.组织领导力提升必须组建有效的领导班子。　　　　　　　　　　（　　　）

2.高层领导成员之间应该互相维护彼此在下属心目中的威望，互相尊重。

（　　　）

➤ 课后测试

一、选择题

1.提升领导力要做好以下（　　　）工作。

A.关注目的　　　　　　　B.率先垂范　　　　　　　C.关心下属

D.知人善任　　　　　　　E.目标高远　　　　　　　F.智力、经验和美德

2.保证高层领导层的团结措施有（　　　）。

A.任何高层领导成员都是组织中的一员，有各自的基本职责和任务范围的决策权，其他成员应该尊重他的意见

B.高层领导成员中任何人都不允许对不是自己责任范围内的事做决定

C.层领导成员之间应该互相维护彼此在下属心目中的威望，互相尊重

D.高层领导者中最好有一位德高望重、最有才能和魅力的人做"班长"，协调成员之间的关系，平衡各种矛盾

E.高层领导成员应该主动地承担没有明确管辖范围的工作，保证领导集体的分工合作

二、判断题

1.当今时代，知识更新周期大大缩短，各种新知识、新情况、新事物层出不穷，因此每个人要有加强学习的紧迫感，要树立终身学的理念。　　　　　　　（　　）

2.要提升领导力，高层领导也应该以身作则，事事亲力亲为。　　　　　（　　）

三、思考题

1.简述领导力的含义、内容、特点。

2.简述制约领导力提升的主要因素。

3.简述领导力提升的方法。

4.有效领导班子构建要注意哪些问题？

四、案例分析题

周恩来的领导魅力

周恩来，中国近现代史上一位卓越的政治家、军事家、外交家，以其深厚的领导素养和高尚的领导魅力，赢得了广泛的尊敬与爱戴。他的一生，是对"活到老，学到老，改造到老"这一名言的最佳诠释。

周恩来严于律己，对自我要求极高。他始终将自己视为普通一兵，严格遵守纪律，为党和人民的利益默默奉献。他的一言一行，都力求不给党和国家带来丝毫损害。对待错误，他更是表现出令人钦佩的态度。无论是大错误还是小过失，他都真心实意地做检讨，从不强调客观原因，而是深入剖析自己的思想、作风和立场观点。这种自我批评的精神，使他在领导工作中始终保持着清醒的头脑和坚定的信念。

生活中的周恩来，清廉俭朴，几十年如一日。在艰苦的长征岁月里，他使用多年的茶缸虽然脱落了搪瓷，却一直陪伴着他。在重庆工作时，尽管工作繁重、体力消耗大，但他依然坚持与同志们同甘共苦，保持相同的伙食标准。新中国成立后，生活条件改善，但他的饮食依然简单，衣着朴素整洁，家具简单至极。他对自己的亲属也严格要求，从不搞特殊化。新中国成立前，他的兄嫂曾希望他能帮忙找工作，但他坚决拒绝；新中国成立后，他更是教育晚辈要艰苦奋斗，不靠关系，不搞特殊。

周恩来的领导魅力，不仅体现在他的严于律己和生活俭朴上，更体现在他善于做人的工作和协调矛盾的能力上。他待人宽厚，温暖亲切，无论是与他患难与共的老战友，还是他身边的普通工作人员，都对他充满敬爱。他的谈话，如同春风细雨，能够深入人心。与他一起工作的同志都心情舒畅，愿意与他谈心里话。他善于倾听，从不乱扣帽子，这种包容和尊重使得他周围的人们都愿意与他真诚相待。

在协调矛盾方面，周恩来更是展现出高超的艺术。他深受中国传统文化的影响，尤其是儒、墨两家的中庸思想。但他并非盲目调和，而是在明辨是非的基础上，灵活运用求同存异的方法。在革命实践中，他逐步将这一思想发展为在马克思主义立场观点基础上的求同存异。他根据不同情况，创造性地灵活运用求同存异的多种形式，解决了一个又一个长期没有解决的难题，推动中国革命不断进入新的局面。

尤为值得一提的是周恩来对领导和群众关系的深刻理解。他深知，领导群众并非

高高在上、发号施令，而是要以身作则、谦虚谨慎、平易近人。他强调，领导群众的基本方法是说服，而非命令。他通过自己的言行，以身作则地影响着群众，使他们在不知不觉中受到教育和启发。

资料来源：沈亚平，王骚. 公共管理案例分析［M］. 天津：天津大学出版社，2006.

请问：在本案例中周恩来独特的个人魅力主要体现在哪些方面？

学习模块四
组织分析

　　组织行为分析的组织层面分析，主要关注组织层面的行为和心理过程，研究内容包括组织结构、组织文化、组织变革、组织发展、组织战略等。这一层次的研究目的是理解组织的运作机制，为组织创新、变革和发展提供理论支持。

学习单元九　组织文化建设

学习目标

◆知识目标

了解组织文化的内涵、功能、结构；

了解组织文化建设的内容；

掌握组织文化建设的基本路径。

◆能力目标

能够开展组织文化建设。

◆素养目标

树立文化育人的意识。

重点难点

◆教学重点

组织文化建设的内容。

◆教学难点

组织文化建设的基本路径。

自学任务

（1）了解本单元的学习目标和重点难点，通过线上或线下的方式进行自学，重点关注以下知识点：组织文化的内涵、功能、结构；组织文化建设的内容；组织文化建设的基本路径。

（2）自学结束后完成本单元的自学测试。

案例研讨

苏州 DS 洋楼公司的奋斗目标与价值定位

苏州 DS 洋楼公司以"传播现代商业文明，传递爱心，担当责任，做基业长青、员工幸福、客户满意、社会美誉的高尚企业"为奋斗目标与价值定位。苏州 DS 洋楼公司创立于 1992 年，专业生产美式木制别墅，到 2014 年员工近千人，90% 以上都是农民工（瓦工、木工、油漆工、水电工、杂工等），这些极其平凡的农民工组成的团队，创造了公司无须管理（没有总裁办公室）、无须营销（没有营销队伍），却财源滚滚而来的奇迹。公司拥有强大的"近君子，远小人"的品牌文化影响力。公司上万平方米的仓库，没有一个专职保管员，公司任何人到仓库领用物料，都是自己登记自己拿取。公司所有的财务报销都无人审批，员工自己签字即可报销。员工高度的自觉与诚信，令人起敬！公司拥有 1 000 多项专利技术，建造的别墅品质优良，1997 年制造的样板房，2015 年以后位列行业第 2 名的企业依然造不出来。所以，公司建造的别墅一直为消费者所抢购、抢租，供不应求。要买，至少得提前 3 年预订；要租，求租者自愿加价。在苏州当地与 DS 洋楼公司相应规模的别墅，一般年租金为 2.5 万美元，而 DS 洋楼公司的别墅因结构与质量优良，再加上物业管理服务给人一种比在自己家里还要舒适的感觉，竟引来客户为能争得入住愿加一倍的年租金（5 万美元）。从中可以想象 DS 洋楼公司所建造房子居住的舒适性，以及服务优良的程度。DS 洋楼公司的营销部是名副其实的订单拒绝部，因为 70% 的上门订单会被拒绝，对有不良诚信记录的人，还将被拒绝成为公司的客户。在市场上，是公司选择客户，而不是客户选择公司，这样的公司竞争力，让同行远远无法追赶，更不要说超越。DS 洋楼公司在其特有的文化价值观引导下的经营管理方式与所取得的成就，颠覆了众多的管理与营销理论。从中可见，如今有多少管理与营销理论引导人们所走的，并不都是能适应和帮助企业健康运营与发展的康庄大道。

DS 洋楼公司之所以能取得如此惊人的成长活力，用公司董事长聂先生的话说："我们只是把更多的员工变成'雷锋'，而之所以会有更多的员工愿意成为雷锋，是因为公司坚持'不让雷锋吃亏，让雷锋受到更多尊敬'的经营理念。"为此，公司采取了 20 多项的奖励与福利措施，用实际行动践行了公司所坚持的奋斗目标与价值定位，并在最大限度上为员工解除后顾之忧，以与员工结成真实的命运共同体关系。DS 洋楼公司"传播现代商业文明，传递爱心，担当责任，做基业长青、员工幸福、客户满意、社会美誉的高尚企业"的奋斗目标与价值定位，构成了 DS 洋楼公司特有的"经营之道"，使公司形成强大的员工凝聚力与价值创造的活力。DS 洋楼公司之所以能有今天无须管理、无须营销，却财源滚滚而来的经营成就，首先得益于它为自己设定的奋斗目标与价值定位，从而形成确定所走的"经营之道"。

资料来源：傅雄，金桂生. 企业价值链管理：制造型企业如何创造期望的效率、质量、成本与价值 [M]. 杭州：浙江工商大学出版社，2020.

讨论：DS 洋楼公司的成功，对你有怎样的启示？

知识点学习

一、组织文化的认知

（一）组织文化的含义、特征及表现形式

1.组织文化的含义

组织文化是指组织在长期的实践活动中所形成的，并且为组织成员普遍认可和遵循的，具有组织特色的价值观念、团体意识、行为规范和思维模式的总和。

2.组织文化的特征

组织文化的基本特征包括：

（1）组织文化的核心是组织价值观。任何一个组织总是要把自己认为最有价值的

讲课视频 9-1

组织文化的认知

自学课件 9-1

组织文化的认知

对象作为本组织追求的最高目标、最高理想或最高宗旨等，一旦这种最高目标和基本信念成为统一本组织成员行为的共同价值观，就会形成组织内部强烈的凝聚力和整合力，成为统领组织成员共同遵守的行动指南。因此，组织价值观制约和支配着组织的宗旨、信念、行为规范与追求目标等，从这个意义上说，价值观是组织文化的核心。

（2）组织文化的中心是以人为主体的人本文化。人是整个组织中最宝贵的资源和财富，是组织活动的中心和主旋律，组织只有充分重视人的价值，调动人的积极性，发挥人的主观能动性，努力提高组织全体成员的社会责任感和使命感，使组织和成员成为真正的命运共同体与利益共同体，才能不断增强组织的内在活力和实现组织的既定目的。

（3）组织文化的管理方式是以软性管理为主。组织文化是以一种文化的形式出现的现代管理方式。它通过柔性的文化引导，建立起组织内部合作、友爱、奋进的文化心理环境，以及协调和谐的人群氛围，自动地调节组织成员的心态和行动，并通过组织成员对这种文化氛围的心理认同，逐渐地内化为组织成员的主体文化，使组织的共同目标转化为成员的自觉行动，使群体产生最大的协同合力。

（4）组织文化的重要任务是增强群体凝聚力。组织文化通过建立共同的价值观和寻找观念共同点，不断强化组织成员之间的合作、信任和团结，使其产生亲近感、信任感和归属感，实现文化的认同和融合，在达成共识的基础上，使组织具有一种巨大的向心力和凝聚力，这样才有利于组织共同行动的齐心协力和整齐划一。

3.组织文化的表现形式

组织文化需要借助一定的形式来表现，需要人们基于可观察到的物象来推断，需要通过一定的表现形态以及渠道和途径传递给员工与外界，以利于解释、识别和学习。

组织文化的主要表现形式有：

（1）故事。故事是指在组织内曾经发生的、能够体现组织的价值观和反映组织情境的、经过演化和加工而流传下来的叙述性事件。这些故事有的是加进了一些虚构的细节的历史事件和传奇故事，有的则是有事实根据、经过艺术加工的神话等。故事的内容大多与组织创建者从乞丐到富翁的发迹史、组织制度形成、员工赏罚、裁员或员工重新安置、过往错误反省以及组织应急事件等有关。故事借古喻今，使公司价值观保持长久活力，不仅可以为全体员工提供一种共享的理念，还可以为组织政策提供具体的解释。

（2）礼仪和仪式。礼仪和仪式是组织已经成为习惯的日常的一系列文化活动的总称。这些文化活动体现了组织对员工的期望和要求。它们以生动形象的形式，向员工灌输组织的价值观。礼仪和仪式实际上是一种培养人们一定的价值观念和行为方式的手段与载体，使本来抽象的价值观念变成具体的有形的东西，成为组织文化不可缺少的一部分。礼仪和仪式能够促进员工向新的社会角色转变，使员工产生更强的社会认同感，有助于改善组织绩效，使员工之间产生共同的纽带和良好的情感，增强员工对组织的认同。可以说，没有礼仪和仪式，就没有组织文化。礼仪和仪式的形式多种多样，包括各种表彰和奖励活动，也包括各种聚会和娱乐活动，还包括升旗和背诵誓词等。

（3）物质象征。物质象征是组织文化的物质形态和外在表现。这些物质象征包括公司的外观如公司的名称、象征物、内外空间设计、装修色调等，劳动环境如音乐背景、员工休息室、餐厅、教室、图书室、文化娱乐环境等，还包括给高层管理人员提供的办公室环境、生活津贴以及为员工提供的工作制服、交通配置福利等。

（4）语言。语言是指在组织中特有的、常用的，体现组织行业特点、工作性质和专业方向的专用术语，如公司的惯用语、口号、隐喻或其他形式的语言。这些语言能够识别和解释组织文化或亚文化，并成为组织文化的重要组成部分。组织成员学会这些语言，有利于他们理解和接受组织文化。按组织文化对员工行为的影响力强弱划分，组织文化分为强力型组织文化和弱力型组织文化。强力型组织文化：有坚定的信念、明确的价值观、公认的行为方式，其文化对员工行为的影响力很强。弱力型组织文化：组织不清楚什么是重要的、什么是不重要的，没有信念、没有方向、没有核心的价值观，其员工行为不受强有力的文化因素影响。

（二）组织文化的功能

1.凝聚功能

组织文化的凝聚功能主要表现在组织文化所体现的"群体意识"，能把员工个人的追求和组织的追求紧紧联系在一起，使每个员工产生浓厚的归属感、荣誉感和目标服从感。

2.导向功能

组织文化的导向功能主要表现在组织价值观念对组织主体行为，即组织领导者和广大员工行为的引导上。

3.激励功能

组织文化的激励功能主要表现在组织文化所强调的信任、尊重、理解每一个人，能够最大限度地激发员工的工作积极性和首创精神。

4.提高素质功能

组织文化的提高素质功能主要表现在组织文化能为组织营造一种追求卓越、成效和创新的氛围，这种氛围对提高人员素质极为有利。

（三）多维度知识型组织文化结构模型

不同的学者从不同的角度出发，对组织文化结构的设计有不同的理解。有的学者把多维度组织文化结构设计为三个层次，即把组织文化分为物质文化、制度文化和精神文化三个层面，也有的学者把组织文化划分为精神层、制度层、行为层和物质层四个层面，这些组织文化结构模式比较普遍。但这些文化结构的设定是平面的，缺乏多维度立体分析，因而可操作性和可视性都比较低。

对知识型组织而言，建构组织文化的目的在于有利于组织突破传统文化的束缚，为组织营造一种与组织的知识创新相适应的文化类型，并能够为知识创新的实践活动提供路径和方法。于是，有的学者构建了一个由三个维度、一个核心组成的组织文化结构模型。

知识型组织文化建设的目标是服务于组织的发展战略，为组织的知识创新和知识管理提供保障，因此知识创新在多维度知识型组织文化结构模型中应当居于核心地位，其他三个维度分别围绕着这个核心展开。

1.制度文化维度

组织文化中的制度文化维度是由组织的法律形态、组织形态和管理形态构成的外显文化，一般包括组织的规章、组织的经营制度和组织的管理制度。除此以外，组织内部非正式的规章制度，也就是通常所说的组织惯例或"潜规则"，对员工行为的规范和引导作用也是很大的，有时甚至超过了组织正式的规章制度所起到的作用。制度文化是组织文化的中坚和桥梁，能够把组织文化中的物质文化和精神文化有机地结合成一个整体。

2.物质文化维度

组织文化中的物质文化维度包括组织工作的环境、组织的标志、文化设施等内容，组织成员可以在组织的日常工作中通过所见、所闻、所感等潜移默化地接受组织文化的熏陶。物质文化是组织文化的外在表现形式，能够为组织成员营造赖以有效开展工作的环境和条件，激发员工的工作主动性，使之产生归属感。

3.精神文化维度

组织文化中的精神文化维度是指知识型组织的核心价值观，包括对人的尊重和理解、人与人之间的高度信任和平等、崇尚学习和交流、追求创新等。精神文化维度构成了组织的道德水准和组织成员的生存哲学，是组织的精神所在。精神文化的建设一般来源于组织创始人和最高管理者的经营理念。

二、组织文化建设的内容

讲课视频9-2

组织文化
建设的内容

自学课件9-2

组织文化
建设的内容

（一）组织文化建设的含义

组织文化建设是指组织有意识地培育优良文化，克服不良文化，完善组织文化的过程。

（二）组织文化建设的原则

1.目标原则

每一个组织与企业都要有一个明确的、鼓舞人心的发展目标。比如，某高校要建成国内一流大学；某建筑企业要占领某一地区某类建筑市场；某医院要上升为三甲医院等。要把组织的宣传文化活动同目标紧密联系起来，使组织员工感到方向明确、工作有劲，获得心理满足，为自己能给组织做出贡献而自豪。

2.价值观念原则

组织文化建设要有目的、有意识地把员工的行为规范到组织共同的价值观念与理想追求上来。

3.合理原则

组织文化建设要促进员工相互信任，密切关注管理者和被管理者的关系，减少对立与矛盾，使全体员工形成合力，成为团结战斗的集体。

4.参与原则

组织文化建设要注意培养员工参与组织管理的意识。让员工参与管理，可以调动其工作积极性，激励其积极进取的精神，树立其主人翁的责任感，从而促进组织文化建设的整体开展。

（三）组织文化建设内容

组织文化建设主要包括组织文化的形成、组织文化的维系和组织文化的传承等方面内容。

1.组织文化的形成

（1）组织文化首先是源于组织创建者的管理理念。每个强力型组织文化的核心都是组织管理者管理理念的具体体现。管理者的管理理念会影响管理政策，在甄选新员工时会选拔与之相匹配的人员，也就是说，进入这个组织的人基本应该和组织文化要求的标准相匹配。同时，组织现任的高级管理人员的行为为员工行为设定了标准，也设立了榜样。什么样的行为是组织推崇的，什么样的行为是组织不希望的，这些在组织管理工作和具体的人力资源政策中都得以体现。员工在工作中学到、看到了一些行为准则，也指导着其平时的工作行为。这些都是形成组织文化的基础。

（2）心理认同。心理认同是指个体将自己和另一个对象视为等同，引为同类，从而彼此产生密不可分的整体性的感觉。初步的认同处于认知层次上，较深入的认同进入情绪认同的层次，完全的认同则含有行动认同的成分。个体对他人、群体、组织的认同，使个体与这些对象融为一体，休戚与共。为了建设优良的组织文化，组织主要负责人取得全体员工的认同，是一项首要的任务。这就要求组织主要负责人以身作则，作风正派，办事公正，待人热情，真诚坦率，关心员工，善于沟通，具有民主精神，成为员工靠得住、信得过的"当家人"。员工对组织主要负责人的认同感一旦产生，就会心甘情愿地把其所倡导的价值观念、行为规范当成自己的价值观念、行为规范，从而形成其所期望的组织文化。人力资源管理是对人能力的培养和对人的管理，组织文化建设在人力资源管理中占有举足轻重的地位。组织在培训时将组织文化融入，可以在提高员工能力的同时增强员工对组织文化的认同，也为在人力资源管理中灌输、渗透组织文化奠定基础；根据组织和员工的具体特点，在员工中唤起他们的进取精神和接受挑战的意识，倡导团队精神，强调团队制胜，员工的认同感由此而得到加强。

（3）理念识别。理念识别是组织生产管理过程中设计、科研、生产、营销、服务、管理等理念的识别系统，是组织对核心价值的总体规划和界定，主要包括组织精神、组织价值观、组织信条、管理宗旨、管理方针、市场定位、产业构成、组织体制、社会责任和发展规划等。它属于组织文化的意识形态范畴。

（4）行为识别。行为识别是组织实际管理理念与创造组织文化的准则对组织运作方式所做的统一规划而形成的动态识别形态。它是以管理理念为基本出发点，对内建立完善的组织制度、管理规范、行为规范和福利制度等，对外则开展市场调查、进行产品开发等，通过社会公益文化活动、营销活动等方式来传达组织理念，以此获得社会公众对组织识别认同。

（5）视觉识别。视觉识别是以组织标志、标准字体、标准色彩为核心展开的完整、系统的视觉传达体系，是将组织理念、文化特质、服务内容、组织规范等抽象语义转换为具体符号概念，塑造出独特的组织形象。视觉识别系统分为基本要素系统和应用要素系统两方面。基本要素系统主要包括组织名称、组织标志、标准字、标准色、象征图案、宣传口语等。应用要素系统主要包括办公事务用品、生产设备、建筑环境、广告媒体、交通工具、衣着制服、旗帜、招牌、标识牌、橱窗、陈列展示等。视觉识别在CI系统（全称为企业形象识别系统，corporate identity system）中最具有传播力和感染力，最容易被社会大众接受。视觉识别系统的效果立竿见影，是组织文化建设中最容易看到表面效果的部分，因此被大量组织所重视，但是视觉识别系统的工作容易停留在表面上，对组织实质性的管理行为不能产生真正的影响。

2.组织文化的维系

组织文化一旦形成或建立，就需要一系列有效的管理措施和方法来维系，以保持组织文化的活力和特色。要维系组织文化，保持组织文化的生命力，有两个尤为重要的因素，即人员遴选和组织社会化。此外，高层管理者的表率作用也是组织文化维系的重要因素。

（1）人员遴选。组织在创始者的影响下，形成了组织文化的雏形。组织文化的维系与强化有待于组织成员的进一步认同和融合。在员工招聘过程中，组织希望遴选出的员工拥有适当的技能和知识，可以完成组织内的具体工作，同时拥有与组织自身相同或相近的价值观。如果员工的价值观与组织文化不相容，那么员工对组织的认同感和满意度就会很低，员工流动率就会升高。因此，遴选认同组织价值观的人，有助于维持一个强有力的组织文化。

（2）组织社会化。新员工进入组织后，就要向他们灌输组织文化，将组织的核心价值观、信念、准则传授给他们，这就是社会化过程。研究表明，正式的社会化机制对新员工有积极作用，能减少其角色模糊性、角色冲突和压力，从而增加其满意度和认同感或承诺感。

（3）高层管理者的表率作用。高层管理者的言行举止往往具有示范效应，对组织文化有重要影响。他们的所作所为会告诉或暗示组织成员什么是可接受的行为，什么是不可接受的行为，如奖励什么行为，什么衣着得体等。他们的偏好会决定该怎样对新员工进行社会化，进而影响组织文化维系的核心内容。

3.组织文化的传承

组织通过仪式/典礼、象征物和语言等各种途径使组织文化得到传承。

（1）仪式/典礼。仪式/典礼是有组织、有计划的活动，是表明和强化组织最关键的价值观，为重要的目标和重要的人而进行的重复性活动。比如，有的公司通过精心设计的颁奖仪式，对工作绩效好的员工予以承认并为之庆祝，强调对工作绩效好的奖励。这些仪式/典礼强调了组织对员工的要求和期望，传递了组织的核心价值观。

（2）象征物。传播文化的另一个重要工具是象征物，它可以是物体、行为或事件等。从某种意义上讲，仪式/典礼也是象征物，因为其象征了组织更深刻的价值观。具体的象征物有很好的传播效果和力量，因为它可使人注意某具体事物及其象征意义。

（3）语言。语言是组织文化传承最为常见的途径。语言作为组织沟通的方式之一，承担着重要的传递信息的功能。组织有时会用特别的口号或格言来表达组织关键的价值观。例如，飞利浦公司的"让我们做得更好"的口号，对客户及公司员工都适用。

（四）组织文化建设的基本路径

组织文化建设是一项长期、复杂的系统工程，涉及组织方方面面的管理与运作问题。具体而言，组织文化建设的基本路径包括以下几个方面：

1.组织文化精神设计

组织文化精神设计是组织文化建设最重要的组成部分，决定着组织文化的内涵和整体效果。组织文化精神一般包括组织愿景、组织使命（或宗旨）、核心价值观、组织哲学、经营理念、管理模式、组织道德、组织作风等。组织文化精神的设计要本着历史性、社会性、群体性、前瞻性和可操作性的原则，既要体现组织的社会责任，也要明确回答组织存在的目的和价值。

（1）明确组织奋斗目标。一个明确的组织奋斗目标是经过广泛的调查研究和科学的论证后确定的。一个组织只有确立了科学合理、符合实际的奋斗目标，并得到了全体员工的理解和认同，才能吸引和凝聚组织成员为之努力工作，才能使组织成员看到组织发展和自身价值实现的希望。

（2）提炼核心价值观。核心价值观是组织领导者和员工对组织价值与人生价值的根本看法，也是组织和个体的行为准则，是组织文化的核心部分。

一般来说，组织在选择核心价值观的时候应该考虑以下几个方面的因素：①根据组织性质判定组织文化的类型；②分析组织成员构成；③分析组织外部环境对组织成员的思想意识和行为的影响等。

（3）着力培育组织精神。组织精神是组织成员所具有的共同态度、思想境界和理想追求。在策划、设计组织文化时，要充分考虑自身组织的特征和优势，深入挖掘本组织的文化资源，形成自己独特的价值体系和行为规范。

2.组织文化制度化

所谓组织文化制度化，是指把组织倡导的文化精神转化为具有可操作性的管理制度的过程。组织文化制度化是把组织文化有形化、具体化的过程，也是组织工作规范化、有序化的变迁过程，是组织文化建设的重要环节，在制度化过程中需要注意以下几点：

（1）体现核心价值观。在制度化过程中，只有根据组织的核心价值观来全面审视和调整组织现有的管理制度，使核心价值观和管理制度在高层次上达成一致，才能为组织成员所接受，才能把组织成员的行为纳入相同的固定模式之中。

（2）把握制度化的系统特征。虽然制度化只是组织文化建设过程中的一个步骤，但制度化本身是一个包含许多因素和环节的系统。从制度构成的角度看，制度化包括制度观念确立、制度条文设计、制度执行措施等。

（3）合理设计制度条文。制度条文的设计要在核心价值观的指导下，结合组织内、外部环境的实际情况，既有一定的前瞻性，又有一定的可行性，可以从全面修订组织现有管理制度入手，循序渐进，不可一蹴而就。

讲课视频9-3

组织文化
建设的
基本路径

自学课件9-3

组织文化
建设的
基本路径

（4）严格执行制度规范。制度化的核心在于如何把制度规范落实到组织成员的行动上，即如何严格地执行制度规范。要使制度规范得到不折不扣执行，除了设计的制度规范本身具有公平公正、体现出核心价值观的要求以外，制度规范的实施要有相应的组织机构做保证，制度化过程也是组织机构建立和健全的过程，更重要的是，必须在组织内营造一种重视执行的"执行文化"。

3.组织文化内化训练

组织文化的内化训练就是将组织文化灌输、根植于组织成员内心的过程。对于组织高层管理者来说，如何让组织成员认同和接受组织文化，并转化为自己的工作行为，是关系到组织文化建设成败的关键。

（1）培训强化。培训是塑造和变革组织文化的一个重要的策略。培训可以促使组织成员理解、认同和接受组织文化，确保组织核心价值观根植于组织成员的内心并得到巩固。

（2）高管表率。高层管理者在组织文化内化训练方面要起表率作用，他们的价值观和态度直接影响组织发展的方向。"行动比语言更响亮"，高层管理者的表率具有潜移默化的作用，他们的言谈举止会向组织成员传递什么样的行为等是组织所认可的。

（3）员工参与。在组织文化建设过程中，应该创造各种机会让全体员工参与，共同探讨组织文化的形式和内涵，分析原有文化的糟粕和优势，保留原有文化的精华部分，使每一个组织成员都知道组织文化是如何产生的，理解组织核心价值观的本质，并主动融入组织文化。

（4）活动支撑。开展一些有意义的活动是建设组织文化的有效方式，比如征文、演讲、文体、仪式等各类活动，寓教于乐，寓教于各种活动之中。有些组织每天要求员工集中背诵组织宗旨、核心价值观、理念等，使组织文化在潜移默化中根植于组织成员心中，并成为他们行为的标准。在知识型组织中，开展一些富有创意、有感染力的活动会更加有效。

4.组织文化塑造心理机制

组织文化建设应当遵循相应的心理规律，巧妙地应用心理机制来推进组织文化的建设，才能取得事半功倍的效果。

（1）培养认同心理。认同是指个体把自己和另一个对象视为同类，从而产生彼此密不可分的整体性的感觉。认同可以分为心理认同和表面认同。只有心理认同才可能产生肯定性的情感，成为客观目标的驱动力。个体一旦从心理上形成了对他人、群体或组织的认同，便会主动地与这些对象融为一体、休戚与共。组织文化建设必须建立在组织成员对组织文化的认同感的基础之上，没有组织成员对组织文化的认同，组织文化的建设也就无法有效开展。只有组织成员对组织文化产生认同感，他们才可能去正确认识、理解、接受组织文化，并把组织文化落实在自己的行动上。所以，培养组织成员对组织文化的认同心理是组织文化建设的关键环节。在组织文化建设中培养认同心理，必须做到：

①培养对领导的认同感。在组织文化建设中，组织的主要负责人得到组织成员的认同是十分必要的。组织成员对领导的认同感一旦产生，就会心甘情愿地把其所倡导

的价值观、行为规范当作自己的价值观和行为规范，从而形成其所推崇的组织文化。

②培养对组织的认同感。组织文化是组织的化身，对组织文化的认同离不开对组织的认同。因此，组织要关心员工的成长，使组织与员工成为真正意义上的利益共同体、命运共同体。

（2）重视心理强化。心理强化是指促使某种心理品质变得更加牢固的过程。具体而言，就是通过对一种行为的肯定或否定（奖励或惩罚），从而使该行为得到重复或制止的过程。强化有正强化和负强化之分。正强化又称积极强化，即利用强化物刺激主体，从而保持和增强某种积极行为重复出现的频率；负强化又称消极强化，即利用强化物抑制不良行为重复出现的可能性。心理强化机制在组织文化建设上的运用，就是要及时表扬或奖励与组织文化相一致的思想和行为，及时批评或惩罚与组织文化相背离的思想和行为。在运用心理强化时，必须注意以下几个方面的问题：

①明确强化目标。要让组织成员明白哪些思想和行为将受到表彰与奖励，哪些思想和行为会受到批评与惩罚。

②保证客观、公正。无论是正强化还是负强化，都必须建立在实事求是、客观公正的基础上，任何不实事求是和不客观公正的强化都会产生适得其反的效果。

③强化形式的多样化。能够对人产生强化作用的刺激物是多种多样的，比如奖励有物质的也有精神的，批评有公开的也有私下的，检查有定期的也有不定期的。

④注意强化的及时性。及时强化能取得最佳效果，无论是正强化还是负强化。当然，适度的时间间隔也是很有必要的。

⑤因人而异。不同的个体具有不同的个性特征和心理需要，对同一强化刺激物的反应也各有不同，因此在运用心理强化时要因人而异。

（3）运用心理定式。心理定式是指对某一特定活动的心理准备状态和行为倾向。心理定式既影响人的知觉过程，也影响人的记忆。它可以使我们在从事某些活动时能够轻车熟路，甚至达到自动化，可以节省很多的时间和精力；它也可以束缚我们的思维，使我们只会使用常规方法去解决问题，而不求采用其他"捷径"突破，妨碍创造性的发挥。由于人的心理活动具有定式规律，所以前面一个比较强烈的心理活动对于随后进行的心理活动的反应趋势具有明显的影响。特别是对新进的组织成员，通过系统的培训，告诉他们组织提倡什么、反对什么，组织成员应该具备什么样的思想、感情和作风等，使他们在这些基本问题上形成与组织文化匹配的心理定式，从而对其今后的行为发挥指导和制约作用。在组织进行变革时，相应地要更新和改造原有的组织文化，这个时候就要打破原有的心理定式，建立新的心理定式。这是一个十分艰巨的过程，将会遇到文化惰性的顽强抵抗。

（4）利用从众心理。从众是指个体在外界群体的影响下主动放弃自己的意愿，而在知觉、判断、认识和行为等上表现出与多数人一致的行为方式。从众的前提是实际存在或想象存在的群体压力，这种压力不同于行政压力，不具有直接的强制性或威胁性。当少数人尤其是个别人与大多数人的意见不一致时，这部分人就可能感受到群体压力，在这种压力之下，绝大多数人就可能会做出从众的选择。在组织文化建设过程中，应该充分利用人们的从众心理，动员一切可用的舆论工具，使用各种形式，大力宣传和弘扬组织文化，树立这种文化形象，培养组织文化典型，促进组织成员的观念和行为等与组织文化保持一致。一旦形成良好的文化局面，对个别"违规"成员就构成一种心理压力，促使其改变，与大多数成员保持一致，从而营造一个组织文化建设所需要的良好环境。对于组织中出现的不良行为和风气，应及时采取措施坚决制止，防止消极从众行为的发生。在组织文化建设中应用从众心理时，必须做到：

①善于营造集体舆论。集体舆论是集体中占优势的并为多数人所赞成的言论和意见。借助集体舆论来肯定或否定集体动向或集体成员的言行，形成一种群体压力，是一种有效的行为控制手段。

②善于发挥团体作用。心理学研究发现，团体人数在7~8人，从众的效果最佳。因此，发挥部门、科室、班组和一些非正式群体等的作用，对集体舆论的形成非常重要。

③善于借助榜样力量。榜样是从众模仿的对象，没有榜样就失去了从众的目标。榜样的力量来自领导的带头作用和先进人物的示范作用。

（5）化解挫折心理。挫折是指个体有目的的需求或行为得不到满足，或受到阻碍而产生的紧张状态和情绪反应。人的行为总是具有一定的目的性，如果在实现目的的过程中碰到了困难或障碍，导致目的无法实现，就会产生挫折心理。个体在遭受挫折后，无论是在行为上还是在心理和生理上，都会产生各种各样的反常行为和现象。组织在运行过程中，组织成员之间的摩擦是不可避免的，上级与下级之间也会出现一些矛盾和冲突。对组织成员而言，遇到摩擦、矛盾和冲突难免会产生挫折心理。如何化解组织成员出现的挫折心理，对组织成员进行心理健康管理，也是组织文化建设中不容忽视的问题。组织在化解挫折心理时，必须做到：

①管理者应具备良好的心理素质。一方面要保持良好的工作作风，尊重员工，与员工保持积极、有效的沟通，建立友好和谐的关系；另一方面要能够自我化解挫折，因为管理者在工作中也会遇到挫折，要避免把自己的挫折情绪传染给其他组织成员。

②在组织内部形成一种宽松的环境，使组织成员能够畅所欲言。

③建立相应的心理咨询机构。针对组织成员的不同特点实行不同的咨询服务，使员工能够及时纠正心理偏差，自觉约束不良行为的发生。

④构建恰当的发泄渠道。让组织成员有恰当的渠道发泄不满，有"出气孔"可以随时"减压"。

总之，在组织文化建设过程中，不同的组织可以根据自身组织的实际情况，综合利用这些心理机制，组织是由人组成的，文化是关于人的文化，准确地把握员工的心理，可以使组织文化理念更好地落实，在组织经营管理中发挥出更好的效用。

素质提升

中国南方电网公司企业文化

企业宗旨：人民电业为人民。

企业定位：国家队地位、平台型企业、价值链整合者。

企业愿景：成为具有全球竞争力的世界一流企业。

管理理念：依法治企、科学治企、从严治企。

经营理念：成本、效率、质量、创新、增长、全员。

安全理念：一切事故都可以预防。

服务理念：为客户创造价值。

人才理念：企业第一资源，发展竞争之本。

团队理念：

领导人员：对党忠诚、勇于创新、治企有方、兴企有为、清正廉洁。

人才队伍：矢志爱国奉献、勇于创新创造。

员工队伍：爱岗敬业、精益求精、协作共进、创业创效、廉洁从业。

工作理念：策划、规范、改善、卓越。

南网精神：勇于变革、乐于奉献。

品牌形象：万家灯火、南网情深。

资料来源：编者根据是中国南方电网公司官网资料整理。

➤ 自学测试

一、选择题

1.组织文化的基本特征有（　　　）。

A.组织文化的核心是组织价值观

B.组织文化的中心是以人为主体的人本文化

C.组织文化的管理方式是以软性管理为主

D.组织文化的重要任务是增强群体凝聚力

自学测试 9-1

2.组织文化的表现形式有（　　　）。

A.故事　　　　　　B.礼仪和仪式　　　C.物质象征　　　　D.语言

3.组织文化分为（　　　）。

A.强力型组织文化

B.弱力型组织文化

C.安全的组织文化

D.不安全的组织文化

4.组织文化建设的原则包括（　　　）。

A.目标原则　　　　B.价值观念原则　　C.合理原则　　　　D.参与原则

5.组织文化建设的内容包括（　　　）。

A.组织文化的形成　　　　　　　B.组织文化的维系

C.组织文化的传承　　　　　　　D.组织文化的破坏

6.组织文化建设的基本路径有（　　　）。

A.组织文化精神设计　　　　　　B.组织文化制度化

C.组织文化内化训练　　　　　　D.组织文化塑造的心理机制

二、判断题

1.组织文化是指组织在长期的实践活动中所形成的并且为组织成员普遍认可和遵循的具有组织特色的价值观念、团体意识、行为规范和思维模式的总和。　　（　　）

2.组织文化建设是指组织有意识地培育优良文化，克服不良文化，完善组织文化的过程。　　　　　　　　　　　　　　　　　　　　　　　　　　　　（　　）

3.组织文化制度化是指把组织倡导的文化精神转化为具有可操作性的管理制度的过程。　　　　　　　　　　　　　　　　　　　　　　　　　　　　　　　（　　）

➡ 课后测试

一、选择题

1.组织文化具有（　　　）。

A.凝聚功能　　　　　B.导向功能　　　　　C.激励功能　　　　　D.提高素质功能

2.多维度知识型组织文化结构有（　　　）。

A.制度文化维度　　　B.物质文化维度　　　C.精神文化维度　　　D.知识文化维度

3.组织通过（　　　）等各种途径使组织文化得到传承。

A.仪式/典礼　　　　　B.象征物　　　　　　C.社会文化交换　　　D.语言

4.在组织文化制度化过程中需要注意（　　　）。

A.体现核心价值观　　　　　　　　　　B.把握制度化系统特征

C.合理设计制度条文　　　　　　　　　D.严格执行制度规范

5.组织文化内化训练包括（　　　）。

A.培训强化　　　　　B.高管表率　　　　　C.员工参与　　　　　D.活动支撑

6.组织文化塑造的心理机制有（　　　）。

A.培养认同心理　　　　　B.重视心理强化　　　　　C.运用心理定式

D.利用从众心理　　　　　E.化解挫折心理

二、判断题

1.组织文化首先是源于组织创建者的管理理念。　　　　　　　　　　（　　）

2.核心价值观是组织领导者和员工对组织价值与人生价值的根本看法。（　　）

三、思考题

1.什么是组织文化？组织文化有哪些功能？

2.组织文化建设的内容有哪些？

3.组织文化建设的基本路径有哪些？

四、案例分析

人与文化的和谐

西安杨森，一家在医药行业内享有盛誉的企业，其成功在很大程度上归功于公司拥有一支高素质的员工队伍。而这支队伍的形成，则是西安杨森高水平培训、科学的人力资源管理以及与中国文化紧密结合的企业文化共同作用的结果。

西安杨森对培训的重视程度在行业内堪称典范。公司管理者深知培训对于提升员工素质、推动企业发展的重要性，因此将培训放在了战略高度来考虑和实施。在西安杨森，无论是销售人员、车间工人还是管理人员，都能接受到规范、系统、高水准的培训。这些培训不仅涵盖了业务知识，还融入了公司的企业文化，使员工在提升个人能力的同时，增强了对公司的认同感和归属感。

西安杨森的培训体系不仅针对内部员工，还服务于整个医药行业。公司特别重视自己的社会责任，愿意将成功的培训经验和做法分享给更多企业。这种开放、共享的理念，不仅提升了西安杨森在行业内的地位，也促进了整个医药行业的发展。

在人力资源管理方面，西安杨森的表现同样出色。公司注重将人力资源管理与文化有机结合，实现人与文化的和谐。通过严格的劳动纪律、相关培训以及激励机制，西安杨森使员工逐步适应了新的管理模式，培养了对企业和社会的责任感。公司还通过调查研究发现中国员工的价值取向，并制定了与此相适应的激励办法，如优厚的待遇、丰富的工作意义、增加工作的挑战性和成功的机会等，从而吸引了大量优秀人才，并使他们能够在公司中充分发挥自己的才能。

西安杨森的企业文化是其成功的关键之一。公司倡导"鹰击长空"的精神，鼓励员工勇于接受挑战、积极进取。同时，公司特别注重员工队伍的团队精神建设，从"雁的启示"中汲取智慧，强调团队合作和互相帮助。这种企业文化不仅使员工在工作中更加高效、协作，还增强了员工对公司的忠诚度和归属感。

除了企业文化外，西安杨森还注重营造充满人情味的工作环境。公司领导关心员工的生活和工作，经常给予员工问候和关怀。在员工生日、结婚或生小孩等重要时刻，公司都会给予热烈祝贺和祝福。这种人性化的管理不仅使员工感受到了公司的温暖和关爱，还增强了员工的凝聚力和向心力。

在西安杨森的努力下，员工的素质得到了不断提高，对公司产生了深厚的感情。公司的员工稳定问题得到了很好的解决，人员流动性大幅降低。同时，公司的业务取得了长足的发展，在行业内树立了良好的口碑和形象。

资料来源：曲艺，高洪力.人力资源管理案例分析［M］.哈尔滨：东北林业大学出版社，2006.经节选、改编。

请问：
（1）西安杨森公司文化的核心价值是什么？
（2）什么是鹰和雁的精神？这样描述对企业文化建设有什么益处？
（3）公司宣扬的核心价值如何在具体管理行为中体现？
（4）公司管理行为如何支撑着公司文化和核心价值？

学习单元十　组织变革

▶▶▶ 学习目标 ▶▶▶

◆知识目标

了解组织变革内涵；

了解组织变革的动力与阻力；

掌握组织变革的方法与模式。

◆能力目标

能够实施组织变革。

◆素养目标

增强变革创新意识。

▶▶▶ 重点难点 ▶▶▶

◆教学重点

组织变革的方法与模式。

◆教学难点

组织变革的动力与阻力。

自学任务

（1）了解本单元的学习目标和重点难点，通过线上或线下的方式进行自学，重点关注以下知识点：组织变革的动力和阻力；组织变革的方法和模式。

（2）自学结束后完成本单元的自学测试。

案例研讨

CM公司组织变革

CM公司作为一家历史悠久的国有大型矿业生产企业，自20世纪50年代成立以来，始终致力于金属及矿产品的勘探开发、冶炼加工、贸易流通等核心业务。随着全球经济的不断变化和企业自身的持续发展，CM公司逐渐意识到，原有的组织架构和管理模式已难以适应新的市场环境和企业战略需求。从2009年开始，CM公司启动了一场深刻而全面的组织变革。

一、变革背景

在变革之前，CM公司面临着多重挑战。一方面，随着改革开放的深入和外贸体制的改革，CM公司原有的垄断经营局面被打破，市场竞争日益激烈。另一方面，企业内部存在交叉经营、资源分散、管理混乱等问题，严重制约了企业的进一步发展。

为了应对这些挑战，CM公司决定实施战略转型，并以此为契机推动组织变革。

二、变革过程

1.战略调整与愿景明确

CM公司首先对战略愿景进行了再研究和调整，将原有的"国际领先的金属矿产企业集团"调整为"具有国际竞争力的金属矿产企业集团"。这一调整体现了CM公司对核心竞争力培育的关注和对行业内竞争地位的要求。同时，CM公司确定了以贸易为基础、以资源为依托的发展策略，聚焦矿产资源和金属两端，构筑"大矿业""大流通"两种经营业态。

2.组织架构重组

为了支撑新的战略愿景，CM公司对组织架构进行了全面重组。通过整合业务单元、优化管理层级、明晰总部与业务中心的管控界面等措施，CM公司形成了以业务中心、直管单位、海外区域代表处为主的全新业务架构。这一变革不仅解决了交叉经营、内部竞争等问题，还优化了管控模式和总部职能，提高了管理效率。

3.管控模式优化

在组织架构重组的基础上，CM公司对管控模式进行了优化。通过完善分级管理和分类授权体系、强化计划预算考核等核心管控职能、建立业务协同奖励机制等措施，CM公司实现了对业务中心的有效管控和激励。同时，CM公司加强了信息化建设，提升了管理水平和决策效率。

三、变革成果

经过一年左右的努力，CM公司的组织变革取得了显著成果。一方面，企业经营业绩大幅提升，营业收入和利润总额均实现了跨越式增长。另一方面，企业内部管理更加规范、高效，业务协同和资源集约效应得到充分体现。此外，CM公司的品牌形象和市场竞争力得到了显著提升。

四、变革后的新挑战与应对

然而，组织变革并非一劳永逸。随着企业规模的扩大和业务范围的拓展，CM公司又面临新的挑战。例如，总部与业务中心之间的信息不对称问题、业务中心管理人员的能力不足等。为了应对这些挑战，CM公司决定进一步加强信息化建设、优化管理流程、提升管理人员能力等。同时，CM公司将继续深化战略转型和业务拓展，努力成为具有国际竞争力的金属矿产企业集团。

综上所述，CM公司的组织变革是一次深刻而全面的变革。通过战略调整、组织架构重组、管控模式优化等措施的实施，CM公司不仅解决了内部存在的问题和挑战，还实现了经营业绩的跨越式增长和市场竞争力的显著提升。未来，CM公司将继续深化变革和创新发展，努力成为金属矿产行业的领军企业。

资料来源：魏江，邬爱其. 战略管理［M］. 2版. 北京：机械工业出版社，2021.

讨论：

（1）这场变革的动力是什么？

（2）管理层做了哪些工作去推动变革？

▰▰▰▰▶ 知识点学习 ▰▰▰▰

组织面临的变化是经常发生的，这些变化会对组织产生各种影响，在组织运行中出现种种反应。组织应当注意把握这些反应的征兆，及时采取组织变革的措施。

一、组织变革的动力与阻力

（一）组织变革的含义

所谓组织变革，就是组织根据环境的变化，自觉进行的、有计划的自我改革与调整。比如，平常我们所谈到的组织结构的调整、新技术与新方法的引进、改变环境的努力、人员的培训等属于组织变革的内容。

（二）组织变革的目标

组织变革的目标主要有两个：一是提高组织的适应性；二是改变组织成员的行为。

1.提高组织的适应性

当今世界的变化越来越迅速，越来越深刻，甚至已经呈现了某种跳跃式的发展特征。每个组织的管理者都必须懂得第一生存原理，在不断变化的环境中，只有适应变化、勇于创新才能生存下去，否则将面临被淘汰的命运。

2.改变组织成员的行为

组织是由组织成员构成的，组织变革成败的关键在于组织成员是否合作以及如何合作。任何组织变革计划都离不开对组织成员行为的关注和改变，组织变革最终也无非为了并体现为组织成员行为的改变。没有组织成员行为的改变，任何组织变革都是毫无意义的。

（三）组织变革的动力

1.组织环境的变化

组织的环境包括社会环境与任务环境。社会环境是指组织存在与发展于其中的宏观社会背景和条件，如世界经济与政治形势的变化、国内经济体制与政治体制的变革、政府机构的变革及政策的调整、社会风尚与价值观念的变化等。任务环境是指组织实现自身目标过程的微观环境，如竞争对手的变化、市场的变化、利率与汇率的调整、环保条例的修改等。组织是生存和发展于一定环境之中的，环境的变化必然推动组织的变革。

2.组织目标与价值观念的变化

组织变革的动力，不仅来自组织外部，也来自组织内部。其中组织目标与价值观念的变化又是内部动力中最主要和最根本的动力。从价值观念来说，组织从原来的计划导向转变为市场导向，从向国家计划负责转变为向消费者负责，从重产品的数量与质量到重产品的适销对路等，都必然会促使组织变革。从组织目标来说，业务发展、经营方向调整、资产重组、经营多元化等，也必然会促使组织变革。

3.技术的变化

技术的变化也是组织变革重要的内部动力之一。比如，某公司本来是一家以食品为主营业务的传统公司，经营业绩一向不错，但当网络技术迅速进入商业领域时，它就可以网络技术为依托，重新整合资源，开拓电子商务业务。如果它能适应并跟上网络技术的进步，就既有传统商业企业所没有的新型资源，又有刚刚进入商业领域的网络新贵们所没有的传统资源，成为所谓"鼠标+水泥"的新型企业，从而获得前所未有的生机和活力；否则，它就有可能被新经济淘汰。而公司一旦涉足电子商务业务，就绝不仅是买几台服务器的问题，而是经营模式等都需要做出相应改变。

4.员工的变化

随着社会的进步和组织本身的发展，文化水平更高并且拥有专门技能的"新新人类"在不断增加。他们更渴望成功，有更张扬的个性与独立人格，有更丰富复杂的内心世界，组织传统的薪酬政策能让他们满意吗？传统的成长阶梯与上下级关系他们能容忍吗？组织对他们有足够的凝聚力吗？员工的变化会推动组织变革。

5.管理理论与方法的变化

组织管理的理论与方法的变化也是组织变革的动力之一，像以人为本、组织文化、学习型组织等新型管理理论的普及和应用，当然也会推动组织变革。

（四）组织变革的阻力

1.组织文化的惯性

组织文化本身就是一种传统和维持传统的保守力量。组织中的各种规章制度、工作程序、工作职责说明、培训、绩效评估与奖惩办法、以往的成就与荣誉、企业英雄等，都是强化现有组织文化的保守力量。所以，变革通常会涉及向整个组织文化传统挑战，会被理解为背叛、异想天开、旁门左道等。

2.保护既得利益

现有的权力分配、专业技术与知识的掌握、信息占有、角色地位、奖惩及薪酬制度、晋升及其他资源占有等，都构成了一种利益格局，都会有既得利益者。对既得利益的保护是人的本能，当然也是任何组织变革的阻力。例如，引进自动化设备必然会引起现有技术工人对自身既有地位、既得利益的焦虑，从而阻碍引进自动化设备。

3.不公平感

组织变革实际上是一种资源和利益的再分配，而这种再分配不可能是绝对均衡和同步推进的。换言之，令所有人都叫好的十全十美、绝对公平的变革方案是不可能有的，那么自然不平则鸣。例如，在薪酬制度上打破平均主义大锅饭，能干的人当然会击掌叫好，可滥竽充数的人则必然坚决反对。

4.不安全感

组织变革的后果是动态的、不确定的，很容易引起组织成员的忧虑，触发安全需要的觉醒。例如，"你说改成竞争上岗以后，工资待遇会提高，可我还能上岗吗？""我已经干到58岁了，本来再有两年就可以安全退休了，现在要改革退休制度，我还能老有所养吗？"

5.误解

组织成员对组织变革的目的、措施、结果等的认识模糊甚至认识错误，也是组织变革的阻力之一。例如，"什么公平竞争，明明是专门为难我""现在这样不是挺好吗，改革纯粹是没事找事"等。这里要特别说明的是，不要简单化地认为，组织变革的动力就是好的，组织变革的阻力就是不好的。实际上，在组织的不同发展阶段，变革的动力与阻力具有不同的意义。比如说，如果完全没有阻力，组织行为会变得没有任何稳定性，变革也会充满混乱和随意性。正是因为有了对变革方案的批评和指责，组织变革才会非常慎重，才会促进组织变革方案的尽可能完善。所以，从某种意义上讲，组织变革的阻力也有一定积极意义。

在组织运行中，既有组织变革的动力，也有组织变革的阻力。动力与阻力之间经过长时间的调整与磨合，会建立一种平衡，维持组织的稳定。这时要推动组织变革，就必须有针对性地排除某些阻力，增加某些动力，从而打破原有平衡，使动力处于优势地位，起主导作用。一旦组织变革达到某种阶段性目标，又可以通过增加某些阻力，减少某些动力，再次建立起动力与阻力之间的新的平衡。

二、组织变革的方法与模式

（一）推动组织变革的方法

克服阻力，增加动力，推动组织变革的方法主要有：

1.加强教育与沟通

首先就是要加强宣传教育，进行充分的思想沟通，将组织变革的动机、方法、结果等，如实、明确地公开给组织变革将波及的人员，让他们了解真实的情况，特别是对变革的后果，应该尽可能提高透明度。无论是近期的还是远期的后果，无论是好的还是不好的后果，都应该让组织成员了解真相。越是怕产生误会而不敢讲清全部真相，遮遮掩掩、吞吞吐吐、欲说还休，越是容易让人以为你有重大隐瞒，也越是容易引起别人的猜测和联想，最终谣言流行、真假莫辨。

2.提高参与度

克服组织变革阻力的一个好办法，就是提高相关人员的参与度。一则如果制订方案时各方面利益都有了自己的代言人，就可以确实保证尽可能的公正与公平；二则由于减少了神秘感也就减少了无根据的猜测；三则毕竟"自己孩子自己爱"，站在事情外边当评论家，专门给别人挑毛病是很容易的，站在事情里面当变革者，就会有更多的理解和辩护。

3.谈判与妥协

组织变革的方案，特别是重大的、全局性的变革方案，不能一厢情愿、仓促行事，必须广泛听取各方面的意见、建议，甚至谩骂、攻击，设身处地地多从几个角度考虑问题，通过反复的谈判、协商，求得一个支持者尽可能多、阻力尽可能小的方案。谈判就是妥协，以策略性妥协换取更多的支持有时是必要的。

4.把握好变革力度

变革的力度要合适，要注意组织成员的实际承受能力和心理承受能力。能大踏步跃进、一步到位当然好，但"大跃进"导致进两步退一步甚至进一步退两步，"休克疗法"搞到一蹶不振，那就不如稳步快走的渐进式变革效果更好。

5.强制万全之策是不可能的

对不同意见也要进行分析，比如，对确实合情合理又确实能做到的，当然可以适当妥协；对虽然合情合理但目前确实难以做到的，要讲清楚不能妥协的道理；对只合情不合理的不当要求，或既不合情又不合理的无理取闹，则必须有一定的强制措施。

（二）组织变革的模式

组织变革的模式主要有系统模式、过程模式、程序模式。

1.组织变革的系统模式

斯坦福大学教授莱维特，把组织理解为由任务、技术、结构、成员四个变量构成的一个相对平衡的系统，类似一个四条边相互制约的平行四边形。其中任何一个变量的改变都必然打破原有的平衡，使组织的运行出现新的问题，所以其他三个变量也必须随后进行相应的变革，才能重新建立起新的平衡，最终整个组织也就得到了彻底的变革。组织变革究竟首先从哪个变量入手，并无一定之规。这需要从组织面临的环境及组织本身的实际出发，具体情况具体分析。例如，企业的兼并与重组一般是从调整组织结构入手的，然后是设备及技术路线调整、管理干部与技术人员调整、组织与环境关系调整等方面组织变革的跟进及调适、磨合。

2.组织变革的过程模式

组织变革意味着否定与重建，因此不可能是一蹴而就的，必然要经历一个过程。美国学者勒温将这一过程理解为由解冻—变革—再冻结三个阶段构成的周期性过程。所谓解冻，就是变革前的心理准备和思想发动阶段。变革首先要刺激人们的变革动机，发动和鼓励人们解放思想，否定传统，挑战传统，决心改变现状，打破原有的平衡。所谓变革，就是变革中的尝试和创新阶段。在旧的东西被怀疑和否定的同时，就要推出新的措施、新的方法，实际进行变革，完成新观念向新行为的转化。所谓再冻结，就是变革后的巩固和强化阶段。变革的成果一旦成形并为大家接纳，就要将它稳定下来，固定下来，成为新的传统，建立并巩固新的平衡，从而完成一个组织变革周期。

3.组织变革的程序模式

美国管理学家卡斯特为组织变革设计了一个由回顾与反省、觉察问题、分析问题、提出解决问题的方案、实行变革、反馈六个环节构成的，可以反复循环的变革程序，也可供管理者所参考借鉴。

素质提升

坚持守正创新

所谓守正创新，顾名思义，指的是既要恪守住正道，牢牢坚持按照事物变化发展的基本规律办事，又要勇于开拓创新，充分结合不断发展变化的客观实际，不断自觉能动地探索出符合事物客观规律的创新性思想认识和实践活动。

守正创新是马克思主义理论和实践发展的内在要求。从唯物辩证法的角度来看，守正创新的"正"，就是事物发展变化蕴含的客观规律，而"守正"则是要按照客观规律办事。守正创新中的"创新"，可以理解为是有目的、有意识的主动性创造活动，既包含理论性的创造活动，又包含实践性的创造活动。由此可见，从马克思主义的角度来看，所谓守正创新，就是要在把握事物发展变化客观规律的基础上，根据既定的目标改变旧事物、创造新事物的理论或实践行为。就其内在逻辑关系看，守正与创新是相辅相成、辩证统一的。一方面，守正是创新的前提和基础。事物的发展变化蕴藏着客观规律，这些客观规律蕴含着正确的立场、科学的观念和基本的方法等本质性认识。只有遵从了这些本质性认识，按照客观规律认识世界和改造世界，创新才不会成为无源之水、无本之木，才能沿着正确的轨道向前发展。另一方面，创新是守正的目标和路径。事物都是随时代的前进、实践的深入而不断发展变化的，其间要经历由量变到质变的发展过程，有时甚至是螺旋式上升的渐进过程。只有对旧的事物进行符合新的历史发展的改造和创新，才能更加深刻地揭示新的历史条件下事物发展变化的客观规律。对于一个民族、一个国家、一个政党甚至是个人来说，如果只知道守正，不注重创新，就会因循守旧、不思进取，导致干事创业缺乏活力、停滞不前；如果不恪守正道，只一味想着创新，那么所谓的创新就会是无源之水、无本之木，事业发展就会迷失正确发展方向。

习近平总书记指出，无论时代如何发展，我们都要激发守正创新、奋勇向前的民族智慧。作为中国人民和中华民族的先锋队，中国共产党一直以来都是一个坚持守正创新、不断推进自我革命的马克思主义政党。回顾中国共产党100多年的发展历程，正是由于历代中国共产党人始终坚持守正创新，不断坚持以马克思主义为根本指导思想，持续推进马克思主义基本原理同中国具体实际相结合、同中华优秀传统文化相结合，才团结带领全国各族人民不断取得一个又一个的新胜利。

资料来源：本书编写组. 学习的方法［M］. 北京：学习出版社，2023.

自学测试

一、选择题

自学测试10-1

1. 组织变革的目标主要有（　　　）。

A. 提高员工工资　　　　　　　　　　B. 提高领导者的地位

C. 提高组织的适应性　　　　　　　　D. 改变组织成员的行为

2. 组织变革的动力有（　　　）。

A. 组织环境的变化　　　　　　　　　B. 组织目标与价值观念的变化

C. 技术的变化　　　　　　　　　　　D. 员工的变化

E. 管理理论与方法的变化

3. 组织变革的阻力有（　　　）。

A. 组织文化的惯性　　　B. 保护既得利益　　　C. 不公平感

D. 不安全感　　　E. 误解

4. 推动组织变革的方法有（　　　）。

A. 加强教育与沟通　　　B. 提高参与度　　　C. 谈判与妥协

D. 把握好变革的力度　　　E. 强制万全之策是不可能的

二、判断题

1.组织是人们为了实现某一既定目标，互相结合，制定职位，明确责任，分工合作，协调行动的人工系统及其转运过程。　　　　　　　　　　　　　（　　　）

2.组织变革就是组织根据环境的变化，自觉进行的、有计划的自我改革与调整。
　　　　　　　　　　　　　　　　　　　　　　　　　　　　　　（　　　）

3.变革就是变革前的心理准备和思想发动阶段。　　　　　　　　　（　　　）

➡ 课后测试 ▮▮▮

一、选择题

1.组织变革的模式主要有（　　　）。

A.组织变革的系统模式　　　　　　　　B.组织变革的过程模式

C.组织变革的程序模式　　　　　　　　D.组织变革的发展模型

2.组织变革的程序模式包括（　　　）。

A.回顾与反省　　　　　B.觉察问题　　　　　　C.分析问题

D.提出解决问题的方案　　E.实行变革　　　　　　F.反馈

3.勒温组织变革过程理解为（　　　）三个阶段构成的周期性过程。

A.解冻　　　　　　　B.变革　　　　　　C.再冻结　　　　　D.破坏

二、判断题

1.所谓解冻就是变革中的尝试和创新阶段。　　　　　　　　　　　（　　　）

2.再冻结就是变革后的巩固和强化阶段。　　　　　　　　　　　　（　　　）

三、思考题

1.组织变革的内涵是什么？

2.组织变革的动力与阻力有哪些？

3.组织变革的方法有哪些？

四、案例分析题

杨利平糯米美食厂

杨利平本是莹县杨家村的一位普通农民，不过人们早就知道他有一个祖传绝招——烹制一种美味绝伦的糯米甜品——杨家八宝饭。他自称是该绝招的第五代传人，早在清朝道光年间，他祖上所创的这种美食就远近闻名，而且代代在本村开有一家专卖此种八宝饭的小饭馆。他的父亲直到新中国成立初期还经营着这家祖传的小饭馆，那时才十来岁的杨利平已时常在店前店后帮忙干活了。后来合作化，跟着又公社化，他的父亲又病死，饭馆不开了，他成了一名普通的公社社员，大家似乎已忘了他居然还保留了那个绝招。

20世纪80年代，改革之风吹来，杨利平丢了锄把，又办起了"杨家店"，而他做的八宝饭不亚于他的祖上。由于生意兴隆，他很快发了。开头是到邻村去开分店，后来竟把分店开到了县城乃至省城去了。1987年，不知是他自己出的还是别人给他出的主意，他在本村办起了利平糯米美食厂，开始生产"老饕"牌袋装和罐装系列糯米食品。由于其风味独特和质量优等，牌子很快被打响。不说在本县，连在省里许多其他市县都畅销，出现了供不应求之势。

　　杨利平如今已在经管着这家有450多名职工的美食厂和分布很广的甜品小食店网。奇怪的是，他似乎并未着急利用这个大好形势去扩张，并未想要去满足还在扩大着的市场需要。外省市买不到这种美食，连本省市也不是处处都有供应。他固执地保持产品的独特风味与优秀质量。甜品小食店服务达不到规定标准，职工的培训未达应有水平，宁可不设新点，也不渗入新区。他强调质量是生命，决不允许采取任何危及产品质量的措施。他说顾客们期待着高质量，而他们知道其所得到的杨家美食准是高质量的。利平糯米美食厂里的主要部门是质检科、生产科、销售科和设备维修科，当然还有一个财会科以及一个小小的开发科。其实该厂的产品很少有什么改变，品种也不多。他坚持就凭"杨家一绝"这种传统产品服务市场，服务的对象也是"老"主顾们，彼此都很熟悉。利平糯米美食厂里质检科要检测进厂的所有原料，保证其必须是优质的。每批产品都一定抽检，要化验构成成分、甜度、酸碱度等。当然最重要的是检控产品的味道，厂里高薪聘请几位品尝师，他们唯一的职责是品尝本厂生产的美食。他们经验丰富，可以尝出与要求的标准的微小偏差。杨家美食始终在努力保持着它固有的形象。

　　不久前，杨利平的表哥汤正龙回村探亲。他曾在县城念中学，20世纪80年代初便只身南去深圳闯天下。大家知道他聪明能干，有文化，敢冒险。他一去十年来，只听说他靠两头奶牛起家，如今已是千万元户了。汤正龙来访利平糯米美食厂，对利平糯米美食厂的发展称赞一番，还表示想投资入伙。他指出杨利平观点太迂腐保守，不敢开拓，认为牌子已创出，不必僵守原有标准，应当大力扩充品种与产量，向省外甚至海外扩展。他还指出该厂目前这种职能型组织结构太僵化，只适合于常规化生产，为定型的稳定的顾客服务，适应不了变化与发展，各职能部门眼光只限在本领域内，看不到整体和长远，彼此沟通和协调不易。他建议杨利平彻底改组该厂组织结构，按不同产品系列划分部门，才好适应大发展的新形势，千万别坐失良机。但杨利平对汤正龙发表的建议听不进去，还生反感。杨利平说他在基本原则上决不动摇。两人话不投机，言辞转激烈。最后汤正龙说杨利平是"土包子""死脑筋""眼看着大财不会赚"。杨利平反唇相讥说："有大财你去赚得了，我并不想发大财，要损害质量和名声的事我坚决不做。你走你的阳关道，我过我的独木桥！"汤正龙听罢挥袖而去，他们不欢而散。厂里干部和职工对此反应不一，有人说杨利平有原则性，有人则认为他认死理，顽固不化。

　　资料来源：杨爱华，梁朝辉，吴小林. 企业管理概论［M］. 成都：电子科技大学出版社，2019.

　　请问：

　　（1）本案例反映了组织行为学中的哪些问题？

　　（2）假如你是企业的所有者和决策者，在杨利平、汤正龙之间，你如何选择？

主要参考文献

［1］舒文. 天下丑闻［M］. 北京：中国广播电视出版社，1990.

［2］桑志达，于双庆. 马克思主义原理教程［M］. 上海：上海人民出版社，1995.

［3］孤草. 逆境心理学［M］. 北京：大众文艺出版社，2001.

［4］储企华. 现代企业绩效管理［M］. 上海：文汇出版社，2002.

［5］杜维东. 错别字辨析手册［M］. 北京：华文出版社，2003.

［6］中共中央组织部培训中心. 党的组织工作入门［M］. 北京：党建读物出版社，2003.

［7］辛向阳. 决策科学基础理论研究［M］. 北京：同心出版社，2005.

［8］曲艺，高洪力. 人力资源管理案例分析［M］. 哈尔滨：东北林业大学出版社，2006.

［9］沈亚平，王骚. 公共管理案例分析［M］. 天津：天津大学出版社，2006.

［10］肖余春. 组织行为学［M］. 北京：中国发展出版社，2006.

［11］彦博. 激励员工的艺术［M］. 北京：中国商业出版社，2006.

［12］彭志刚. 校长的领导力［M］. 呼和浩特：远方出版社，2007.

［13］田宝，戴天刚，张扬. 教育心理学案例［M］. 北京：首都师范大学出版社，2007.

［14］余玲艳. 员工情绪管理［M］. 北京：东方出版社，2007.

［15］朱启臻. 组织行为学［M］. 北京：知识产权出版社，2007.

［16］曹长德. 教育学案例教学［M］. 合肥：中国科学技术大学出版社，2008.

［17］孙健敏，李原. 组织行为学［M］. 上海：复旦大学出版社，2005.

［18］严进. 组织行为学［M］. 北京：北京大学出版社，2009.

［19］贾名清，方琳. 管理学［M］. 南京：东南大学出版社，2012.

［20］李伟. 组织行为学［M］. 武汉：武汉大学出版社，2012.

［21］张艳丽. 当代中国社会公平：观念与实践［M］. 长春：吉林大学出版社，2012.

［22］李晋. 职场做人做事取舍之道［M］. 北京：中国时代经济出版社，2013.

［23］程云喜. 管理沟通［M］. 郑州：河南大学出版社，2014.

［24］李小蔓. 以人为本的高职教师激励策略［M］. 成都：西南交通大学出版社，2014.

［25］沈波. 简明管理方法与艺术［M］. 南京：东南大学出版社，2014.

[26] 夏伯平，朱克勇，闫咏．大学生职业发展与就业指导体验式课程教学手册 [M]．北京：现代教育出版社，2013．

[27] 裴培．职场礼仪与沟通技巧 [M]．北京：科学技术文献出版社，2015．

[28] 王廷伟．营销原来这么简单 [M]．北京：中国经济出版社，2015．

[29] 徐学俊，徐仕全．高中生心理成长读本 [M]．武汉：华中科技大学出版社，2015．

[30] 刘廉明．大学生职业生涯规划与就业指导 [M]．厦门：厦门大学出版社，2016．

[31] 韩平．组织行为学 [M]．西安：西安交通大学出版社，2017．

[32] 贺小刚．管理学 [M]．上海：上海财经大学出版社，2017．

[33] 罗品超．学校管理心理学 [M]．武汉：华中科技大学出版社，2017．

[34] 刘飞燕，张云侠．管理学原理 [M]．广州：华南理工大学出版社，2018．

[35] 白思俊．现代项目管理 [M]．2版．北京：机械工业出版社，2019．

[36] 潘建林．团队建设与管理实务 [M]．北京：机械工业出版社，2019．

[37] 杨爱华，梁朝辉，吴小林．企业管理概论 [M]．成都：电子科技大学出版社，2019．

[38] 杨继刚，白丽敏，王毅．从业务骨干向优秀管理者转型 [M]．北京：机械工业出版社，2019．

[39] 傅雄，金桂生．企业价值链管理：制造型企业如何创造期望的效率、质量、成本与价值 [M]．杭州：浙江工商大学出版社，2020．

[40] 杨建峰．好好说话 [M]．成都：成都地图出版社，2020．

[41] 俞文钊，李成彦．现代激励理论与应用 [M]．3版．大连：东北财经大学出版社，2020．

[42] 周念丽．托育服务从业人员心理健康 [M]．上海：上海教育出版社，2020．

[43] 邹雄，梁晓芳．城市轨道交通企业班组管理 [M]．成都：西南交通大学出版社，2020．

[44] 李贺，张丹，贾欣宇．组织行为学：理论、实务、案例、实训 [M]．上海：上海财经大学出版社，2021．

[45] 任虎．国际公法 [M]．上海：华东理工大学出版社，2021．

[46] 孙改龙．从优秀到卓越人才成长与业务发展共舞 [M]．北京：中国铁道出版社，2021．

[47] 魏江，邹爱其．战略管理 [M]．2版．北京：机械工业出版社，2021．

[48] 谢金峰，尹博，陈廷平．高素质专业化干部队伍建设之一：思想淬炼 [M]．重庆：重庆大学出版社，2021．

[49] 曹琳琳，李喜文，李海波．IT职业素养 [M]．2版．武汉：华中科技大学出版社，2022．

[50] 刘永胜．培根铸魂 启智润心 课程思政优秀教学案例集 [M]．北京：首都

经济贸易大学出版社，2022.

　　［51］任仲文. 如何走好新的赶考之路［M］. 北京：人民日报出版社，2022.

　　［52］宋政隆. 个人合伙时代——组织极简，合伙人比商业模式更重要［M］. 北京：中国商业出版社，2022.

　　［53］钟燕. 新媒体视野下大学生思政教育创新探索［M］. 天津：天津人民出版社，2022.

　　［54］本书编写组. 学习的方法［M］. 北京：学习出版社，2023.

　　［55］傅以斌，李永奎，何清华. 牛津重大项目管理指南［M］. 李永奎，欧阳鹭霞，译. 上海：同济大学出版社，2023.

　　［56］李婉. 组织行为学教程［M］. 广州：暨南大学出版社，2009.

　　［57］李晓青. 领导行为有效性的影响机制——关于变革型领导和交易型领导的研究［M］. 厦门：厦门大学出版社，2014.

数字资源索引

续表

学习模块	学习单元	学习任务	资源名称	所在页码
学习模块二 个体分析	学习单元三 员工动机分析	任务一 马斯洛需求层次理论和阿尔德弗ERG理论的应用	讲课视频3-1：动机的认知	76
			自学课件3-1：动机的认知	76
			讲课视频3-2：马斯洛需求层次理论的应用	78
			自学课件3-2：马斯洛需求层次理论的应用	78
			讲课视频3-3：阿尔德弗ERG理论的应用	80
			自学课件3-3：阿尔德弗ERG理论的应用	80
			自学测试3-1	82
		任务二 麦克利兰成就动机理论和赫茨伯格双因素理论的应用	讲课视频3-4：麦克利兰成就动机理论的应用	86
			自学课件3-4：麦克利兰成就动机理论的应用	86
			讲课视频3-5：赫茨伯格双因素理论的应用	88
			自学课件3-5：赫茨伯格双因素理论的应用	88
			自学测试3-2	89
		任务三 期望理论和公平理论的应用	讲课视频3-6：期望理论的应用	93
			自学课件3-6：期望理论的应用	93
			讲课视频3-7：公平理论的应用	95
			自学课件3-7：公平理论的应用	95
			自学测试3-3	97
		任务四 强化理论和目标设置理论的应用	讲课视频3-8：强化理论的应用	100
			自学课件3-8：强化理论的应用	100
			讲课视频3-9：目标设置理论的应用	101
			自学课件3-9：目标设置理论的应用	101
			自学测试3-4	103
		任务五 归因理论的应用	讲课视频3-10：归因理论的应用	107
			自学课件3-10：归因理论的应用	107
			自学测试3-5	109
		任务六 激励技巧	讲课视频3-11：工作激励技巧	112
			自学课件3-11：工作激励技巧	112
			讲课视频3-12：成果激励技巧	113
			自学课件3-12：成果激励技巧	113
			讲课视频3-13：批评激励技巧	114
			自学课件3-13：批评激励技巧	114
			讲课视频3-14：激励原则	117
			自学课件3-14：激励原则	117
			自学测试3-6	119

学习模块	学习单元	学习任务	资源名称	所在页码
学习模块三 群体分析	学习单元八 领导力提升	任务一 领导理论的 应用	讲课视频8-1：领导特质理论和领导行为理论的应用	214
			自学课件8-1：领导特质理论和领导行为理论的应用	214
			讲课视频8-2：菲德勒领导权变理论	218
			自学课件8-2：菲德勒领导权变理论	218
			讲课视频8-3：家长式领导理论的应用	219
			自学课件8-3：家长式领导理论的应用	219
			讲课视频8-4：领导-成员交换理论的应用	221
			自学课件8-4：领导-成员交换理论的应用	221
			讲课视频8-5：关于领导的最新观点	223
			自学课件8-5：关于领导的最新观点	223
			自学测试8-1	226
		任务二 领导力的提升 途径	讲课视频8-6：个体领导力的提升	231
			自学课件8-6：个体领导力的提升	231
			自学课件8-7：有效领导班子的构建	236
			自学课件8-7：有效领导班子的构建	236
			自学测试8-2	238
学习模块四 组织分析	学习单元九 组织文化建设		讲课视频9-1：组织文化的认知	243
			自学课件9-1：组织文化的认知	243
			讲课视频9-2：组织文化建设的内容	246
			自学课件9-2：组织文化建设的内容	246
			讲课视频9-3：组织文化建设的基本路径	249
			自学课件9-3：组织文化建设的基本路径	249
			自学测试9-1	253
	学习单元十 组织变革		讲课视频10-1：组织变革的动力与阻力	258
			自学课件10-1：组织变革的动力与阻力	258
			讲课视频10-2：组织变革的方法与模式	260
			自学课件10-2：组织变革的方法与模式	260
			自学测试10-1	262